2026

박문각 행정사

5년 최다
★ 전체 ★
수 석
합격자 배출

최욱진
행정학개론

핵심기출지문 총정리

1차 | 핵지총 2.0

박문각 행정사연구소 편_최욱진

박문각

행정사 시험 정보

1. **자격 분류:** 국가 전문 자격증
2. **시험 기관 소관부처:** 행정안전부
3. **실시 기관:** 한국산업인력공단
4. **시험 일정:** 매년 1차, 2차 실시

구분	원서 접수	시험 일정	합격자 발표
1차	2026년 4월 13일~4월 17일	2026년 5월 30일	2026년 7월 1일
2차	2026년 7월 27일~7월 31일	2026년 10월 3일	2026년 12월 16일

〈2026년 제14회 행정사 시험 기준〉

5. **응시자격**

   제한 없음. 다만, 행정사법 제5·6조의 결격사유가 있는 자와 행정사법 시행령 제19조에 따라 부정행위자로 처리되어, 그 처분이 있는 날부터 5년이 지나지 않은 자는 시험에 응시할 수 없다.

6. **시험 면제대상**

   - 1차 시험에 합격한 사람에 대하여는 다음 회의 시험에서만 1차 시험을 면제한다.
   - 행정사 자격이 있는 사람으로서 다른 종류의 행정사 자격시험에 응시하는 사람은 1차 시험을 면제한다.
   - 행정사법 제9조 및 동법 부칙 제3조에 따라, 공무원으로 재직하였거나 외국어 전공 학위를 받고 외국어 번역 업무에 종사한 경력이 있는 사람 등은 행정사 자격시험의 전부 또는 일부가 면제된다(1차 시험 면제, 1차 시험 전부와 2차 시험 일부 면제, 1·2차 시험 전부 면제).

7. **시험 과목 및 시간**

   ◆ **1차 시험(공통)**

교시	입실 시간	시험 시간	시험 과목	문항 수	시험 방법
1교시	09:00	09:30~10:45 (75분)	① 민법(총칙) ② 행정법 ③ 행정학개론(지방자치행정 포함)	과목당 25문항	5지택일

◈ 2차 시험

교시	입실 시간	시험 시간	시험 과목	문항 수	시험 방법
1교시	09:00	09:30~11:10 (100분)	**[공통]** ① 민법(계약) ② 행정절차론(행정절차법 포함)	과목당 4문항 (논술 1문제, 약술 3문제)	논술형 및 약술형 혼합
2교시	11:30	• 일반·해사행정사 11:40~13:20 (100분) • 외국어번역행정사 11:40~12:30 (50분)	**[공통]** ③ 사무관리론 (민원 처리에 관한 법률 및 행정업무의 운영 및 혁신에 관한 규정 포함) **[일반행정사]** ④ 행정사실무법 (행정심판사례, 비송사건절차법) **[해사행정사]** ④ 해사실무법 (선박안전법, 해운법, 해사안전기본법, 해상교통안전법, 해양사고의 조사 및 심판에 관한 법률) **[외국어번역행정사]** ④ 해당 외국어(외국어능력검정시험으로 대체하며 영어, 중국어, 일본어, 프랑스어, 독일어, 스페인어, 러시아어의 7개 언어에 한함)		

8. 합격 기준

- 과목당 100점을 만점으로 하여 모든 과목의 점수가 40점 이상이고, 전 과목의 평균 점수가 60점 이상인 사람(2차 시험의 해당 외국어시험 제외)
- 단, 2차 시험 합격자가 최소선발인원보다 적은 경우, 최소선발인원이 될 때까지 전 과목의 점수가 40점 이상인 사람 중에서 전 과목 평균 점수가 높은 순으로 합격자를 추가로 결정한다. 동점자로 인해 최소선발인원을 초과하는 경우 동점자 모두를 합격자로 한다.

9. 외국어능력검정시험 성적표 제출(외국어번역행정사)

외국어번역행정사 2차 시험의 '해당 외국어' 과목은 원서접수 마감일부터 거꾸로 계산하여 5년이 되는 날이 속하는 해의 1월 1일 이후에 실시된 외국어능력검정시험에서 취득한 성적으로 대체(행정사법 시행령 제9조 제3항, 별표 2)

◈ 외국어 과목을 대체하는 외국어능력검정시험 종류 및 기준점수

시험명	기준점수	시험명	기준점수
TOEFL	쓰기 시험 부문 25점 이상	IELTS	쓰기 시험 부문 6.5점 이상
TOEIC	쓰기 시험 부문 150점 이상	신HSK	6급 또는 5급 쓰기 영역 60점 이상
		DELE	C1 또는 B2 작문 영역 15점 이상
TEPS	쓰기 시험 부문 71점 이상 ※ 청각장애인: 쓰기 시험 부문 64점 이상	DELF/ DALF	• C2 독해와 직문 영역 25점 이상 • C1 또는 B2 작문 영역 12.5점 이상
G-TELP	GWT 작문 시험 3등급 이상	괴테어학	• C2 또는 B2 쓰기 모듈 60점 이상 • C1 쓰기 영역 15점 이상
FLEX	쓰기 시험 부문 200점 이상	TORFL	4단계 또는 3단계 또는 2단계 또는 1단계 쓰기 영역 66% 이상

행정학개론
1차 시험 총평

1. 2025 행정사 행정학 난이도 등에 대하여

(1) 난이도: 매우 어려움 → 합격자의 대다수가 40점 중반에서 60점 중반으로 예상

(2) 어려웠던 이유: ① 공무원 주제 ② 올바른 선지 선택 ③ 말 바꿈

(3) 대안: ① 폭넓은 주제 정리 ② 기출선지 정확한 암기 및 이해 ③ 기본이론

(4) 공무원 행정학 교재로 공부하지 말 것

2. 일반행정사 최근 4개년 과목별 채점결과

(단위: 명, 점, %)

구분	응시인원	과 목	평균점수	과락률
2022년	3,469	민법총칙	58.04	25.45
		행정법	46.38	35.23
		행정학개론	59.31	15.34
2023년	4,570	민법총칙	55.10	26.26
		행정법	55.45	20.26
		행정학개론	51.12	23.44
2024년	5,535	민법총칙	59.64	20.69
		행정법	55.33	20.65
		행정학개론	53.19	16.98
2025년	6,078	민법총칙	59.23	22.73
		행정법	53.60	22.22
		행정학개론	46.63	28.29

3. 2025 행정사 행정학 출제경향

출제 영역	빈도	문제번호	낯선 문제	총평
총론	7	51, 52, 53, 54, 55, 56, 57번	56번	
정책학	4	69, 70, 71, 72번	–	
조직론	2	66, 68번	–	① 총론 다수 출제: 7문항
인사행정	5	62, 63, 64, 65, 67번	62, 65, 67번	② 낯선 주제: 8문항
재무행정	3	59, 60, 61번	59번	③ 조직론 빈도↓
지방자치론	3	73, 74, 75번	74, 75번	
행정환류	0	–	–	
기타 제도 및 법령	1	58번	58번	

4. 낯선 문제에 대하여: 총 8문항

어려운 문제	문항 주제	어려운 이유
56번	민간위탁 유형: 프랜차이즈	
62번	공무원 의무	
65번	감수성 훈련	
67번	공직봉사동기	공무원 시험 유형:
59번	국가재정법: 감사원장 견해	최초 출제
74번	지방자치법: 자치사무 통제방식	
75번	지방자치법: 부조기관	
58번	이해충돌	

※ 70점 이상이면 우수섬수

차 례

Chapter 01 행정과 행정학

행정사
최욱진 행정학개론

행정학총론

행정과 행정학

◆ **행정의 개념**

협의로서 행정 (최협의로서 행정)	• 공익을 달성하기 위해 정부가 행하는 정책 및 관리활동(돈·조직·인사 관리 등) • 정부활동은 행정환경의 변화에 따라 가변적임(개방체제적 관점)
광의로서 행정	두 사람 이상이 합리적으로 목적을 달성하기 위해 협업하는 것 [H. Simon]
최근 행정	거버넌스 : 정부·시장·시민사회 간 협력체계

01 좁은 의미의 행정은 행정부의 구조와 공무원을 포함한 정부관료제를 중심으로 이뤄 지는 활동을 의미한다. 2013 행정사 ☐O☐X

02 넓은 의미의 행정은 협동적 인간 노력의 형태로서 정부조직을 포함하는 대규모 조 직에서 보편적으로 나타난다. 2009 9급 서울시 ☐O☐X

03 최근 행정의 개념에는 공공문제의 해결을 위해 정부 외의 공·사조직 간의 연결 네 트워크, 즉 거버넌스(governance)를 강조하는 경향이 있다. 2009 9급 서울시 ☐O☐X

04 오늘날에는 정부가 공공서비스의 생산 및 공급을 독점한다. 2020 행정사 ☐O☐X

05 행정개념이 기능개념이기 때문에 기능 변화와 다양화에 따라 여러 시각으로 설명될 수는 없다. 2020 행정사 ☐O☐X

◆ **행정학, 그리고 행정학의 학문적 성격**

행정학		• 행정에 대한 지식이나 이론을 정리한 학문 → 이론과 실제를 연계 • 사회문제를 해결하기 위해 인접학문을 활용하는 응용학문 → 간학문적·학제적 성격
행정학의 성격	과학성	• 현상에 대한 원인을 규명해 일반법칙을 발견하려는 특성 • 학자 : 사이먼, 다알 등이 강조
	기술성	• 문제를 해결하려는 특성 • 학자 : 왈도, 이스턴 등이 강조
	참고 · 전문직업성 : 전문직업성은 기술성과 같은 내용임 → 왈도는 기술성을 'art' 혹은 'professional'로 표현	

06 행정학은 시민사회, 정치집단(정부), 시장과의 상호작용 속에서 공공가치의 달성을 ◯✕
위해 정부가 수행하는 정책이나 관리활동에 대한 지식과 이론을 연구대상으로 한다.

2013 행정사

07 행정학은 행정현상의 과학화를 목적으로 하기 때문에 이론과 실제를 분리하여 연구 ◯✕
하는 학문이다. **2013 행정사**

---

01 협의로서 행정은 정부의 활동을 뜻함

02 넓은 의미의 행정은 모든 협력행위로서 정부조직을 포함하는 대규모 조직에서 보편적으로 발생함

03 최근 행정의 개념(협의로서 행정)에는 공공문제의 해결을 위해 정부 이외의 공·사조직 간의 연결 네트워크 즉,
거버넌스(governance)를 강조하는 경향이 있음

04 오늘날에는 정부, 시민사회, 시장이 협력하면서 공공서비스를 공급함

05 행정개념은 정부가 하는 일, 즉 기능개념으로 볼 수 있기 때문에 기능 변화와 다양화에 따라 여러 시각으로 설명
될 수 있음

06 행정학은 공익을 위한 정부활동에 대한 지식과 이론을 탐구하는 학문임

07 행정학은 행정현상의 과학화를 목적으로 하기 때문에 이론과 실제를 연결하여 연구하는 학문임 → 과학적 지식
을 만들기 위해 활용되는 논리실증주의는 검증된 이론에서 도출된 가설을 실제 실험을 통해 검증하는 인식론임

Answer ◀--

01 ◯　　**02** ◯　　**03** ◯　　**04** ✕　　**05** ✕　　**06** ◯　　**07** ✕

08 행정학은 정치학, 경제학, 경영학, 사회학, 법학, 심리학 등의 이론과 지식을 접목하 ○|×
여 사용하고 있다. 2013 행정사

09 행정학은 기술성, 과학성, 전문직업성, 종합학문성, 경로의존성 등의 성격을 지니고 ○|×
있다. 2025 행정사

10 사이먼(H. A. Simon)은 기술성을, 왈도(D. Waldo)는 과학성을 더 강조하였다. ○|×
2019 행정사

11 행정학의 과학성을 강조하는 사람들은 행정현상의 보편적인 원칙을 인정하지 않는다. ○|×
2019 행정사

◆ 사바스(Savas)의 공공서비스 유형

구분	비경합성	경합성
비배제성	공공재(집합재 · 순수공공재) : 무임승차 → 정부공급 가능	공유재 : 공유지 비극 → 정부공급 가능
배제성	요금재(유료재) : 규모경제로 인한 자연독점 → 정부공급 가능	사유재(민간재 · 사적재) : 가치재 → 정부공급 가능

12 순수민간재는 경합성과 배제성을 동시에 지니고 있다. 2018 행정사 ○|×

13 전기 · 수도와 같은 공공서비스 공급에 정부가 개입하는 이유는 해당 서비스가 비경 ○|×
합성과 비배제성을 지니고 있기 때문이다. 2018 행정사

14 공유재는 비경합성과 비배제성을 특징으로 하며 국방, 외교 등이 여기에 속한다. ○|×
2024 7급 지방직

◈ **사바스(Savas)의 공공서비스 공급방식의 유형**

구분		생산의 주체 : 누가 서비스를 생산하는가?	
		공공부문(정부)	민간부문(민간업체 등)
생산수단	권력 • 배제성 획일적 적용 × • 정부책임 ○	일반행정	민간위탁
	시장 배제성 적용	책임경영 (책임운영기관)	민영화

15 공급주체가 공공부문이면서 생산수단이 시장인 서비스 공급방식은 민영화 방식이고, 공급주체가 민간부문이면서 생산수단이 시장인 서비스 공급방식은 책임운영기관 방식이다. 2024 행정사

16 민간위탁의 방식에는 면허방식, 바우저 방식, 책임경영 방식 등이 있다. 2014 9급 서울시

08 행정학은 사회문제를 해결하기 위해 응용학문의 특징을 지님

09 경로의존성(제도 등이 비합리적임에도 불구하고 변화하지 않고 장기간 유지되는 속성)은 행정학의 학문적 성격이 아님→역사적 신제도주의의 내용임

10 사이먼은 과학성을, 왈도는 기술성을 더 강조하였음

11 과학성은 보편적 법칙을 발견하려는 특성이므로 틀린 선지임

12 민간재는 나의 소비가 타인의 소비에 영향을 주면서, 돈을 내지 않으면 소비에서 배제되는 특징을 지님

13 전기·수도와 같은 공공서비스 공급에 정부가 개입하는 이유는 해당 서비스가 자연독점 현상을 야기할 수 있기 때문임
※ 자연독점은 규모의 경제효과로 인해 발생하는데, 규모의 경제효과는 생산 설비의 규모 증가에 따른 생산 비용의 감소 현상을 의미함; 전기나 수도 외에도 규모의 경제효과가 나타날 수 있는 산업이 있지만, 전기나 수도의 경우 국민에게 미칠 수 있는 영향이 매우 크기 때문에 정부가 공급하고 있음

14 선지는 공공재에 대한 내용임→공유재는 비배제성과 경합성을 띠며, 주인이 없는 천연자원 등이 예시에 해당함

15 공급주체가 공공부문이면서 생산수단이 시장인 서비스 공급방식은 책임운영기관 방식이고, 공급주체가 민간부문이면서 생산수단이 시장인 서비스 공급방식은 민영화 방식임

16 책임경영 방식은 민간위탁 방식에 해당하지 않음

Answer

08 ○ 　 09 × 　 10 × 　 11 × 　 12 ○ 　 13 × 　 14 × 　 15 × 　 16 ×

◆ **민간위탁의 유형**

면허 혹은 프랜차이즈 (Franchises)	• 민간부문에 대해 일정한 구역 내 공공서비스를 제공할 수 있는 영업권을 부여하는 방식 • 정부가 서비스 수준 및 요금체계를 통제하면서도 서비스 생산을 민간부문에 이양하는 형태
바우처	특정 기준에 부합하는 소비자의 선택권을 보장하는 제도 → 하나의 서비스 제공기관에서 사용 ×
아웃소싱	기업 간 경쟁입찰을 통해 서비스 생산주체를 정부가 결정하는 방식(계약방식) → 정부가 서비스 제공자에게 서비스 비용을 직접 지불해 이용자의 비용부담을 경감시키는 장점이 있음
자조활동	공공서비스의 수혜자와 제공자가 같은 집단에 소속되어 서로 돕는 방식

17 시민들은 정부가 지정하는 하나의 서비스 제공기관에서 이용권(바우처)을 사용하여야 한다. 2024 행정사 ○×

18 정부가 민간부문에 대해 일정한 구역 내 공공서비스를 제공할 수 있는 영업권을 부여하는 방식은 바우처 방식이다. 2025 행정사 ○×

◆ 행정과 경영의 유사점 및 차이점

유사점	능률적인 관리	• 행정과 경영은 모두 능률적인 관리를 추구 • 능률성을 유지하는 수준에서 인적·물적 자원 및 관리기술을 활용
	조직구조: 관료제	행정과 경영은 모두 관료제로 인한 순기능 및 역기능을 포함
	협동행위	양자 모두 목표달성을 위해 협력
차이점	목적	경영은 사익 혹은 기업의 이윤을 추구하며, 행정은 공익을 추구
	가치의 다양성	경영은 효율성이 중요한 가치이며, 행정은 효율성을 포함한 다양한 가치를 추구
	영향력의 범위	경영에 비해 행정이 국민에게 미치는 영향력이 큼 → 정책을 생각해 볼 것
	강제성	• 행정은 일단 법이 통과되면 강제성을 바탕으로 정책을 집행 • 즉, 행정은 본질적으로 정치적인 공권력을 배경으로 정책을 수행하는 바 권력적 측면(권리제한 및 의무부과 등)이 강함
	징치적 성격	• 행정은 경영에 비해 정치권력의 개입이 많음 • 의회의 간섭, 국민의 요구 등
	성과평가 기준	• 행정의 목적은 공익 • 공익은 추상적인 개념이므로 공익을 달성하는 지표나 척도가 모호함
	경쟁의 결여	행정은 민간에 비해 경쟁자가 없다고 볼 수 있음

19 행정은 공익을 추구하기 때문에 경영보다 법적 규제를 적게 받는다. 2013 행정사

20 국민의 권리를 제한하고 의무를 부과하는 것은 행정의 본질과 거리가 멀다. 2014 행정사

17 바우처 방식은 특정 기준에 부합하는 소비지의 선택권을 보장하는 제도임(하나의 서비스 제공기관에서 사용×)

18 선지는 프랜차이즈, 즉 면허방식에 대한 내용임 → 참고로 바우처 방식은 쿠폰이나 카드 등 물리적인 형태를 통해 구매권을 부여함

19 행정은 국민의 세금으로 공익을 추구하기 때문에 경영보다 법적 규제를 많이 받음

20 정부는 코로나 상황에 맞게 국민에게 미스그 착용을 의무화할 수 있음; 따라서 국민의 권리를 세한하고 의무를 부과하는 것은 행정의 본질과 관련성이 있음

Answer

17 ×   18 ×   19 ×   20 ×

21 행정은 민주성, 능률성, 합법성, 효과성, 형평성 등을 추구한다. 2013 행정사 ☐O☐X

22 행정은 경영보다 엄격한 법적 규제를 받는다. 2014 행정사 ☐O☐X

◆ 정치행정이원론과 정치행정일원론

틀잡기	
	비능률성 → 비
	엽관주의(1829) ← 윌슨 : 〈행정의 연구〉(1887) → 정치행정이원론

이원론과 일원론 비교	구분	행정부 역할(기능)	
		정치적 기능 : 정책 결정 → 방향성 설정	행정적 기능 : 효율적인 관리 및 집행
	정치행정이원론 (우드로 윌슨)	×	○
	정치행정일원론 (디목&애플비)	○ (어느 정도)	○

참고→ 이원론은 기계적 능률성을, 일원론은 사회적 능률성을 강조

---

23 정치행정이원론은 엽관주의의 폐해를 극복하기 위하여 대두되었다. 2016 행정사 ☐O☐X

24 정치행정이원론은 행정의 정치적 기능을 강조한다. 2016 행정사 ☐O☐X

25 윌슨(W. Wilson)은 정치행정일원론의 입장을 견지하였다. 2016 행정사 ☐O☐X

26 윌슨(W. Wilson)의 정치행정이원론은 행정의 정책결정권한 및 적극성을 강조한다. ☐O☐X
2018 행정사

27 정치행정일원론은 디목(M. E. Dimock), 애플비(P. H. Appleby) 등에 의해 주장되었다. ☐O☐X
2015 행정사

28 정치행정일원론은 행정에 있어서 절약과 능률을 최고 가치로 추구한다. 2015 행정사

29 행정국가는 정치행정일원론의 입장에서 설명할 수 있다. 2014 행정사

21 행정은 다양한 가치(능률성 + @)를 추구함

22 행정은 법치행정을 추구하는 바 경영보다 엄격한 법적 규제를 받음

23 정당인이 공무원이 되는 엽관주의로 인해 행정의 비능률이 발생함→ 이러한 현상을 비판하기 위해 우드로 윌슨
은 정치행정이원론을 주장함

24 정치행정일원론에 대한 내용임→ 정치행정이원론은 행정의 행정적 기능(능률적인 관리 및 집행)을 강조함

25 윌슨은 정치행정이원론(정치와 행정의 분리)의 입장임

26 윌슨의 정치행정이원론은 행정의 능률적인 집행 및 관리를 강조함→ 즉, 행정의 정치적인 기능(정책결정)을 인
정하지 않음

27 두문자 내 친구 일원이는 톡디스그가 있어서 아파

28 정치행정이원론은 행정에 있어서 절약과 능률을 최고 가치로 추구함

29 행정국가는 행정부의 활동이 많은 국가이므로 정치행정일원론 관점에서 설명할 수 있음

Answer

21 ○   22 ○   23 ○   24 ×   25 ×   26 ×   27 ○   28 ×   29 ○

Chapter 02 행정이론

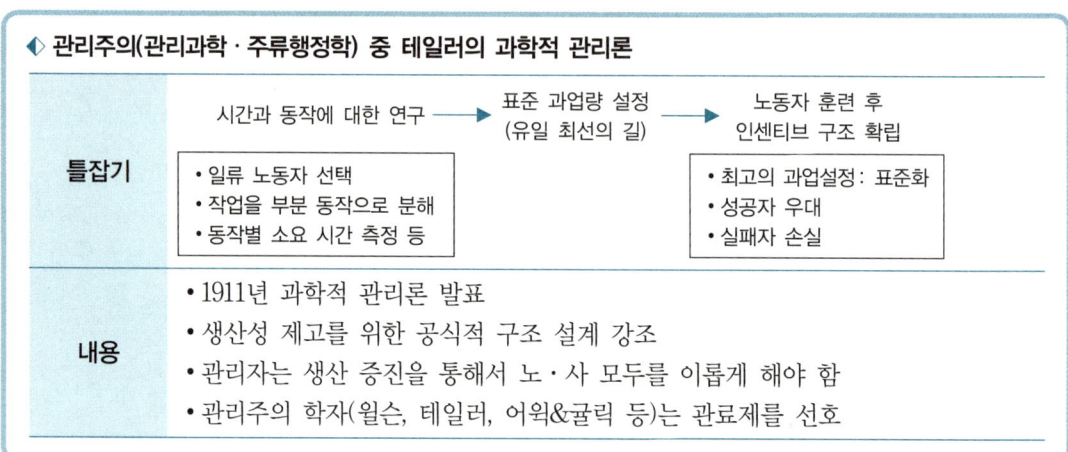

◆ 관리주의(관리과학 · 주류행정학) 중 테일러의 과학적 관리론

틀잡기	시간과 동작에 대한 연구 → 표준 과업량 설정 (유일 최선의 길) → 노동자 훈련 후 인센티브 구조 확립
	• 일류 노동자 선택 • 작업을 부분 동작으로 분해 • 동작별 소요 시간 측정 등 • 최고의 과업설정 : 표준화 • 성공자 우대 • 실패자 손실
내용	• 1911년 과학적 관리론 발표 • 생산성 제고를 위한 공식적 구조 설계 강조 • 관리자는 생산 증진을 통해서 노 · 사 모두를 이롭게 해야 함 • 관리주의 학자(월슨, 테일러, 어윅&귤릭 등)는 관료제를 선호

01 과학적관리론은 비공식적 집단의 역할을 강조하지만, 인간관계론은 공식적 조직의 역할을 중시한다. 2016 행정사 ○✕

02 과학적관리론은 과업목표의 달성을 위해 체계적인 관리와 통제를 중시하는 관료제 조직에 적합하다. 2016 행정사 ○✕

03 관리과학은 계량적 분석에 입각하여 처방을 제시한다. 2024 행정사 ○✕

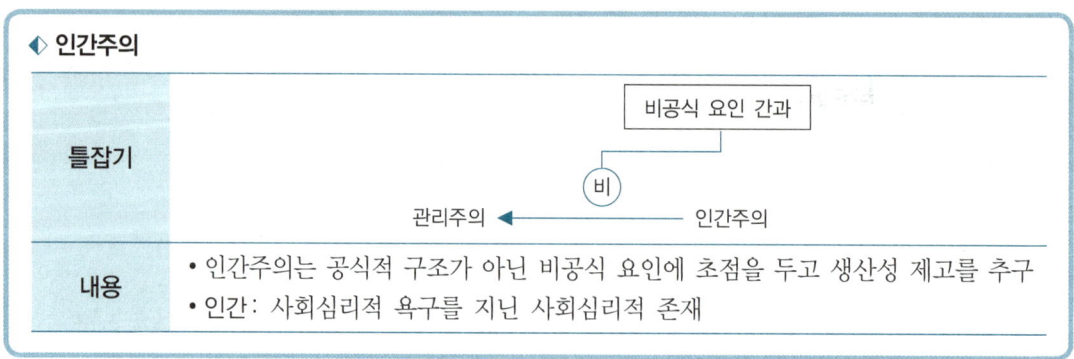

◆ 인간주의

| 틀잡기 | 비공식 요인 간과 관리주의 ← 비 인간주의 |
| 내용 | • 인간주의는 공식적 구조가 아닌 비공식 요인에 초점을 두고 생산성 제고를 추구 • 인간 : 사회심리적 욕구를 지닌 사회심리적 존재 |

04 인간관계론은 조직목표 달성을 위해 생산성과 능률성에 기반을 둔 금전적 보상과 ○ ✕
경제적 인간관을 강조한다. 2022 행정사

05 인간주의는 작업환경이나 물리적 조건보다 조직구성원의 사회심리적 요인을 중시 ○ ✕
한다. 2021 행정사

◆ **행태주의**

틀잡기	잘못된 윤리관 ──────▶ 공무원 부패	
사실연구 강조	**행정학의 연구 분야**	
	가치	**사실**

	• 연구 분야가 있다는 건 인정
	• 그러나 주관적인 연구가 될 가능성이 크므로 연구에서 배제
	  예 정의란 무엇인가?
	• 주로 정부의 방향성 관련 연구
		• 검증이 가능한 객관적인 영역
		• 사이먼은 사실연구를 강조하는 입장
		  예 행동(의사결정 등)의 원인 탐구

보편적 법칙 발견	사이먼은 행태연구를 사실의 분야로 간주하고, 행동을 유발하는 원인을 탐구해 인과관계를 도출	
한계	• **가치연구 배제**: 행정은 가치의 영역을 포함할 수밖에 없음에도 불구하고 이를 배제 • 이는 행정의 방향성 상실, 나아가 사회문제 해결능력 저해로 이어질 수 있음 • **폐쇄체제 관점**: 인간행동을 설명하는 데 있어서 제도적 요인 및 환경적 요인을 고려 ✕	

01 과학적관리론은 공식적 조직의 역할을 강조하지만, 인간관계론은 비공식적 집단이 역할을 중시함

02 관리주의에 속하는 과학적관리론은 과업목표의 달성을 위해 체계적인 관리와 통제를 중시하는 관료제 조직을 선호함 → 이에 따라 그 안에서 일하는 구성원을 거대한 기계 안의 부품으로 간주함

03 관리과학, 즉, 관리주의는 조직관리에 있어서 기계적 능률성(계량적 분석)을 중시함

04 신지는 과학적관리론에 대한 내용임

05 인간주의는 구성원 간 동료애, 인간의 자아실현적 욕구 등을 중시함

Answer
01 ✕ 02 ○ 03 ○ 04 ✕ 05 ○

06 행태론적 접근방법은 행정현상을 자연·사회·문화적 환경과 관련시켜 설명한다. ○|×
2016 행정사

07 행태주의 행정연구는 가치와 사실문제를 엄격하게 구분하고 자유와 평등의 가치를 ○|×
연구대상에서 제외한다. 2022 행정사

08 사이먼(H. A. Simon)의 행태주의는 인간행태를 연구대상으로 정립했으며 행정연 ○|×
구에 과학주의를 도입하여 가치중립적인 객관적 분석을 가능하게 하였다. 그러나
이 이론은 과학적·계량적 연구방법론의 강조로 연구대상과 범위의 제한을 가져왔
다는 비판을 받고 있다. 2013 행정사 수정

09 행태주의는 환경과의 상호작용을 통한 진화과정을 강조한다. 2023 행정사 ○|×

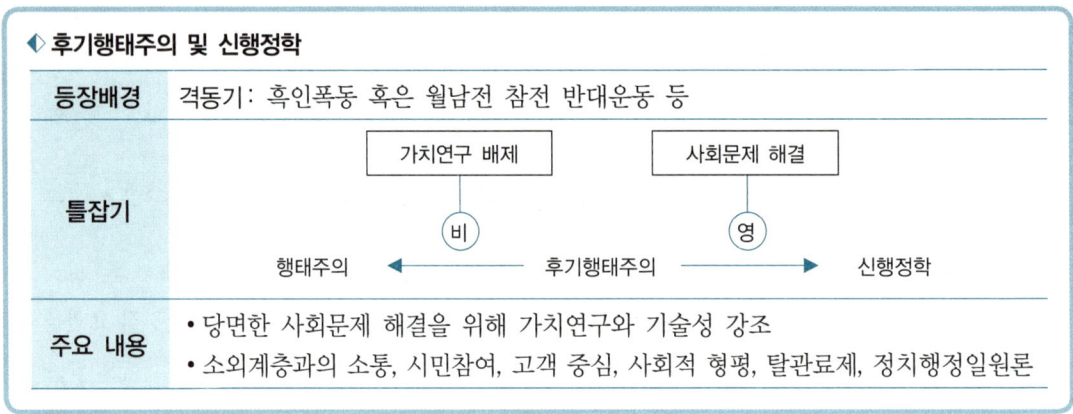

◆ **후기행태주의 및 신행정학**

등장배경	격동기: 흑인폭동 혹은 월남전 참전 반대운동 등
틀잡기	가치연구 배제　　　　　사회문제 해결 　　　비　　　　　　　영 행태주의 ← 후기행태주의 → 신행정학
주요 내용	• 당면한 사회문제 해결을 위해 가치연구와 기술성 강조 • 소외계층과의 소통, 시민참여, 고객 중심, 사회적 형평, 탈관료제, 정치행정일원론

10 이스턴(D. Easton)의 후기행태주의는 가치중립적·과학적 연구를 강조하였다. ○|×
2013 행정사

11 신행정론은 고객 중심의 행정, 사회적 형평성 등을 강조한다. 2016 행정사 ○|×

12 신행정학은 행정의 능률성을 강조했으며, 논리실증주의 및 행태주의의 주장을 지지 ○|×
하였다. 2022 7급 국가직

◆ 공공선택론

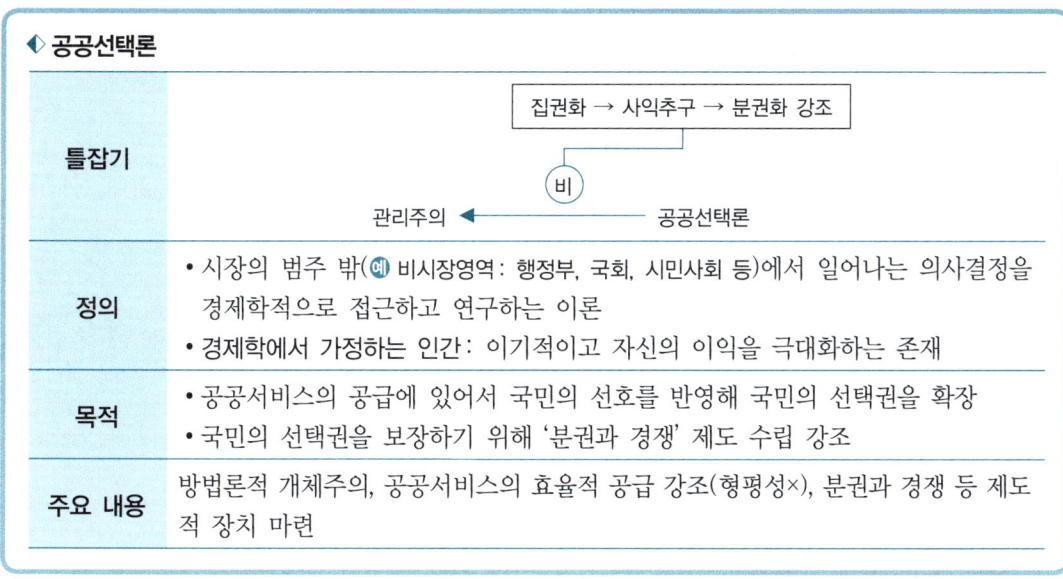

틀잡기	집권화 → 사익추구 → 분권화 강조 비 관리주의 ◀ 공공선택론
정의	• 시장의 범주 밖(ⓔ 비시장영역 : 행정부, 국회, 시민사회 등)에서 일어나는 의사결정을 경제학적으로 접근하고 연구하는 이론 • 경제학에서 가정하는 인간 : 이기적이고 자신의 이익을 극대화하는 존재
목적	• 공공서비스의 공급에 있어서 국민의 선호를 반영해 국민의 선택권을 확장 • 국민의 선택권을 보장하기 위해 '분권과 경쟁' 제도 수립 강조
주요 내용	방법론적 개체주의, 공공서비스의 효율적 공급 강조(형평성×), 분권과 경쟁 등 제도적 장치 마련

13 공공선택론은 공공서비스의 효율적 공급을 위해 공공부문의 시장경제화를 추구하 ○ × 며 정치 및 행정현상에 경제학적 분석도구를 적용하여 설명한다. 2015 행정사

---

06 생태론적 접근방법 혹은 비교행정은 행정현상을 자연·사회·문화적 환경과 관련시켜 설명함

07 행태주의는 연구의 대상을 가치와 사실로 구분한 뒤, 사실의 연구(검증 가능한 영역)에 초점을 둠

08 ① 사이먼은 인간의 행동에 영향을 미치는 원인을 탐구하고자 했음 → 과학성 추구
　　② 그러나 사실연구에 치중한 나머지 가치연구를 배제했다는 비판을 받았음

09 행태론은 폐쇄체제 관점이 이론임

10 사이먼의 행태주의가 가치중립적·과학적 연구를 강조하였음

11 신행정론은 사회문제를 다루기 위해 고객 중심(국민 중심)의 행정을 강조하며, 당시 미국의 사회문제 중 흑인폭동을 해결하기 위해 사회적 형평성 등을 주장하였음

12 신행정학은 형평성 등을 수상했으며, 기술성을 중시하는 바 과학성을 강조하는 행태주의를 비판하는 입장임

13 공공선택론은 경제학을 활용해서 능률적으로 시민의 선호를 반영할 수 있는 공공서비스 공급체계를 제시함 → 분권화된 정부 구조 강조

Answer ◀
06 ×　　**07** ○　　**08** ○　　**09** ×　　**10** ×　　**11** ○　　**12** ×　　**13** ○

14 공공선택론은 방법론적 개인주의, 합리적 이기주의, 집합적 결정 중시, 제도적 장치 □○□×□
의 마련, 단일 조직장치 강조 등을 특징으로 한다. 2025 행정사

15 공공선택이론은 합리적 선택이론에 제도의 역할을 접목해서 공공부문에까지 확대 □○□×□
적용한다. 2025 행정사

16 공공선택론은 관료의 사익추구, 예산극대화, 지대추구행위, 정치 및 행정현상의 경 □○□×□
제학적 분석 등과 관련 있는 이론이다. 2020 행정사

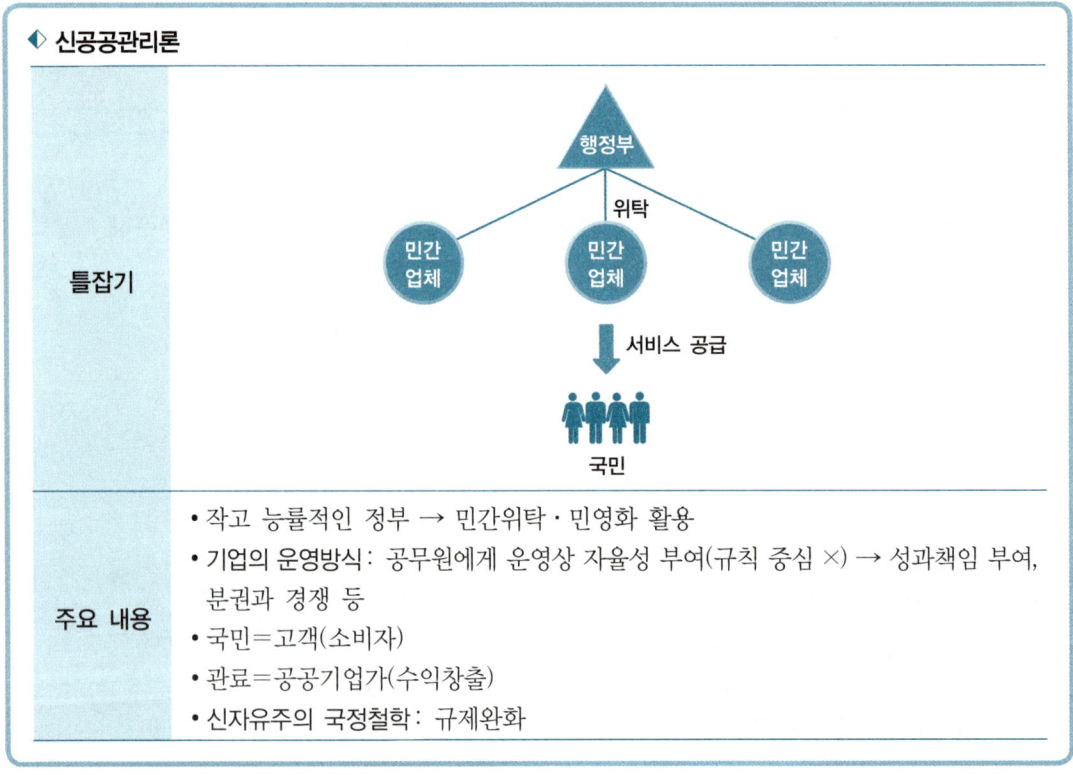

◆ **신공공관리론**

틀잡기	(그림: 행정부 → 위탁 → 민간업체·민간업체·민간업체 → 서비스 공급 → 국민)
주요 내용	• 작고 능률적인 정부 → 민간위탁·민영화 활용 • 기업의 운영방식 : 공무원에게 운영상 자율성 부여(규칙 중심 ×) → 성과책임 부여, 분권과 경쟁 등 • 국민＝고객(소비자) • 관료＝공공기업가(수익창출) • 신자유주의 국정철학 : 규제완화

17 신공공관리론은 정부의 기능을 민간화하고 지출을 팽창시켜야 한다는 관점의 이론 □○□×□
이다. 2020 행정사

18 오스본(D. Osborne)과 게블러(T. Gaebler)에 따르면 신공공관리는 규칙 중심, 전통 □○□×□
적 행정은 업무 중심(임무 중심)의 관리방식을 취하고 있다. 2024 행정사

19 오스본(D. Osborne)과 플래스트릭(P. Plastrik)의 '기업가 정부'를 만들기 위한 다섯 가지 전략에서 통제전략은 권력을 대상으로 하고 집권화를 추구하는 전략을 의미한다. ○ ✕
2019 행정사

20 신공공관리론의 관료역할은 공공기업가이고, 뉴거버넌스론의 관료역할은 조정자이다. ○ ✕
2014 행정사

21 주인대리인이론은 주인과 대리인 간 정보의 대칭성을 가정한다. **2018 행정사** ○ ✕

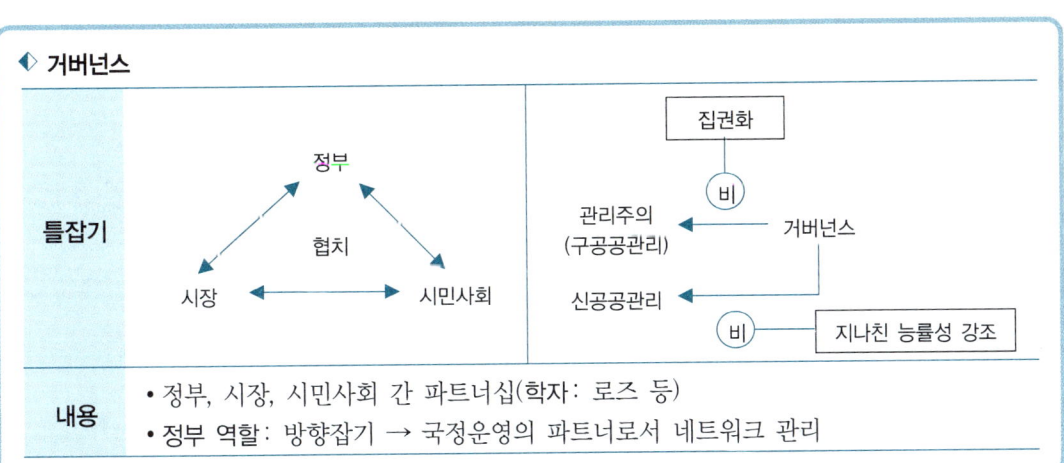

◆ **거버넌스**

틀잡기	
내용	• 정부, 시장, 시민사회 간 파트너십(학자: 로즈 등) • 정부 역할: 방향잡기 → 국정운영의 파트너로서 네트워크 관리

14 공공선택론은 분권과 경쟁을 강조함 → 단일 조직 강조 ✕

15 공공선택론은 신고전학파 경제학이며, 합리적 선택이론은 고전학파 경제학임 → 공공선택론은 합리적 선택이론의 인간관은 수용하되, 제도의 중요성을 강조함

16 선지에 나열된 개념은 현상을 설명할 때 모두 공공선택론을 활용함

17 신공공관리론은 정부의 기능을 민간화하고 정부의 지출을 축소해야 한다는 관점의 이론임

18 전통적 행정은 규칙 위주의 행정을 강조하지만, 신공공관리는 일의 목표달성을 강조함

19 오스본과 플래스트릭의 '기업가 정부'를 만들기 위한 다섯 가지 전략에서 통제전략은 권력을 대상으로 하고 분권화를 추구하는 전략을 의미함

20 신공공관리론에서 관료역할은 수익을 창출하는 공공기업가이고, 뉴거버넌스론의 관료역할은 네트워크를 중립적으로 관리하는 조정자임

21 주인대리인이론은 주인과 대리인 간 정보의 비대칭성(주인과 대리인의 정보 보유량 사이)을 가정함

Answer

14 ✕   **15** ○   **16** ○   **17** ✕   **18** ✕   **19** ✕   **20** ○   **21** ✕

22 로즈(R. A. W. Rhodes)는 뉴거버넌스를 통한 민관협력 네트워크의 중요성을 주장하였다. 2013 행정사 ○|×

23 뉴거버넌스는 정부 내부의 관리보다는 외부 주체와의 관계를 강조한다. 2023 행정사 ○|×

24 뉴거버넌스는 정부 내부관리에 초점을 맞춘다. 2025 행정사 ○|×

25 뉴거버넌스는 정부 단독의 국정관리 능력을 강조한다. 2025 행정사 ○|×

26 뉴거버넌스는 정부의 방향잡기 역할을 중시한다. 2025 행정사 ○|×

27 신공공관리론에서 서비스는 민영화와 민간위탁으로 제공하고, 뉴거버넌스에서 서비스는 시민 및 기업의 참여를 통한 공동공급으로 제공한다. 2014 행정사 ○|×

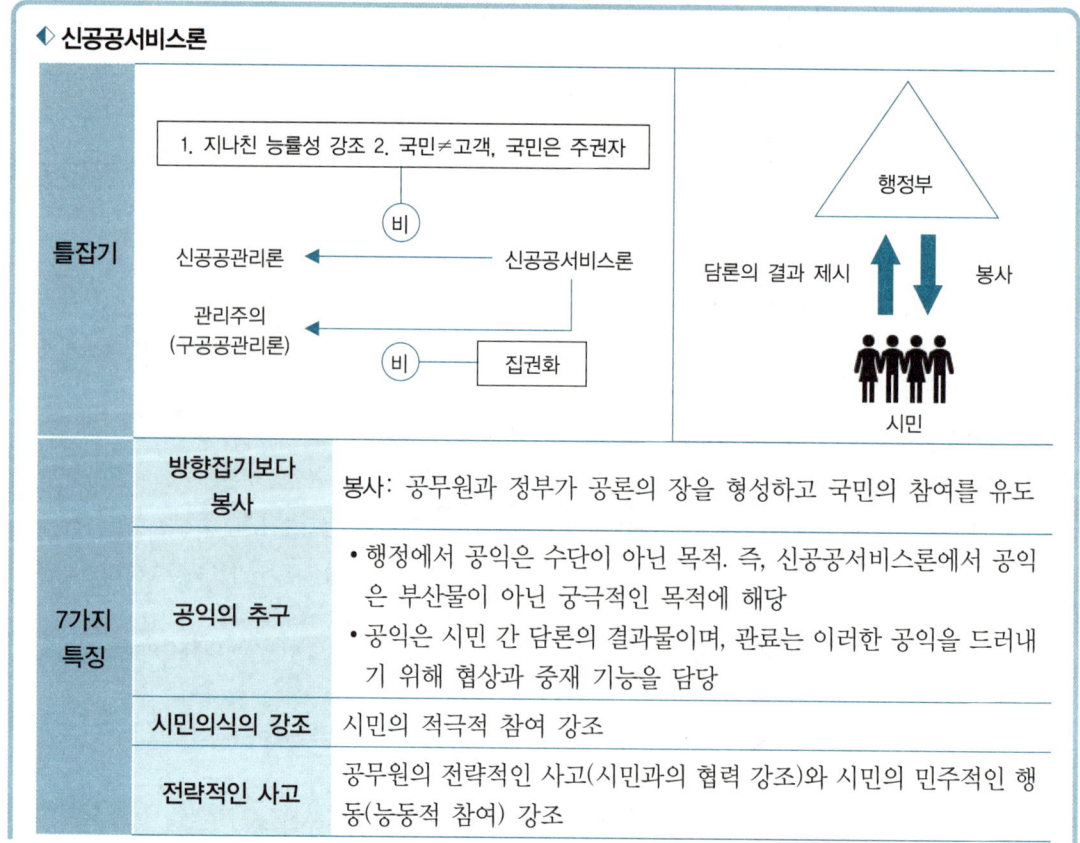

◆ 신공공서비스론

틀잡기	1. 지나친 능률성 강조 2. 국민≠고객, 국민은 주권자 신공공관리론 ← (비) ← 신공공서비스론 관리주의(구공공관리론) ← (비) ← 집권화	행정부 담론의 결과 제시 ↑ ↓ 봉사 시민
7가지 특징	**방향잡기보다 봉사**	봉사: 공무원과 정부가 공론의 장을 형성하고 국민의 참여를 유도
	공익의 추구	• 행정에서 공익은 수단이 아닌 목적. 즉, 신공공서비스론에서 공익은 부산물이 아닌 궁극적인 목적에 해당 • 공익은 시민 간 담론의 결과물이며, 관료는 이러한 공익을 드러내기 위해 협상과 중재 기능을 담당
	시민의식의 강조	시민의 적극적 참여 강조
	전략적인 사고	공무원의 전략적인 사고(시민과의 협력 강조)와 시민의 민주적인 행동(능동적 참여) 강조

7가지 특징	책임성의 다양성 (다면적 책임성)	관료들은 책임성과 관련해 헌법과 법령, 공동체 사회의 가치, 정치적 규범, 전문적인 기준, 시민의 이익 등 다양한 면을 고려해야 함
	고객이 아닌 시민에게 봉사	• 고객(소비자)은 정부서비스에 대한 호불호를 표현하는 수동적인 존재 • 국민을 고객이 아니라 국정운영에 직접 참여하는 주인(시민)으로 생각해야 함
	인본주의	생산성보다 사람에게 더 큰 가치를 부여 → 인간관계론 활용

28 신공공서비스론은 정부관료제에 경쟁 원리를 도입하여 개혁할 것을 강조한다. 2019 행정사 ○×

29 신공공서비스론은 정부의 역할을 '노젓기'보다는 '방향잡기'로 규정한다. 2019 행정사 ○×

30 신공공서비스론은 시민을 자율적인 소비자 또는 고객으로 간주한다. 2022 행정사 ○×

31 신공공서비스론은 민주적 시민의식론과 조직적 인본주의를 이념으로 한다. 2022 행정사 ○×

---

22 로즈는 거버넌스와 관련된 학자이며, 거버넌스는 정부, 시장, 시민사회 간 협력적 네트워크를 강조함

23 거버넌스는 정부, 시장, 시민사회 간 협치를 뜻하므로 올바른 선지임

24 선지는 신공공관리론에 대한 내용임

25 선지는 구공공관리론에 대한 내용임

26 거버넌스는 국정운영의 파트너로서 정부의 방향잡기 역할을 중시함 → 참고로 신공공관리론의 정부 역할도 (정부 중심의) 방향잡기임

27 신공공관리론은 시장과 정부의 협력을, 거버넌스는 시장, 시민사회, 정부의 협치를 강조함

28 신공공관리론은 정부관료제에 경쟁 원리를 도입하여 개혁할 것을 강조함

29 신공공관리론은 정부의 역할을 '노젓기'보다는 '방향잡기'로 규정함 → 신공공서비스론은 정부 역할을 봉사로 규정함

30 선지는 신공공관리론에 대한 내용임

31 신공공서비스론은 민주적 시민이론, 지역공동체와 시민사회모형, 조직인본주의, 담론이론, 비판이론, 실증주의, 해석학, 포스트모더니즘 등에 인식론적 토대를 두고 있음(이론적 토대가 복합적임 → 단, 공공선택론 제외)

Answer

22 ○   23 ○   24 ×   25 ×   26 ○   27 ○   28 ×   29 ×   30 ×   31 ○

32 신공공서비스론은 공공행정의 다양한 가치와 책임성 문제에 관심을 둔다. 2022 행정사 ☐O☐X

33 신공공서비스론은 공공서비스의 공급에 있어 합리적 선택과 방법론적 개인주의를 ☐O☐X
강조한다. 2022 행정사

34 관료는 사회문제를 해결하는 과정에서 협상과 중재 기능을 담당한다. 2019 행정사 ☐O☐X

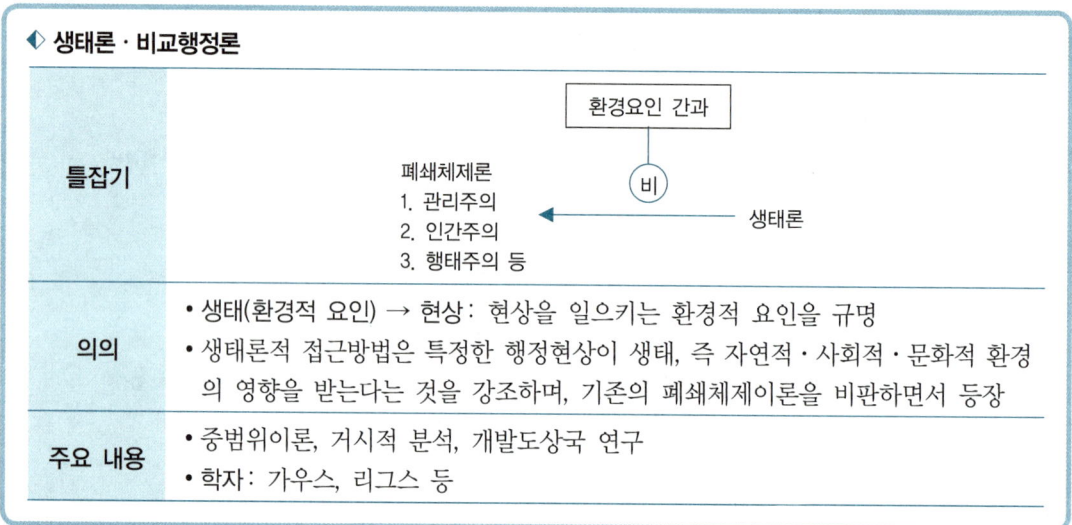

◆ **생태론 · 비교행정론**

틀잡기	환경요인 간과 → 비 → 생태론 폐쇄체제론 1. 관리주의 2. 인간주의 3. 행태주의 등
의의	• 생태(환경적 요인) → 현상: 현상을 일으키는 환경적 요인을 규명 • 생태론적 접근방법은 특정한 행정현상이 생태, 즉 자연적 · 사회적 · 문화적 환경의 영향을 받는다는 것을 강조하며, 기존의 폐쇄체제이론을 비판하면서 등장
주요 내용	• 중범위이론, 거시적 분석, 개발도상국 연구 • 학자: 가우스, 리그스 등

35 생태론 혹은 비교행정론은 행정현상을 자연 · 사회 · 문화적 환경과 관련시켜 이해 ☐O☐X
하며 집합적 행위나 제도를 거시적 수준에서 분석한다. 2015 행정사

36 생태론적 접근방법은 행정의 가치지향성과 기술성을 중시하며, 시장원리에 입각한 ☐O☐X
공공관리에 초점을 둔다. 2016 행정사

37 리그스(F. W. Riggs)의 프리즘적 모형(Prismatic Model)에 따르면 농업사회에서 ☐O☐X
지배적인 행정모형을 사랑방 모형(Sala Model)이라 한다. 2020 행정사

◆ 발전행정론

개념	국가발전을 위한 광범위한 정부개입과 행정의 주도적 역할 강조 → 정치행정새일원론·행정우위론
주요 내용	• 행정을 독립변수로 간주 : 행정의 적극적인 기능을 강조하는 측면에서 생태론 및 비교행정론과 다름 • 효과성과 기술성 강조, 불균형 성장 초래 등

38 행정이 국가발전이라는 목표를 달성하기 위해 정치를 비롯하여 경제·사회의 변동을 주도해나가야 한다는 행정학설은 발전기능설이다. 2021 행정사 ○ ✕

32 신공공서비스론은 능률성 외의 다양한 가치를 추구하며, 다면적 책임성을 중시함

33 선지는 공공선택론에 대한 내용임

34 신공공서비스론에서 공익은 시민이 결정하고, 공무원은 해당 과정에서 협상과 중재 기능을 담당함

35 생태론이나 비교행정론은 현상을 분석할 때 환경적 요인을 고려함; 아울러 분석의 단위가 국가임(개인행동 ✕)

36 생태론적 접근방법은 행정의 과학성(사실 중심 연구)을 중시하되, 중범위이론의 구축을 지향함
   ※ 시장원리에 입각한 공공관리에 초점을 두는 이론은 공공선택론, 신공공관리론 등

37 리그스의 프리즘적 모형(Prismatic Model)에 따르면 개발도상국에서 지배적인 행정모형은 사랑방 모형(Sala Model)임

38 발전행정론은 행정부가 국가발전을 주도하는 현상을 설명한 이론임

Answer
32 ○   33 ✕   34 ○   35 ○   36 ✕   37 ✕   38 ○

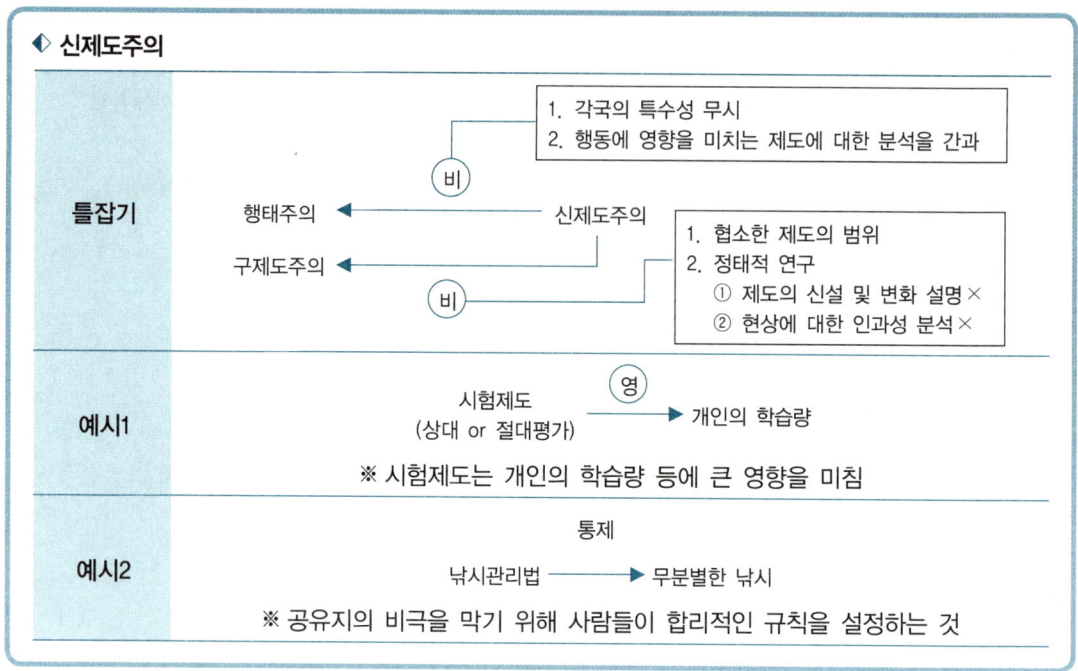

◈ 신제도주의

틀잡기	

예시1

시험제도
(상대 or 절대평가) ⓔ → 개인의 학습량

※ 시험제도는 개인의 학습량 등에 큰 영향을 미침

예시2

통제
낚시관리법 ───→ 무분별한 낚시

※ 공유지의 비극을 막기 위해 사람들이 합리적인 규칙을 설정하는 것

39 신제도주의론은 공식적 제도나 구조는 물론 비공식적 제도와 규범도 중요하게 강조 ○✕
한다. 2022 행정사

40 신제도주의 접근방법은 검증된 이론의 일반 법칙성을 추구한다. 2025 행정사 ○✕

41 신제도주의는 정책 등을 내생변수가 아닌 외생변수로 다룬다. 2019 행정사 ○✕

◈ 신제도주의의 유형

구분	합리선택적 신제도주의	사회학적 신제도주의	역사적 신제도주의
제도의 개념	개인 간 합리적 선택의 결과로 인해 만들어진 규칙	비공식적 문화	각 국가의 독특한 공식적인 정책 혹은 법
제도의 변화 원인	비용과 편익의 변화에 따른 합리적 선택	제도적 동형화	역사적 사건
기타	공공선택론의 영향을 받음	·	경로의존성 강조

42 역사적 제도주의는 서로 다른 국가들 사이의 제도가 유사해지는 현상을 설명하는 데 유리하다. 2023 행정사 ☐O☐X

43 역사적 제도주의는 국가나 조직의 경계를 넘어 제도가 서로 닮아가는 것을 강조한다. 2025 행정사 ☐O☐X

44 사회학적 제도주의는 개인에 대한 가정에 기초한 미시적·연역적 방법에 주로 의존한다. 2023 행정사 ☐O☐X

45 사회학적 제도주의는 제도의 범위에 관습과 문화도 포함한다. 2019 행정사 ☐O☐X

46 합리적 선택 제도주의의 연장선상에서 오스트롬(E. Ostrom)은 '공유재의 비극'의 해결방안으로 공동체 중심의 자치제도를 제시한다. 2023 행정사 ☐O☐X

47 공공선택론은 합리적 선택 제도주의의 대표적 이론 중 하나이다. 2019 행정사 ☐O☐X

---

39 신제도주의론은 인간의 행동에 영향을 미치는 제도의 범위를 광범위하게 정의함

40 선지는 행태론에 대한 내용임 → 신제도주의론은 중범위이론임

41 신제도주의는 정책 또는 행정환경을 제도로 간주하는 바 외생변수가 아닌 내생변수로 간주함
① 내생변수 : 무언가의 영향을 받아서 변화할 수 있는 변수
② 외생변수 : 변화하지 않는 변수

42 선지는 사회학적 신제도주의에 대한 내용임(제도적 동형화)

43 선지는 사회학적 신제도주의에 대한 내용임(제도적 동형화)

44 선지는 합리선택적 신제도주의에 대한 내용임

45 사회학적 신제도주의는 현상을 설명할 때 비공식적인 제도를 강조함

46 '공유재의 비극'을 막기 위한 자발적 규칙설정은 합리선택적 신제도주의의 예시로 볼 수 있음

47 공공선택론은 경제학 활용, 이기적인 인간, 제도의 중요성 강조 등을 특징으로 하는 바 합리적 선택 제도주의의 대표적 이론 중 하나로 볼 수 있음

Answer◆

| 39 ○ | 40 × | 41 × | 42 × | 43 × | 44 × | 45 ○ | 46 ○ | 47 ○ |

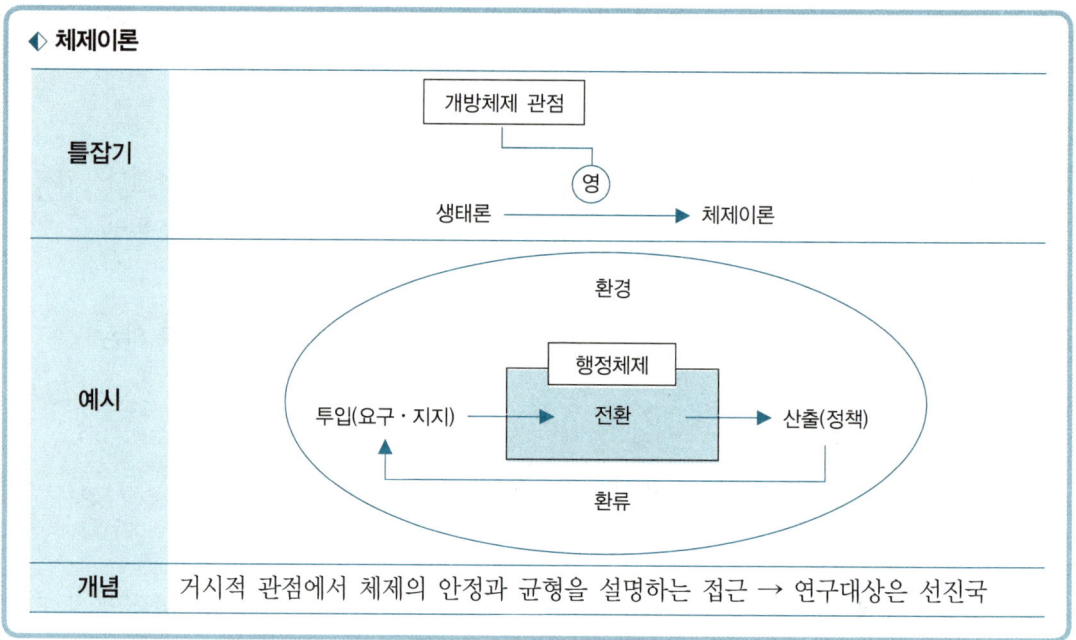

◈ 체제이론

틀잡기	
예시	
개념	거시적 관점에서 체제의 안정과 균형을 설명하는 접근 → 연구대상은 선진국

48 체제론적 접근방법은 행정과 환경의 상호작용을 중시하고, 선진국보다 개발도상국 ○×
의 행정현상을 설명하는 데 유용하다. **2016 행정사**

49 체제론적 접근방법은 현상을 설명하는 데 전체성보다 부분의 중요성을 강조한다. ○×

2025 행정사

---

48 체제론적 접근방법은 행정과 환경의 상호작용을 통해 안정과 균형을 유지하는 현상을 설명하는 바 개발도상국
보다 선진국의 행정현상을 설명하는 데 유용함

49 체제론적 접근방법은 현상을 설명하는 데 부분보다 전체를 강조함

Answer ◄ -

48 ✕   49 ✕

행정의 목적

◆ **행정의 목적에 대하여**

틀잡기	행정의 목적(가치) ┬ 궁극적 가치: [두문자] 공정복지형평자 └ 수단적 가치: 능률성vs민주성
설명	• 궁극적 가치: 행정이 추구하는 본질적 가치(최종 목표) • 수단적 가치: 본질적 가치를 달성하기 위한 하위 목표 → 능률성과 관련된 가치와 민주성과 관련된 가치로 구분

◆ **공익: 실체설과 과정설을 중심으로**

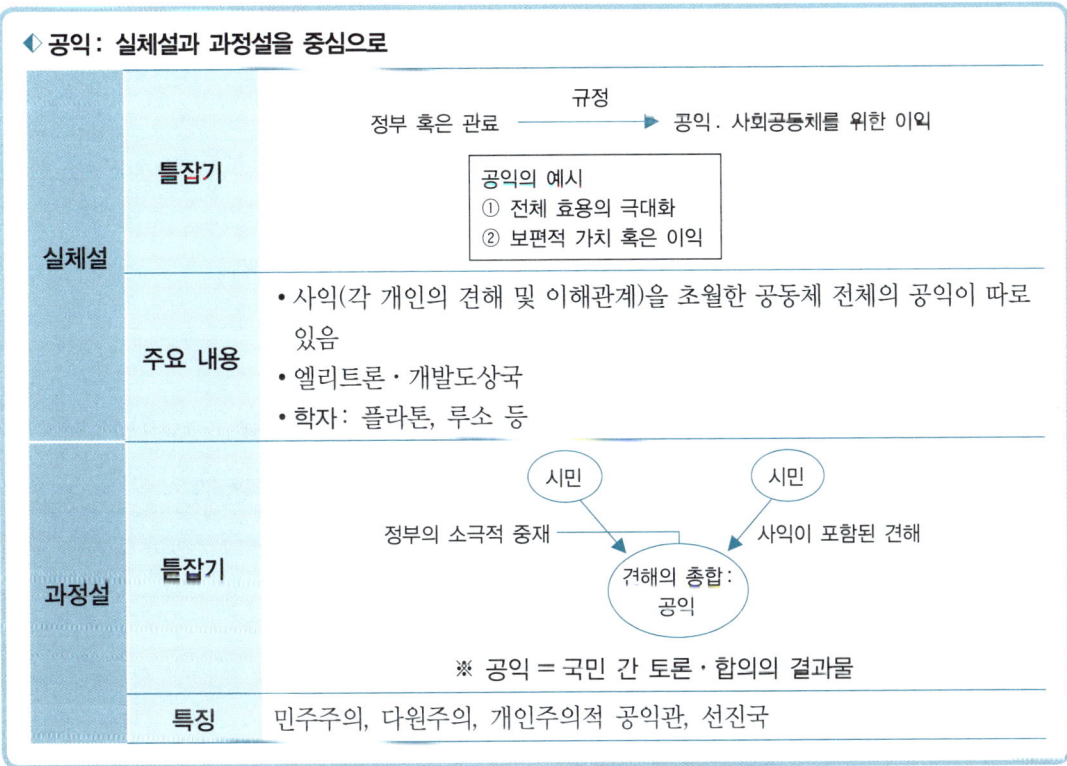

실체설	틀잡기	정부 혹은 관료 —규정→ 공익. 사회공동체를 위한 이익 공익의 예시 ① 전체 효용의 극대화 ② 보편적 가치 혹은 이익
	주요 내용	• 사익(각 개인의 견해 및 이해관계)을 초월한 공동체 전체의 공익이 따로 있음 • 엘리트론 · 개발도상국 • 학자: 플라톤, 루소 등
과정설	틀잡기	시민 시민 정부의 소극적 중재 → 견해의 총합: 공익 ← 사익이 포함된 견해 ※ 공익 = 국민 간 토론 · 합의의 결과물
	특징	민주주의, 다원주의, 개인주의적 공익관, 선진국

01 실체설에 따르면 개인의 사익을 초월한 공익이 존재한다. 2018 행정사 ☐O ☐X

02 공익의 과정설은 공익과 사익이 명확히 구분되는 별개의 개념으로 본다. 2025 행정사 ☐O ☐X

03 실체설에 따르면 공익은 사익의 총합이거나 사익 간의 타협 및 조정 과정을 통해 얻어진다. 2018 행정사 ☐O ☐X

04 실체설은 개인이나 집단 사이의 이해를 조정하는 행정의 조정자 역할을 강조한다. 2023 행정사 ☐O ☐X

05 과정설은 이해당사자 사이의 협상과 타협을 통해 규범적 절대가치에 도달할 수 있다고 본다. 2023 행정사 ☐O ☐X

06 실체설에 따르면 개인의 사익추구가 결과적으로 공동체의 선을 최대한 증대시킨다. 2018 행정사 ☐O ☐X

07 과정설의 대표적인 학자에는 플라톤(Plato)과 루소(Rousseau)가 있다. 2017 9급 국가직 ☐O ☐X

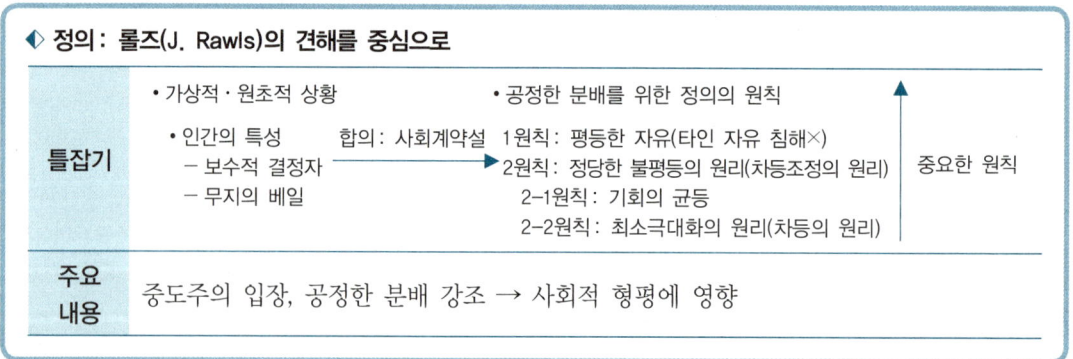

08 롤스(J. Rawls)의 「정의론」은 사회적으로 최소의 혜택을 받는 사람들에게 차별적 이익을 제공하는 이론적 근거를 제공한다. 2018 행정사 ☐O ☐X

09 롤스(J. Rawls)는 정의와 관련하여 원초적 상태에서의 인간은 최소극대화 원리 (maximin)에 입각하여 규칙을 선택하는 것으로 가정한다. 2010 7급 서울시 ☐O ☐X

◆ 형평

수평적 형평	• 동일한 것은 동일하게 대우 • 일반적으로 기회의 공평(개인의 능력 강조)을 강조
수직적 형평	• 다른 것은 다르게 대우 • 빈자와 부자의 차이 및 현세대와 차세대의 구별을 인정하고 일반적으로 결과의 공평을 강조
절충적 형평	• 사회적 형평으로 불리기도 하며, 수평적 형평과 수직적 형평을 혼합한 개념 • 사회적 형평(절충적 공평)은 기회의 형평을 우선해 적용(수평적 공평)하되, 경제적 약자를 고려해 결과의 공평(수직적 공평)을 최종적으로 고려 • 절충적 형평 = 사회적 형평 = 롤즈의 정의

10 수평적 형평은 약자에 대한 배려의 의미이고, 수직적 형평은 동등한 자들 간 공평의 의미이다. 2025 행정사 ☐○☐×☐

11 수평적 형평성이란 동등하지 않은 것을 서로 다르게 취급하는 것, 수직적 형평성이란 동등한 것을 동등하게 취급하는 것을 의미한다. 2021 9급 군무원 ☐○☐×☐

01 실체설은 사회 내 각 개인의 견해, 즉 사익과는 별도로 공동체를 위한 이익이 존재할 수 있다는 관점임

02 과정설에서 공익은 사회 내 개인의 견해를 조정한 결과이므로 공익과 사익은 구분되지 않음

03 과정설에 따르면 공익은 사익의 총합이거나 사익 간의 타협 및 조정 과정을 통해 얻어짐

04 관료의 중재자 및 조정자의 역할을 강조하는 것은 과정설임

05 규범적 절대가치, 즉 도덕적 절대가치는 실체설에서 제시하는 공익의 예시에 해당함

06 선지는 과정설에 대한 내용임 → 과정설은 사회 내 각 개인의 견해(각 개인의 사익 포함)를 조정한 것이 공익이라는 관점임

07 플라톤과 루소는 실제설을 주장한 학자임

08 선지는 최소극대화의 원리(?-2원칙)를 설명하고 있음

09 롤즈의 정의론에서 인간은 위험회피적인 성향을 띠므로 최소극대화 원리(maximin)에 입각하여 규칙을 선택함

10 수직적 형평은 약자에 대한 배려의 의미이고, 수평적 형평은 동등한 자들 간 공평의 의미임

11 수직적 형평성이란 동등하지 않은 것을 서로 다르게 취급하는 것, 수평적 형평성이란 동등한 것을 동등하게 취급하는 것을 의미함

Answer
01 ○   02 ×   03 ×   04 ×   05 ×   06 ×   07 ×   08 ○   09 ○   10 ×
11 ×

◆ **능률성과 관련된 수단적 가치**

능률성	• 투입(Input) 대비 산출(Output)의 비율 • 기계적 능률: 수량적으로 명시할 수 있는 수치적·금전적·단기적 측면에서 파악한 개념 • 능률성＝효율성＝기계적 능률 → 관리주의 학자들이 강조 • 사회적 능률: 민주성(강조)＋능률성 → 장기적 관점의 능률, 정치행정일원론 및 인간주의
효과성	• 목표의 달성도를 중시하는 개념으로, 비용이나 투입에 대한 고려는 없음 • 즉, 산출의 목표달성도를 나타내는 개념이므로 과정보다 결과를 강조 • 발전행정론에서 강조
합리성	• 목표에 대한 수단의 적합성 • 내용적 합리성: 모든 정보를 검토한 후 최선의 대안을 찾는 것 • 절차적 합리성: 한정된 정보 내에서 논리적 사유과정을 통해 그럴듯한 대안을 찾는 것 • 행태론에서 강조

12 투입에 대한 산출의 비율을 나타내는 행정가치는 능률성이다. 2019 행정사 ☐O☐X

13 과학적관리론에서 추구하는 행정가치는 형평성이다. 2019 행정사 ☐O☐X

14 효율성은 결과적 측면, 효과성은 과정적 측면에서 정책평가의 중요한 기준이 된다. ☐O☐X
2025 행정사

15 능률성은 행정이 추구하는 가치 중 본질적 가치에 해당한다. 2016 행정사 ☐O☐X

16 사회적 능률성은 민주성의 개념으로 이해되는데 이는 신행정론에서 처음 주창된 가치 ☐O☐X
이다. 2014 행정사

17 효율성과 효과성은 같은 개념이다. 2018 행정사 ☐O☐X

18 국가발전을 추진하던 1960년대 발전 행정적 사고가 지배적일 때 부각되어 중요시되 ⊙⊗
었던 행정가치는 능률성이다. 2017 행정사

19 효과성은 1960년대 발전행정의 사고가 지배적일 때 주된 가치판단 기준이었다. ⊙⊗
2014 행정사

20 디목(M. E. Dimock)이 제창한 사회적 능률은 인간적, 단기적 능률을 의미한다. ⊙⊗
2011 9급 국가직

21 행정행태론에서 추구하는 행정가치는 효과성이다. 2024 행정사 ⊙⊗

22 사이먼(H. A. Simon)의 절차적 합리성은 결정이 생성되는 과정보다 선택의 결과에 ⊙⊗
더 관심을 갖는다. 2008 7급 지방직

---

12 능률성은 가성비, 즉 투입 대비 산출의 비율을 나타냄

13 과학적관리론은 관리주의에 포함되는 이론이므로 능률성(기계적 능률성)을 중시함

14 효율성은 과정적 측면, 효과성은 결과적 측면에서 정책평가의 중요한 기준이 됨

15 능률성은 행정이 추구하는 가치 중 수단적인 가치에 해당함
※ 본질적인 가치는 공익, 정의, 복지, 형평, 평등, 자유임→ 두문자 **공정복지형평자**(아코프)

16 사회적 능률성은 인간적 능률, 즉 인간에 대한 존중을 바탕으로 정책의 목적실현(합목적성)을 중시하는 바 민주
성의 개념으로 이해되며, 이는 1930년대 기능적 행정학(통치기능설=정치행정일원론)이나 인간관계론에서 주창
된 가치임

17 효율성은 가성비(투입 대비 산출의 비율)이고, 효과성은 목표의 달성도를 의미함

18 선지는 발전행정론에 대한 내용임→ 발전행정론은 '효과성'을 강조함

19 발전행정론은 행정부 주도하에 국가발전을 이룩했는지 여부, 즉 목표의 달성도(효과성)를 중시함

20 디목이 제창한 사회적 능률은 인간적, 장기적 능률을 의미함

21 행정행태론은 합리성을 강조함

22 사이먼의 내용적 합리성은 결정이 생성되는 과정보다 선택의 결과에 관심을 둠

Answer
12 ○   13 ×   14 ×   15 ×   16 ×   17 ×   18 ×   19 ○   20 ×   21 ×
22 ×

◈ **민주성과 관련된 수단적 가치**

	구분	의견수렴 대상
민주성	대외적 민주성	국민
	대내적 민주성	조직구성원
합법성	법치행정: 입법부에서 제정한 법률을 행정공무원들이 충실히 집행하는 것	
책임성	• 제도적 책임: 공식적인 각종 제도적 통제로 인해 확보되는 타율적·수동적 책임 • 자율적 책임: 직업윤리와 책임감에 기초해서 자발적인 재량을 발휘함으로써 확보되는 행정책임	

23 대내적 민주성에서 중요한 요소는 국민의 참여이다. 2025 행정사 ☐○☐×

24 입법국가에 비해 현대행정의 합법성은 상황에 따라 신축성을 부여하는 법의 적합성을 강조한다. 2025 행정사 ☐○☐×

◈ **가외성**

개념	잉여장치 → 예측할 수 없는 불확실한 상황에 대비하기 위한 중복, 중첩, 여분

예시	• 권력분립을 위한 제도 → 지방분권적 연방주의, 계선과 참모, 양원제와 위원회 제도 등
	  - 계선과 참모: 계선은 사업을 책임지고 집행하며, 참모는 이를 지원
	• 만장일치, 계층제, 집권화 등은 가외성 장치가 아님
	  - 만장일치: 분권적인 제도이기는 하나 현실적으로 불가능에 가까움
	• 란다우가 제시

장점	조직의 적응성·신뢰성·안정성, 창의성 증진, 상호의존성을 지니는 조직 간 타협과 협상 증진
단점	능률성과 충돌, 기능의 중복으로 인해 조직 간의 충돌(갈등) 가능성

25 가외성은 환경에 대한 조직의 적응성을 높여준다. 2014 행정사 ☐○☐×

26 환경의 불확실성이 커질수록 가외성의 필요성은 감소한다. 2014 행정사 ☐○☐×

27 가외성은 작고 효율적인 행정개혁을 저해할 수 있다. 2014 행정사 ⃞○⃞✕

28 참모는 조직의 일차적 목표와 관련된 사업을 수행하고, 계선은 이를 지원하는 역할 ⃞○⃞✕
을 담당한다. 2023 행정사

---

23 대내적 민주성에서 중요한 요소는 조직구성원의 참여임

24 입법부의 권력이 강한 입법국가에 비해 행정부의 권력이 상대석으로 깅해진 현대행정은 상황에 따라 신축성을 부여하는 법의 적합성을 강조함

25 가외성은 잉여장치이므로 한경변화에 대한 적응성을 제고함

26 환경의 불확실성이 커질수록 잉여장치, 즉 가외성의 필요성은 증가함

27 가외성은 잉여장치를 설치하는 것이므로 능뮬성을 서해힐 수 있음

28 선지에서 참모와 계선의 역할이 바뀌었음

Answer
23 ✕   24 ○   25 ○   26 ✕   27 ○   28 ✕

행정의 구조 : 관료제

◈ 관료제의 정의와 특징

| 틀잡기 | |

합리적 · 능률적 목표 달성

합법적 권위 → 통제

연공서열 → 연공급

부장

과장

인사 | 재무 | 홍보 | 판매

| 개념 | • 목적을 합리적(능률적)으로 달성하기 위해 공식적인 법에 의해 운영되는 삼각형 모양의 계층제적 조직구조
• 베버는 서양사회가 동양사회보다 빨리 발전한 이유를 근대관료제에서 찾고 있음 |

구분	내용
상명하복	상위 계층의 상관이 부하에게 명령하면, 부하는 이를 따르고 복종해야 함
집권화	관료제는 집권적인 의사결정구조를 지님
분업화	• 수직적 분업화 : 조직의 상층과 하층에 있는 사람의 역할을 다르게 규정 • 수평적 분업화 : 같은 계층 내에서 각 부서의 업무를 다르게 배정
법에 의한 운영	이념형 관료제는 조직 내 합리적인 규칙에 근거해서 조직을 운영
Impersonality (비정의성 · 몰인정성 등)	개인적인 감정에 따라 업무를 처리하지 않는 것
능력주의	관료는 시험 또는 자격증 등에 의해 공개적으로 채용 → 실적주의
문서주의	업무의 처리는 구두가 아니라 공식적 규칙이 명시된 문서로 하는 것
급료의 지불	관료제는 조직구성원이 수행한 노동의 대가로서 급료를 지불하며, 급여는 연공급(연공서열에 기초한 급여체계)의 성격을 지님
기타	• 관료로서의 직업은 일생 동안 종사하는 항구적인 것 • 공무원의 겸직을 허용하지 않음

(특징)

01 베버(Weber)가 제시한 관료제에서 구성원의 임무수행은 인격성(personality)과 비합리성이 중시된다. 2020 행정사 ◯✕

02 베버(Weber)가 제시한 관료제는 개인성(personality)을 고려한 업무처리를 강조한다. 2018 행정사 ◯✕

03 베버(Weber)의 관료제 모형은 계층제의 원리를 근간으로 한다. 2015 7급 국가직 ◯✕

04 베버(Weber)의 관료제에서 관료는 객관적·중립적 입장보다는 민원인의 입장에서 판단하고 결정한다. 2017 7급 국가직 추가 ◯✕

05 베버(Weber)의 관료제 이론에서 보수를 받지 않고 봉사하는 사람은 관료라고 볼 수 없다. 2013 7급 지방직 ◯✕

06 카리스마적 권위는 베버(Weber)가 제시한 이념형(ideal type) 관료제의 특성이다. 2021 경찰간부 ◯✕

---

01 베버가 제시한 관료제에서 구성원의 임무수행은 비인격성(Impersonality)과 합리성이 중시됨

02 베버가 제시한 관료제는 비개인성(Impersonality)을 고려한 업무처리를 강조함

03 베버의 관료제는 계층제를 통한 상명하복을 강조함

04 베버의 관료제에서 관료는 민원인의 입장보다는 법이나 규칙에 따라 판단하고 결정함

05 베버의 관료제는 구성원에게 급료를 제공하는 것을 원칙으로 함

06 베버가 제시한 이념형 관료제는 합법적 권위를 기초로 조직을 규율함 → 카리스마적 권위는 리더의 비범한 능력을 기초로 조직의 순응을 만들어내는 현상을 설명한 개념임

Answer
01 ✕   02 ✕   03 ◯   04 ✕   05 ◯   06 ✕

07 계층제에서 근무하는 관료는 봉사대상인 국민에게 책임을 져야 한다. **2013 7급 지방직** ○×

08 관료는 임무수행을 구두가 아니라 문서로 한다. **2020 행정사** ○×

09 베버(Weber)의 관료제는 업무수행에 필요한 전문성을 강조한다. **2018 행정사** ○×

◆ 관료제의 역기능

훈련된 무능력	조직의 한정된 부분 속에서 정해진 일만 반복한 결과로 발생한 무능력을 의미 → 분업화로 인해 어느 정도의 전문성은 생기지만 그 외의 일은 문외한이 된다는 것
부처할거주의	• 분업화로 인해 생긴 각각의 부서가 조직 전체의 이해관계를 고려하지 않고 자기 부서의 이익만을 추구하는 현상 • Selznick(셀즈닉)이 주장
인간성 상실	철저하게 조직의 법을 준수하는 건 이상적인 조직구성원의 모습이지만 이로 인해 '정이 없는' 무정한 사람(부품화)으로 변할 수 있음
과잉동조 (목표의 대치)	• 법은 관료제를 운영하는 근간이므로 조직구성원은 법을 철저하게 준수 • 그러나 조직을 규율하는 규칙에 과도하게 집착할 경우 조직의 목적을 망각하는 목적의 대치현상이 발생
조직의 경직성	• 머튼(Merton)에 따르면, 조직의 통제를 위한 규정 혹은 법이 오히려 조직의 경직성을 야기. 즉, 관료에 대한 최고관리자의 지나친 통제가 관료들의 경직성을 초래할 수 있다는 것 • 일반적으로 관료제는 기계적 구조(딱딱하고 경직적인 조직). 즉, 관료제는 변화하는 환경에 대한 적절한 적응을 잘하지 못하는 조직구조이므로 주어진 임무를 안정적인 상황(⑩ 선진국)에서 가장 효율적으로 달성할 수 있는 조직유형
번문욕례 (형식주의)	지켜야 할 규칙이 너무 많아서 행정의 능률이 떨어지는 현상
무사안일주의	• 법으로 규정한 수준까지만 일을 하려는 태도 → 굴드너(Gouldner) 모형 • 상관 견해에 대한 무비판적인 수용 : 상관의 권위에 의존하는 경향으로 인해 특정 행동에 대한 원인을 상관의 명령으로 규정하는 것
피터의 원리	관료제는 경력으로 직원을 승진시키기 때문에 무능한 자가 능력 이상의 자리를 맡게 되어 비효율성을 초래하게 된다는 원리

10 관료제에서는 조직구성원이 조직목표보다는 수단에 집착하여 목표의 전환현상이 발생한다. 2009 9급 국회직 ○ ✕

11 굿셀(Goodsell)에 따르면 관료제에서는 계층제 조직의 구성원이 각자의 능력을 넘는 수준까지 승진하게 되는 병리현상이 나타난다. 2015 9급 서울시 ○ ✕

12 부처할거주의는 세분화된 특정 업무에서는 전문적인 능력이 있지만 그 밖의 업무에 대해서는 문외한이 되는 현상이다. 2014 9급 국가직 ○ ✕

07 계층제에서 근무하는 관료는 명령계통에 따라 움직이는 바 상관에게 책임을 져야 함

08 관료는 임무수행을 추구기 아니라 문서를 하는 무서주의를 특징으로 함

09 베버의 관료제는 능력주의를 특징으로 함

10 관료제에서는 조직구성원이 조직목표보다는 수단, 즉 조직 내 규칙준수에 집착하여 목표의 전환현상이 발생할 수 있음

11 피터에 따르면 관료제에서는 계층제 조직의 구성원이 각자의 능력을 넘는 수준까지 승진하게 되는 병리현상이 나타남
※ 굿셀은 관료제 옹호론을 수상한 학자임

12 선지는 훈련된 무능력에 대한 내용임

Answer

07 ✕   08 ○   09 ○   10 ○   11 ✕   12 ✕

◆ 대안적 조직구조 : 탈관료제

틀잡기	환경적응 × (비) 관료제 = 기능구조 = 기계적 구조 ◀ 탈관료제 = 애드호크라시 = 유기적 구조		

기계적 구조 · 유기적 구조	구분	기본변수	환경적응
	기계적 구조(딱딱한 구조)	복공집↑	×
	유기적 구조(유연한 구조)	복공집↓	○

복공집	• 복잡성 : 분화의 정도 → 수평적 분화(부서의 수)와 수직적 분화(계층의 수)로 구분 • 공식화 : 규칙의 수 • 집권화 : 의사결정권이 조직의 상층부에 몰려 있는 정도

탈관료제 유형	구분	핵심 내용	
	학습조직	변화하는 환경에 적응하기 위한 학습 강조 → 지식공유 등	
	위원회 조직	구분	강제력(결정권)	집행력(직접 집행)
		행정위원회	○	○
		자문위원회	×	×
		의결위원회	○	×
		조정위원회	강제력이 있는 경우와 없는 경우가 있음	
		독립규제위원회	행정위원회와 유사	

13 학습조직은 불확실한 환경에서 조직 스스로 문제해결을 할 수 있도록 조직구성원에 게 권한 강화와 학습기회를 제공한다. 2013 행정사 ○ ×

14 방송미디어통신위원회, 공정거래위원회와 같은 행정위원회는 결정권한을 갖고 있 으며 집행까지 책임을 진다. 2021 행정사 수정 ○ ×

15 기계적 조직은 조직원의 재량과 책임을 중시하나 학습조직은 조직원 과업을 상세히 규정한 표준화·분업화에 의해 수행한다. 2022 행정사 ○ ×

16 기계적 조직은 수직적 구조이나 학습조직은 수평적 구조를 지향한다. 2022 행정사 ☐○☐✕

17 위원회 조직은 결정권한의 최종 책임이 기관장 한 사람에게 집중되어 있는 조직이다. ☐○☐✕
2021 행정사

18 애드호크라시(Adhocracy)는 현대의 복잡하고 불확실한 환경에서 발생하는 문제에 ☐○☐✕
신속하게 대응하지 못한다. 2021 행정사

19 학습조직은 변화를 위한 학습역량 함양을 통해 미래 행동의 기반을 구축한다. ☐○☐✕
2013 행정사

20 학습조직은 전체보다 부분을 중시한다. 2023 행정사 ☐○☐✕

13 학습조직은 구성원의 능동적 학습을 강조함; 아울러 유기적 구조이므로 분권적인 의사결정구조를 지님

14 방송미디어통신위원회, 공정거래위원회, 금융위원회와 같은 행정위원회는 결정권한을 갖고 있으며 집행까지 책임을 짐

15 지문이 내용이 바뀌었음 → 학습조직은 유기적 구조이므로 조직원의 재량과 책임을 중시하나 기계적 조직은 조직원 과업을 상세히 규정한 표준화·분업화에 의해 수행함

16 기계적 조직은 관료제이므로 수직적 구조이며, 학습조직은 유기적 구조이므로 수평적 구조를 지향함

17 위원회 조직은 분권적인 조직이므로 결정권한의 최종 책임이 기관장 한 사람에게 집중되어 있지 않음

18 애드호크라시는 유기적인 구조이므로 현대의 복잡하고 불확실한 환경에서 발생하는 문제에 신속하게 대응할 수 있음

19 학습조직은 환경적응을 위해 학습을 통한 미래 행동 기반을 구축함

20 학습조직은 공동체 문화를 중시하는 바 전체를 중시함

Answer
13 ○   14 ○   15 ✕   16 ○   17 ✕   18 ✕   19 ○   20 ✕

행정과 환경

◆ **시장실패 원인과 정부 대응**

개념	• 시장이 효율적인 자원배분에 실패하거나 사회적으로 필요한 서비스를 제공하지 못하는 상태 • 시장실패 요인은 크게 미시적 실패요인과 거시적 실패요인으로 구분되는데, 일반적으로 시험에서 다루는 내용은 미시적 시장실패 요인 　－ **두문자** 미시적 시장실패 요인 : **시험공부는 외롭고 독하게** 　－ 거시적 시장실패 요인 : 사회 내 개인소득의 불평등, 실업, 물가 상승 등
원인과 정부의 대응	공공재 → 비배제성으로 인한 무임승차 → 시장공급✕ → 공적공급 1. 외부경제(남 좋은 일) → 과소공급 → 공적 유도 2. 외부불경제(나만 좋은 일) → 과다공급 → 공적 규제 시험 공 부는 외 롭고 독 하게 1. 독점 → 판매자의 가격 왜곡 → 공적 공급 혹은 공적 규제 2. 과점(불완전 경쟁) → 판매자의 가격 왜곡 → 공적 규제 불완전한 정보 → 판매자의 가격 왜곡 → 공적 유도 혹은 공적 규제

> **참고** ◆∞∞
>
> • 외부효과 : 누군가의 행동이 타인에게 의도치 않은 이익이나 피해를 주는 것
> • 독과점 : 독점과 과점을 합쳐서 일컫는 용어 → 독점은 하나의 기업, 과점은 소수의 기업이 시장을 지배한 상태

01 긍정적 외부효과가 존재하는 시장의 경우 과소공급에 따른 비효율성이 초래된다. ☐O☐✕
　　　　　　　　　　　　　　　　　　　　　　　　　　　　　　2018 행정사

02 긍정적 외부효과는 사회적 적정수준보다 과잉생산의 결과를 가져온다. **2024 행정사** ☐O☐✕

03 시장에서의 정보 비대칭성은 자원배분의 효율성과는 무관하다. **2018 행정사** ☐O☐✕

04 파생적 외부효과는 시장실패 원인 중 하나이다. **2019 행정사** ☐O☐✕

05 환경오염으로 인한 외부불경제 효과는 정부실패 원인에 해당한다. 2022 행정사 ☐○☐×

06 공공재의 공급은 시장실패 원인에 해당한다. 2022 행정사 ☐○☐×

07 비용과 편익의 괴리는 시장실패 원인에 해당한다. 2017 행정사 ☐○☐×

08 독과점은 시장실패 원인에 해당한다. 2017 행정사 ☐○☐×

09 내부조직목표와 사회적 목표의 괴리는 시장실패 원인에 해당한다. 2020 행정사 ☐○☐×

10 불완전한 경쟁은 시장실패의 원인이다. 2019 행정사 ☐○☐×

---

01 긍정적 외부효과는 남 좋은 일에 해당함; 따라서 긍정적 외부효과가 존재하는 시장의 경우 과소공급에 따른 비효율성이 초래될 수 있는 바 정부는 공적인 유도를 통해 긍정적 외부효과가 발생할 수 있도록 노력해야 함

02 긍정적 외부효과는 다른 경제주체에게 좋은 영향을 미치는 것으로 사회적 적정수준보다 과소생산의 우려가 있음

03 정보의 비대칭은 판매자와 소비자 간에 정보의 보유량 차이에 따른 가격 왜곡 현상을 일으킬 수 있음; 따라서 시장실패 원인 중 하나에 해당함

04 파생적 외부효과는 정부실패 원인 중 하나임
※ 파생적 외부효과: 정부정책으로 인해 예상치 못한 피해가 발생하는 현상

05 환경오염으로 인한 외부불경제 효과는 시장실패 원인에 해당함

06 공공재는 무임승차자 문제를 야기하고 시장에서 공급할 수 없으므로 시장실패 원인에 해당함

07 비용과 편익의 괴리는 정부실패 원인에 해당함

08 독과점은 판매자의 가격 왜곡을 발생시키므로 시장실패 원인에 해당함

09 내부조직목표와 사회적 목표의 괴리, 즉 정부조직의 사익추구 현상은 정부실패 원인에 해당함

10 불완전한 경쟁, 즉 소수 기업의 시장 점유는 시장실패의 원인에 해당함

Answer
01 ○ 02 × 03 × 04 × 05 × 06 ○ 07 × 08 ○ 09 × 10 ○

11 외부효과, 독과점, 공공재의 존재, 불완전한 정보 등은 시장실패 원인에 해당한다. ○×
2021 9급 국가직

12 코오즈의 정리에서는 부정적 외부효과의 해결을 위한 정부의 규제정책을 강조한다. ○×
2018 행정사

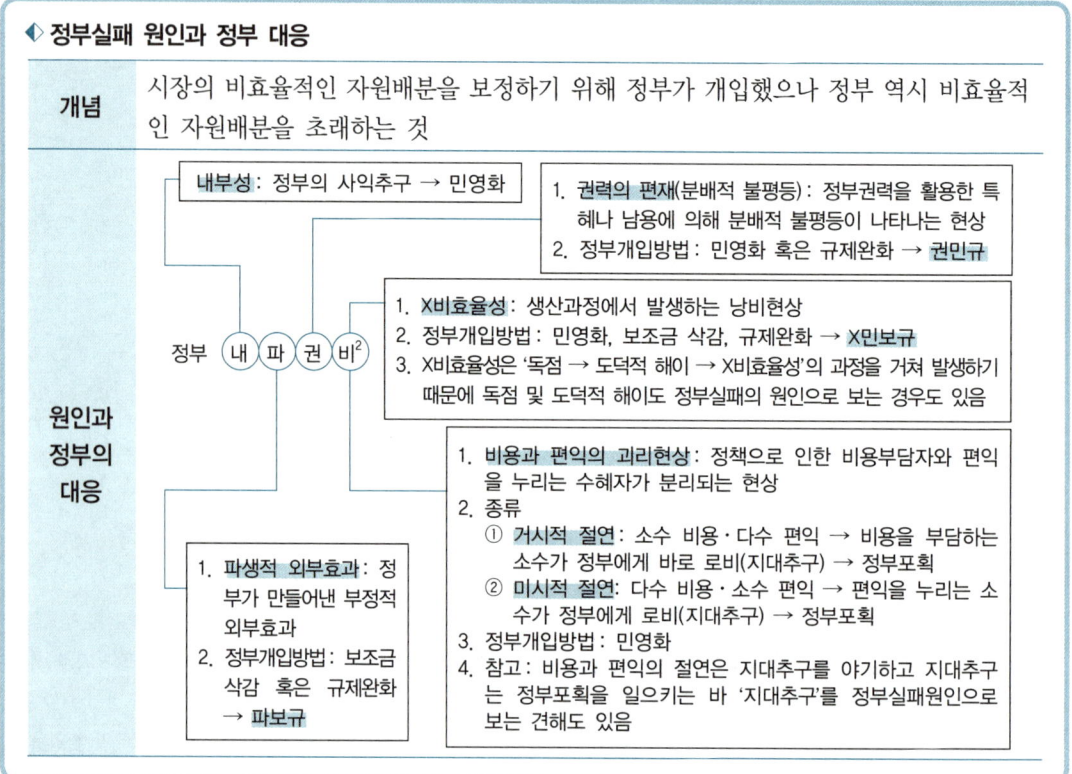

◆ **정부실패 원인과 정부 대응**

개념	시장의 비효율적인 자원배분을 보정하기 위해 정부가 개입했으나 정부 역시 비효율적인 자원배분을 초래하는 것
원인과 정부의 대응	**내부성**: 정부의 사익추구 → 민영화 **정부** 내 파 권 비² 1. **권력의 편재**(분배적 불평등): 정부권력을 활용한 특혜나 남용에 의해 분배적 불평등이 나타나는 현상 2. 정부개입방법: 민영화 혹은 규제완화 → **권민규** 1. **X비효율성**: 생산과정에서 발생하는 낭비현상 2. 정부개입방법: 민영화, 보조금 삭감, 규제완화 → **X민보규** 3. X비효율성은 '독점 → 도덕적 해이 → X비효율성'의 과정을 거쳐 발생하기 때문에 독점 및 도덕적 해이도 정부실패의 원인으로 보는 경우도 있음 1. **비용과 편익의 괴리현상**: 정책으로 인한 비용부담자와 편익을 누리는 수혜자가 분리되는 현상 2. 종류 　① **거시적 절연**: 소수 비용·다수 편익 → 비용을 부담하는 소수가 정부에게 바로 로비(지대추구) → 정부포획 　② **미시적 절연**: 다수 비용·소수 편익 → 편익을 누리는 소수가 정부에게 로비(지대추구) → 정부포획 3. 정부개입방법: 민영화 4. 참고: 비용과 편익의 절연은 지대추구를 야기하고 지대추구는 정부포획을 일으키는 바 '지대추구'를 정부실패원인으로 보는 견해도 있음 1. **파생적 외부효과**: 정부가 만들어낸 부정적 외부효과 2. 정부개입방법: 보조금 삭감 혹은 규제완화 → **파보규**

13 X비효율성은 과열된 경쟁에서 나타나는 정부의 과다한 비용발생을 의미한다. ○×
2017 9급 국가직

14 정부실패의 원인 중 권력의 편재에 대한 대응방안으로는 정부보조삭감, 규제완화 등이 있다. 2009 7급 서울시 ○×

15 특정 지역의 주택가격이 과도하게 상승하자, 정부가 이를 해결하기 위해 투기과열지구로 지정하였는데 정부의 의도와 달리 주택 수요자들이 투기과열지구의 지정으로 인해 그 지역의 주택가격이 더 오를 것이라고 예상하였고, 이 때문에 투기과열지구로 지정된 이후 오히려 주택가격이 급등한 상황은 파생적 외부효과로 설명할 수 있다. ○×
2020 7급 지방직

16 정부실패의 요인 중 내부성은 관료들이 자기 부서의 이익 혹은 자신의 사적 이익에 집착함으로써 공익을 훼손하게 되는 경우를 의미한다. 2020 8급 국회직 ☐○ ☐×

17 정부의 X비효율성은 정부서비스의 공급 측면보다는 사회적·정치적 수요 측면 때문에 발생한다. 2023 행정사 ☐○ ☐×

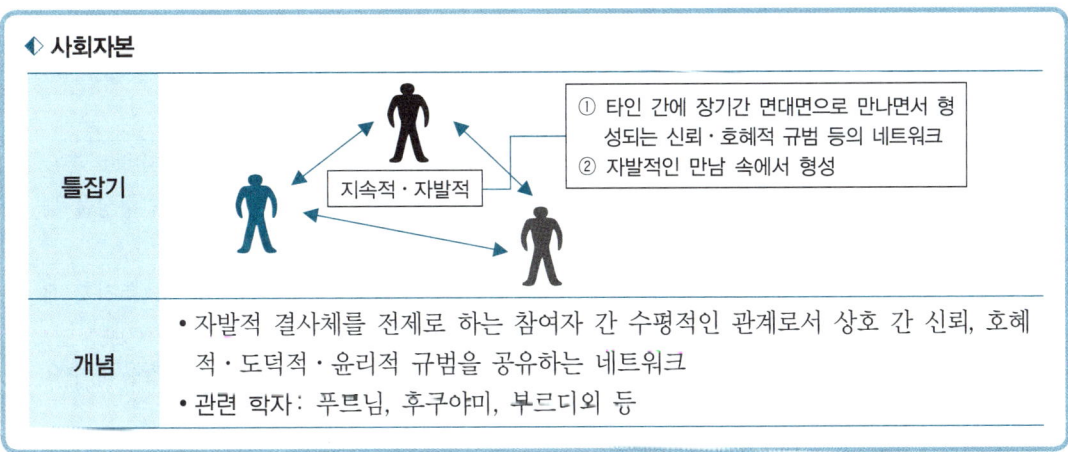

◈ 사회자본

틀잡기	지속적·자발적 ① 타인 간에 장기간 면대면으로 만나면서 형성되는 신뢰·호혜적 규범 등의 네트워크 ② 자발적인 만남 속에서 형성
개념	• 자발적 결사체를 전제로 하는 참여자 간 수평적인 관계로서 상호 간 신뢰, 호혜적·도덕적·윤리적 규범을 공유하는 네트워크 • 관련 학자: 푸트님, 후쿠야마, 부르디외 등

18 사회자본은 사회구성원 간의 신뢰를 중시한다. 2015 행정사 ☐○ ☐×

---

11 시장실패 원인 두문자 시험공부는 외롭고 독하게!

12 코오즈의 정리 : 부정적 외부효과에 대한 구체적 소유권이 있고 이해당사자 간 협상에 소요되는 거래비용이 작다면, 정부의 개입이 없어도 이해관계자 간 자발적 협상에 의해 부정적 외부효과를 해결할 수 있다는 이론

13 X비효율성은 경쟁이 부족한 상태에서 나타나는 낭비현상임

14 정부실패의 원인 중 권력의 편재에 대한 대응방안으로는 민영화, 규제완화 등이 있음 두문자 권민규

15 파생적 외부효과는 정부의 정책으로 인해 발생한 '예측하지 못한 피해'임

16 내부성은 정부의 사익추구 현상을 의미함

17 정부의 X비효율성은 정부서비스의 공급 측면 때문에 발생함

18 사회자본은 사회구성원 간에 형성되어 있는 신뢰 관계 등을 의미함

Answer ⟨---

11 ○   12 ×   13 ×   14 ×   15 ○   16 ○   17 ×   18 ○

19 사회적 자본은 거래비용을 감소시키는 순기능이 있다. **2021 7급 국가직** ☐○☐✕

20 사회자본의 구성요소로 신뢰, 사회적 네트워크, 지역 금융이 있다. **2021 경찰간부** ☐○☐✕

21 사회적 자본은 사회구성원들 간의 신뢰와 협력을 중시한다. **2015 행정사** ☐○☐✕

◆ **정보화 시대, 그리고 행정 : 전자정부**

전자 정부법	제1조 【목적】 이 법은 행정업무의 전자적 처리를 위한 기본원칙, 절차 및 추진방법 등을 규정함으로써 **전자정부를 효율적으로 구현하고, 행정의 생산성, 투명성 및 민주성을 높여 국민의 삶의 질을 향상시키는 것을 목적**으로 한다. 제4조 【전자정부의 원칙】 ① 행정기관등은 전자정부의 구현·운영 및 발전을 추진할 때 다음 각 호의 사항을 우선적으로 고려하고 이에 필요한 대책을 마련하여야 한다. 　1. **대민서비스의 전자화 및 국민편익의 증진 → 정보행정은 정보기술을 활용해 수요자 중심으로 행정서비스를 개선함** 제5조 【전자정부기본계획의 수립】 ① 중앙사무관장기관의 장은 전자정부의 구현·운영 및 발전을 위하여 **5년마다** 제5조의2 제1항에 따른 행정기관등의 기관별 계획을 종합하여 전자정부기본계획을 수립하여야 한다. 제32조 【전자적 업무수행 등】 ① 행정기관등의 장은 행정업무를 수행할 때 정보통신망을 이용한 온라인 영상회의 방식을 활용할 수 있다. 이 경우 행정기관등의 장은 원격지(遠隔地) 간 업무수행을 할 때에는 온라인 영상회의를 우선적으로 활용하도록 노력하여야 한다.

---

22 정보행정은 정보기술을 활용하여 수요자 중심으로 행정서비스를 개선한다. **2020 행정사** ☐○☐✕

23 전자정부는 수요자 중심보다는 공급자 중심의 행정서비스를 강조하는 열린 정부이다.
2018 행정사 ☐○☐✕

24 우리나라의 전자정부는 수요자 중심보다는 공급자 중심의 행정서비스를 강조한다.
2019 행정사 ☐○☐✕

25 스마트 전자정부는 국민이 직접 증명하는 공급자 중심의 획일적인 서비스를 극대화 ○✕
하는 정부이다. 2024 행정사

26 지식행정은 지식사회를 설계하고 지식관리를 통해 가치를 창출하고 극대화하는 것 ○✕
을 의미한다. 2023 행정사

27 우리나라 전자정부시스템에는 '정부민원포털(민원24)', '국가종합전자조달시스템 ○✕
(나라장터)', '전자통관시스템(UNI-PASS)' 등이 있다. 2017 행정사

28 행정기관등의 장은 원격지 간 업무수행을 할 때에는 온라인 영상회의를 우선적으로 ○✕
활용하도록 노력하여야 한다. 2017 행정사

---

19 사회적 자본은 일반적으로 신뢰를 의미하는 바 거래비용을 감소시키는 순기능이 있음

20 사회자본의 핵심 구성요소로는 상호 신뢰, 믿음, 호혜적 규범, 자발적인 협력적 네트워크, 적극적 참여 등이 있음
(지역 금융×)

21 사회자본은 사람 간 혹은 집단 간 형성되어 있는 신뢰의 망을 의미함

22 정보행정은 정보기술을 활용하여 국민 중심으로 행정서비스를 개선함

23 전자정부는 공급자 중심보다는 수요자 중심의 행정서비스를 강조하는 열린 정부임

24 우리나라는 공급자(정부) 중심보다는 수요자(국민) 중심의 행정서비스를 강조함

25 전자정부는 수요자 중심의 다양한 서비스를 제공하는 정부임

26 지식행정은 체계적인 지식관리를 지향하는 행정임

27 우리나라 전자정부시스템에는 '정부민원포털(민원24)', 조달청이 운영하는 '국가종합전자조달시스템(나라장터)',
관세청이 관리하는 '전자통관시스템(UNI-PASS)' 등이 있음

28 전자정부법 제32조【전자적 업무수행 등】① 행정기관등의 장은 행정업무를 수행할 때 정보통신망을 이용한
온라인 영상회의 방식을 활용할 수 있다. 이 경우 행정기관등의 장은 원격지(遠隔地) 간 업무수행을 할 때에는
온라인 영상회의를 우선적으로 활용하도록 노력하여야 한다.

Answer
19 ○   20 ×   21 ○   22 ○   23 ×   24 ×   25 ×   26 ○   27 ○   28 ○

29 전자정부는 정보통신기술을 활용하여 효율적인 행정, 질 높은 대민서비스, 투명하 ☐◯☒
고 민주적인 정부를 구현하는 실천적인 수단이다. 2017 행정사

30 정부 3.0은 2010년 이명박 정부에서 처음 실시되었다. 2016 행정사 ☐◯☒

31 전자정부의 기반 기술 패러다임은 유비쿼터스 컴퓨팅과 네트워크 기술에서 모바일 ☐◯☒
기술로, 다시 모바일 기술에서 인터넷 발전으로 진화하고 있다. 2013 행정사

---

29 **전자정부법 제2조【정의】** 이 법에서 사용하는 용어의 뜻은 다음과 같다.
  1. "전자정부"란 정보기술을 활용하여 행정기관 및 공공기관(이하 "행정기관등"이라 한다)의 업무를 전자화하여
     행정기관등의 상호 간의 행정업무 및 국민에 대한 행정업무를 효율적으로 수행하는 정부를 말한다.

30 정부 3.0은 박근혜 정부의 전자정부운영 비전임

31 전자정부의 기반 기술 패러다임은 인터넷에서 모바일 기술로, 다시 모바일 기술에서 유비쿼터스 컴퓨팅과 네트
워크 기술로 진화하고 있음

Answer
29 ◯   30 ☒   31 ☒

정부관 : 큰 정부와 작은 정부

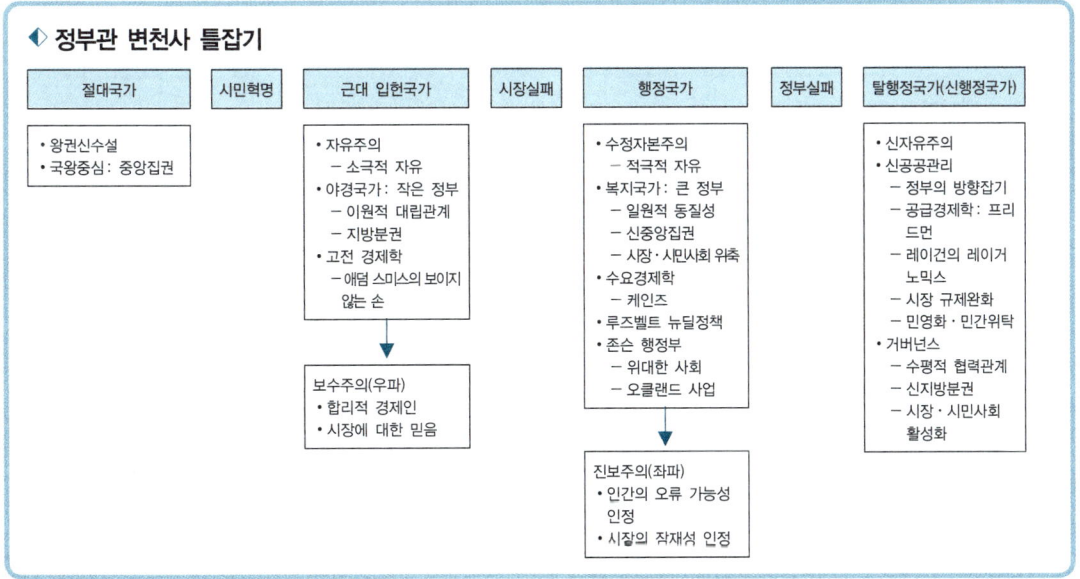

◆ 정부관 변천사 틀잡기

절대국가	시민혁명	근대 입헌국가	시장실패	행정국가	정부실패	탈행정국가(신행정국가)

절대국가
- 왕권신수설
- 국왕중심 : 중앙집권

근대 입헌국가
- 자유주의
  - 소극적 자유
- 야경국가 : 작은 정부
  - 이원적 대립관계
  - 지방분권
- 고전 경제학
  - 애덤 스미스의 보이지 않는 손

보수주의(우파)
- 합리적 경제인
- 시장에 대한 믿음

행정국가
- 수정자본주의
  - 적극적 자유
- 복지국가 : 큰 정부
  - 일원적 동질성
  - 신중앙집권
  - 시장·시민사회 위축
- 수요경제학
  - 케인즈
- 루즈벨트 뉴딜정책
- 존슨 행정부
  - 위대한 사회
  - 오클랜드 사업

진보주의(좌파)
- 인간의 오류 가능성 인정
- 시장의 작재성 인정

탈행정국가(신행정국가)
- 신자유주의
- 신공공관리
  - 정부의 방향잡기
  - 공급경제학 : 프리드먼
  - 레이건의 레이거노믹스
  - 시장 규제완화
  - 민영화·민간위탁
- 거버넌스
  - 수평적 협력관계
  - 신지방분권
  - 시장·시민사회 활성화

01 신자유주의는 시장실패의 해결사 역할을 해오던 정부가 오히려 문제의 유발자가 되었다는 인식을 바탕으로 다시 시장을 통한 문제해결을 강조하며 '작은 정부'를 추구한다. 2013 9급 국가직 ◯ ✕

02 신공공관리론은 작은 정부를 적극적으로 옹호하는 관점이다. 2020 9급 지방직 ◯ ✕

03 조세 감면 확대는 진보주의에서 선호하는 정책이다. 2020 9급 군무원 ◯ ✕

---

01 신자유주의는 작고 능률적인 정부를 지향하는 신공공관리론의 이념적 토대임

02 신공공관리론은 작고 능률적인 정부를 지향함

03 진보주의 정부는 규제와 활동을 증대하는 정부관에 해당함; 따라서 진보주의 정부에서는 조세 감면이 이루어지는 게 아니라 더 많은 조세를 거두고(정부규제 강화) 이를 바탕으로 소득재분배와 같은 소수민족의 기회를 확대를 지향함

Answer

01 ◯   **02** ◯   **03** ✕

04 보수주의자는 기본적으로 자유시장을 불신하지만 정부를 신뢰한다. **2017 교행직** ☐ ☒

05 1930년대 대공황을 겪으면서 최소의 정부가 최선의 정부라는 신념이 중요시되었다. ☐ ☒
2017 교행직

◆ 정부팽창이론	
파킨슨 법칙	
	• 파생적 업무의 증가 혹은 관료의 사회심리적 요인(지배욕구)은 공무원의 수를 증가시킴 • 파킨슨 법칙＝상승하는 피라미드의 법칙＝관료제국주의
예산극대화 가설	관료들이 권력의 극대화를 위해 예산극대화를 추구 → 이는 불필요한 정부규모 증가를 야기하는 바 정부실패를 초래
바그너(와그너) 법칙	• 공공재 수요의 소득 탄력적 특성으로 인해 국민경제에서 차지하는 공공부문의 상대적 크기가 커지는 현상 • 1인당 국민소득의 증가, 즉 사회의 소득이 증가하면 공공재 수요(공적인 수요)가 빠르게 증가 → 경제가 성장하면 국민이 정부에게 많은 요구를 하는 현상이 발생
피콕과 와이즈만 전위효과 (대체효과)	• 일반적으로 전쟁과 같은 위기 상황 발생 시 공공지출이 상향조정되어 공공지출이 민간지출을 대체하는 현상 • 위기 상황을 해소한 후에도 공공지출의 크기가 감소하지 않고 공적인 지출이 민간지출을 대체한 상태로 유지되는 바 정부의 규모 증가
보몰병	• 정부가 공급하는 서비스는 대개 '노동집약적'인 까닭에 민간부문에 비해 생산성 증가가 느림 • 이로 인해 비용절감이 힘들고 생산비용이 상대적으로 빠르게 증가 → 정부지출 규모 증가

06 파킨슨 법칙(Parkinson's Law)에 따르면 새로운 행정수요에 관계없이 정부규모는 ☐O☐X
확장된다. 2006 9급 선관위

07 파킨슨 법칙(Parkinson's Law)에 따르면 공무원의 규모는 업무량에 상관없이 증가 ☐O☐X
한다. 2021 경찰간부

08 정부의 규모팽창과 관련하여 '부하배증의 법칙'과 '업무배증의 법칙'은 각각 별개로 ☐O☐X
작용하며 서로 영향을 미치지 않는다. 2013 9급 서울시

09 공무원의 수가 업무량에 관계없이 일정비율로 증가하는 현상을 파킨슨 법칙 ☐O☐X
(Parkinson's Law)이라 한다. 2015 행정사

10 전위효과는 사회혼란기에 공공지출이 상향 조정되며 민간지출이 공공지출을 대체 ☐O☐X
하는 현상이다 2009 7급 국가직

---

04 보수주의자는 정부의 지나친 개입을 지양하는 바 시장을 신뢰하고 정부를 불신함

05 경제대공황을 겪으면서 작은 정부의 한계점이 드러나게 되었고, 이에 따라 큰 정부(최대의 봉사를 최선의 정부로 인식)가 등장함
※ 최소의 정부가 최선의 정부라는 표현은 19세기 입법국가의 정부관을 나타냄

06 파킨슨 법칙에 따르면 중요한 업무와 관계없이 공무원의 수가 증가함

07 파킨슨 법칙에 따르면 공무원의 규모는 중요한 업무량에 상관없이 증가함

08 파킨슨 법칙은 두 가지 법칙이 상호작용, 즉 악순환하면서 공무원의 수가 증가하는 현상을 설명하고 있음

09 파킨슨 법칙은 공무원의 수가 중요한 업무량에 관계없이 일정비율로 증가하는 현상임

10 전위효과는 사회혼란기에 공공지출이 상향 조정되며 공공지출이 민간지출을 대체하는 현상임

Answer

04 ×	05 ×	06 ○	07 ○	08 ×	09 ○	10 ×

행정사
최욱진 행정학개론

정책학

정책학의 기초

◆ **로위(T. Lowi)의 정책유형론 :** `두문자` 로재분규성

구분	정의	갈등 여부	현상
재분배정책	부의 이전	○ (부자와 빈자)	• 계급대립적 성격 • 제로섬게임(부자와 빈자)
분배정책	특정 지역·집단에 편익 배분	× (비용부담자와 수혜자)	• 편익을 취하려는 행동 발생 − 로그롤링·포크배럴 등 − 편익을 얻기 위한 안정적인 연합 형성 • 안정적인 집행 가능
규제정책	특정 지역·집단의 자유 제한	○ (규제자와 피규제자)	• 강제력 ○ • 주로 법률의 형태를 띰
구성정책	헌정수행에 필요한 정부의 구조·기능·운영 규칙의 변경에 대한 정책	−	대외적 가치 배분에는 큰 영향이 없음

01 재분배정책, 분배정책, 규제정책, 구성정책은 로위가 분류한 정책유형에 해당한다. ○ ✕

2020 행정사

02 로위(T. Lowi)의 재분배정책은 수혜자와 비용 부담자 간의 갈등이 없다는 점이 특징이다. **2018 행정사** ○ ✕

03 로위(T. Lowi)가 주장하는 배분정책의 가장 큰 특징은 계급 대립의 성격을 지닌다는 것이다. **2018 행정사** ○ ✕

◆ 기타 정책유형

구분		정의	특징 혹은 예시
리플리와 프랭클린	경쟁적 규제정책	다수의 경쟁자 중 특정 개인이나 집단에 서비스 제공권을 부여하고 이들의 활동을 규제하는 정책	경쟁력 있는 특정인에게 정책을 집행할 수 있는 편익을 준다는 점에서 배분정책의 성격을, 경쟁력이 없는 주체를 정책집행에서 배제(혹은 서비스를 공급하는 집단을 통제)한다는 점에서 규제정책의 성격을 동시에 지님 예 TV, 라디오 방송권의 부여, 항공노선 취항권의 부여 등
	보호적 규제정책	민간활동이 허용되는 조건을 설정함으로써 소수를 규제하고 일반 대중을 보호하는 정책	• 규제정책의 대부분은 보호적 규제정책에 해당하며, 보호적 규제정책은 일반대중 혹은 약자를 보호한다는 점에서 재분배정책에 가까운 성격을 지님 • 소비자나 일반 대중을 보호하기 위해 특정 집단을 규제하므로 규제집행조직과 피규제집단 간 갈등의 가능성이 높음 예 환경오염 방지를 위한 기업규제, 작업장 안전을 위한 기업규제, 국민건강보호를 위한 식품위생규제, 최저임금제, 장시간근로 제한 능
알몬드와 포웰	상징정책	국민 전체의 자긍심을 높이거나 국민적 통합을 위해 상징물을 지정하는 정책	예 88올림픽·2002 월드컵 개최, 국가유산(남대문·광화문) 복원, 4대강 사업, 국경일(한글날) 제정, 국기 게양 등
	추출정책	정부체제를 유지하기 위해서 인적·물적 자원을 동원하는 정책	예 조세, 부담금, 병역, 물자 수용, 노력 동원, 공무원 모집(채용) 등

두문자 알상추

01 두문자 로재분규성

02 로위의 부배정책은 수혜자와 비용 부담자 간이 갈등이 없다는 점이 특징임 → 재분배정책은 계급대립적인 성향을 지니는 까닭에 부자와 빈자 간에 많은 길등이 발생함

03 선지는 재분배정책에 대한 내용임

Answer

01 ○   02 ×   03 ×

04 정부는 특정 전문지식과 자격을 갖춘 몇몇 개인이나 기업(집단)에게 특정한 기간 동안 사업을 할 수 있도록 허용하되 일정한 기간 후에는 자격조건을 재심사하도록 함으로써 경쟁력을 높이고, 공익을 위해서 서비스 제공에 대한 규정을 지키도록 하는 것은 리플리와 프랭클린(R. B. Ripley & G. A. Franklin)이 제시한 정책유형 중 경쟁적 규제정책에 해당한다. 2013 행정사 ☐○ ☐✕

05 리플리와 프랭클린(R. B. Ripley & G. A. Franklin)의 경쟁적 규제정책은 배분정책과 규제정책의 성격을 동시에 지니고 있다. 2020 행정사 ☐○ ☐✕

06 리플리와 프랭클린(R. B. Ripley & G. A. Franklin)의 보호적 규제정책은 소수를 보호하기 위해 다수를 규제하는 정책이다. 2018 행정사 ☐○ ☐✕

07 국경일 제정, 국기 게양 등은 국민적 통합을 위하여 정치적인 목적으로 사용하는 상징정책의 예이다. 2020 행정사 ☐○ ☐✕

08 조세 부과 및 징병은 상징정책에 해당한다. 2016 행정사 ☐○ ☐✕

09 알몬드와 파우얼(G. Almond & B. Powell)은 정책을 배분, 규제, 재분배, 구성정책으로 분류하였다. 2018 행정사 ☐○ ☐✕

◆ **정책참여자의 종류**

공식적 참여자		비공식적 참여자
중앙정부	**지방정부**	
입법부(의회), 대통령, 행정부처, 사법부, 헌법재판소, 부처장관, 사법부, 대통령 비서실장 등	지방자치단체장, 지방의회, 지방공무원 등	정당, 이익집단, 시민단체(NGO 등), 시민, 전문가집단, 언론, 정당 사무국장

10 입법부는 정책참여자 중 공식적 참여자에 해당한다. 2022 행정사 ☐○ ☐✕

11 정책참여자 중 정당, 이익집단, 전문가집단, 시민단체, 언론은 비공식 참여자이다. ☐○ ☐✕
2013 행정사 수정

◆ **다원론과 엘리트론**

다원론 **(다원주의)**	 • 다수의 국민 혹은 이익집단의 경쟁과 타협에 의해 정책결정이 이루어짐 • 개인이나 이익집단 간 영향력 차이는 있으나(분산된 불공평성) 접근기회는 동등
엘리트론	 • 사회는 동질적 · 폐쇄적 엘리트(응집성↑)와 대중으로 양분 • 권력을 독점한 소수 엘리트가 거의 모든 정책을 결정 **무의사 결정** • 신엘리트론 : 의사결정자(엘리트)의 가치나 이익에 대한 비기득권자의 잠재적인 도전을 억압하거나 방해하는 결과를 초래하는 결정 • 무의사결정은 모든 정책과정에서 발생할 수 있음 • 다알의 다원론 비판 : 다알의 모형이 권력의 밝은 얼굴은 보았으나 어두운 얼굴을 보지 못했다는 것

---

04 선지는 경쟁적 규제정책에 대한 내용임

05 리플리와 프랭클린의 경쟁적 규제성책은 특정인에게 서비스를 제공할 권한을 준다는 점에서 배분정책의 성격을 지니고 있으며, 그 외의 주체들은 서비스를 제공할 수 없도록 규제하기 때문에 규제정책의 성격을 동시에 지니고 있음

06 리플리와 프랭클린의 보호적 규제정책은 다수를 보호하기 위해 소수를 규제하는 정책임

07 88올림픽 · 2002 월드컵 개최, 국가유산(남대문 · 광화문) 복원, 4대강 시업, 국경일(한글날) 제정, 국기 게양 등은 상징정책의 예시에 해당함

08 나열된 것은 추출정책에 대한 예시에 해당함→추출정책은 정부체제를 유지하기 위해서 인적, 물적 자원을 동원하는 정책임

09 알몬드와 파우얼은 정책을 분배정책, 규제정책, 추출정책, 상징정책으로 구분하였음

10 입법부는 국정감사, 예산심의 등의 권한을 지니므로 정책참여자 중 공식적 참여자에 해당함

11 비공식 참여자에 '정당'이 포함된다는 것을 주의할 것

Answer ◆
04 ○   05 ○   06 ×   07 ○   08 ×   09 ×   10 ○   11 ○

12 다원주의는 분야별 이익을 독점적으로 대표하는 제한된 수의 이익집단과 국가와의 협력을 강조한다. 2025 행정사 ○│×

13 무의사결정은 정책의제 채택과정에서 일어날 뿐 정책결정과 집행과정에서는 일어나지 않는다. 2023 행정사 ○│×

14 무의사결정론은 엘리트론을 비판하면서 다원론을 계승 발전시킨 신다원론적 이론이다. 2023 행정사 ○│×

15 무의사결정론에서 정치적 행위자는 자신의 효용과 만족감을 최대화하기 위하여 합리적으로 행동한다. 2024 행정사 ○│×

◈ **정책네트워크**

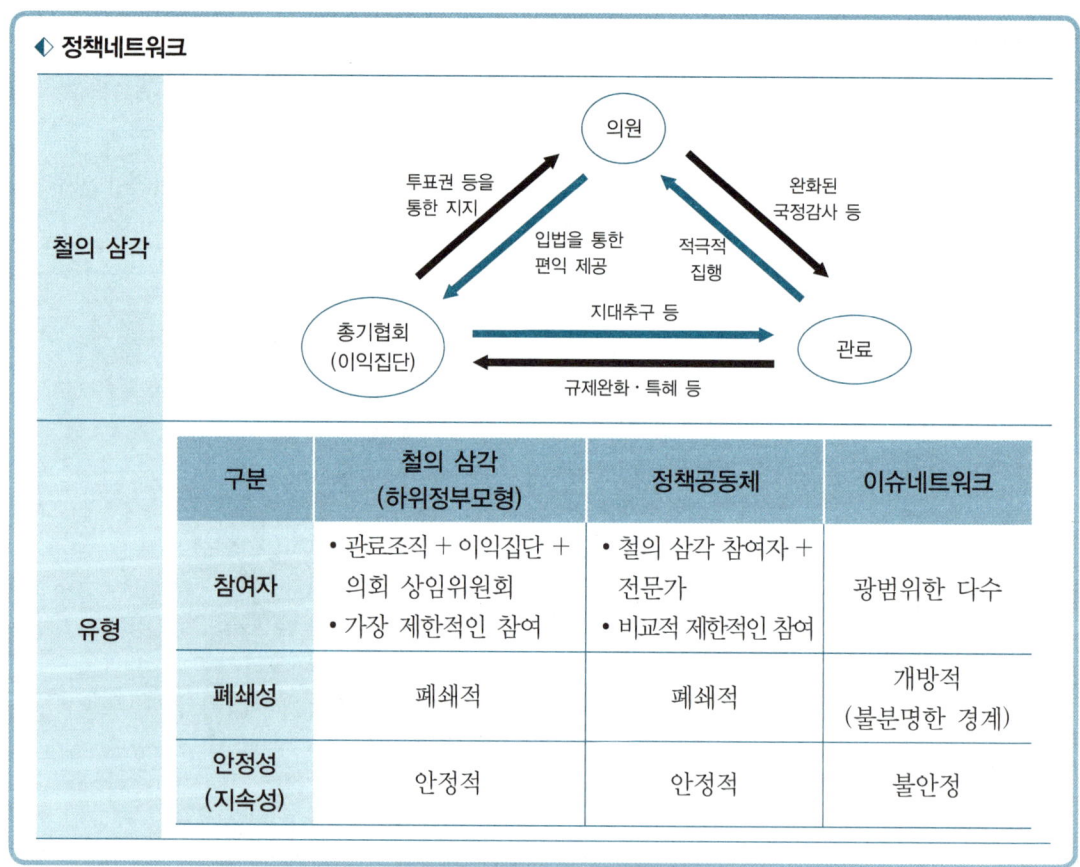

구분		철의 삼각 (하위정부모형)	정책공동체	이슈네트워크

유형	참여자	• 관료조직 + 이익집단 +
		  의회 상임위원회
		• 가장 제한적인 참여
			• 철의 삼각 참여자 +
			  전문가
			• 비교적 제한적인 참여
				광범위한 다수

	폐쇄성	폐쇄적	폐쇄적	개방적 (불분명한 경계)
	안정성 (지속성)	안정적	안정적	불안정

16 철의 삼각(Iron Triangle) 모형에서 동맹을 형성하는 집단들은 이익집단, 행정기관, 의회 소관 위원회이다. 2015 행정사 ○×

17 철의 삼각은 폐쇄적 경계를 강조하고, 배타성이 매우 강하다. 2025 행정사 ○×

18 하위정부모형에서는 소수의 엘리트 행위자들이 특정 정책영역에서 정책결정을 지배하고 있다고 설명한다. 2018 행정사 ○×

19 정책공동체는 이슈네트워크에 비해 개방적이고 유동적인 네트워크로서의 특징을 지닌다. 2018 행정사 ○×

20 단순하고 분명하게 정의된 하위정부의 경계와는 달리 이슈네트워크의 경계는 모호하다. 2018 행정사 ○×

---

12 선지는 조합주의에 대한 내용임 → 다원주의는 국가정책 등을 다수의 국민이나 이익집단의 경쟁과 타협에 의해 결정되는 현상을 설명하고 있음

13 무의사결정은 정책과정 전반에 걸쳐서 발생할 수 있음

14 무의사결정론은 다원론을 비판하면서 등장한 신엘리트론에 해당함

15 무의사결정론은 비합리적 정책결정모형에 포함됨

16 철의 삼각에서 정책참여자는 이익집단(시민단체×), 행정기관, 의회 소관 위원회임

17 철의 삼각은 의원, 관료, 이익집단 간 폐쇄적 네트워크를 설명하는 모델임

18 하위정부모형에서는 소수의 엘리트 행위자, 즉 이익집단, 의원, 관료 등이 특정 정책영역에서 정책결정을 지배하고 있다고 설명함

19 이슈네트워크는 정책공동체에 비해 개방적이고 유동적인 네트워크로서의 특징을 지님

20 이슈네트워크는 다양한 참여자가 개입할 수 있는 네트워크이므로 하위정부에 비해 경계가 모호함

Answer

12 ×　　13 ×　　14 ×　　15 ×　　16 ○　　17 ○　　18 ○　　19 ×　　20 ○

정책의제설정

◆ **콥과 엘더(Cobb & Elder)가 제시한 일반적인 정책의제설정의 단계 :** 두문자 **사이공정**

순서	단계	내용
①	사회문제	개인의 문제가 다수로부터 공감을 얻게 되어 많은 사람들 사이에서 문제로 인식된 상태
②	사회적 이슈(쟁점) : 사회논제	일반대중에게 인기를 끌지만 문제해결에 대한 합의가 어려워 논쟁의 대상이 되는 문제
③	공중의제	• 정부가 개입해 문제를 해결할 정당성을 인정받은 문제 • 어떤 사회문제가 사회적으로 이슈화되어 정부의 정책적 고려의 대상이 되어야 할 단계에 이른 문제
④	정부의제	• 정부가 공식적으로 검토하기로 결정한 문제 • 따라서 문제에 대한 정책대안이나 수단을 모색할 수 있음 → 수단을 확정하지는 않은 상태

참고 ◆

① 사회적 이슈 = 사회논제
② 공중의제(Public Agenda) = 체제의제 = 토의의제 = 환경의제 = 공공의제
③ 정부의제 = 제도의제 = 공식의제 = 행동의제 = 정책의제

---

01 사회문제는 개인의 문제가 다수로부터 공감을 얻게 되어 많은 사람의 문제로 인식된 상태를 의미한다. 2012 7급 지방직 ◯ ✕

02 정책의제설정은 다양한 사회문제 중 특정한 문제가 정부의 정책에 의해 해결되기 위해 하나의 의제로 채택되는 과정이다. 2013 8급 국회직 ◯ ✕

03 공공의제(public agenda)는 일반대중의 주목을 받을 가치는 있으나, 아직 정부가 문제해결을 하는 것이 정당한 것으로 인정되지 않는 상태를 말한다. 2012 7급 지방직 ◯ ✕

04 콥과 엘더가 제시한 정책의제설정 순서는 사회적 쟁점(이슈) → 사회문제 → 공중 ○×
의제 → 제도의제(정부의제)이다. 2025 행정사

05 사회문제의 성격이나 그 해결방안에 대하여 논란이 벌어지면 공중의제가 된다. ○×
2011 7급 서울시

◆ 콥과 로스의 의제설정모형

구분	의제설정 과정	주도 집단	국가	행정PR (정책홍보)	허쉬만	콥과 로스 등
외부주도형	사이공정	국민	선진국	–	강요된 정책문제	진입
동원형	사정공	최고 혹은 고위 관료	후진국	○	채택된 정책문제	주도
내부접근형 (음모형)	사징	동원형에 비해 낮 은 직위의 관료 외부 이해관계자	• 국민을 무시하는 정부 • 권력집중형 국가 • 불평등 사회(부와 권 력이 편중된 사회)	×	–	주도

06 외부주도형은 공중의제화를 억제하기 때문에 일종의 음모형에 해당한다. 2021 행정사 ○×

07 동원형은 사회문제가 정부의제로 먼저 채택되고, 정부의 의도적인 노력에 의해서 ○×
공중의제로 확산되는 경우를 말한다. 2021 행정사

01 사회문제는 일부 소수가 아니라 많은 사람과 관련성이 있는 문제를 의미함

02 정책의제설정는 특정한 사회문제를 정부가 해결하겠다고 공식적으로 밝히는 것임

03 공공의제(public agenda, 공중의제)는 일반대중의 관심과 주의를 받을 만한 가치를 지니고 있으며 정부가 개입
하여 문제를 해결하는 것이 정당하다고 인정되는 사회문제를 의미함

04 사회문제와 사회적 쟁점(이슈)의 위치가 바뀌었음

05 사회문제의 성격이나 그 해결방안에 대하여 논란이 벌어지면 사회적 이슈가 됨

06 내부접근형은 공중의제화를 억제하기 때문에 일송의 음모형에 해당함 → 행정 PR ✗

07 동원형은 사회문제 → 정부의제 → 공중의제의 순서로 의제가 채택되는 과정을 설명하는 모델임

Answer

01 ○   **02** ○   **03** ×   **04** ×   **05** ×   **06** ×   **07** ○

08 내부접근형은 고위 의사결정자 등에 의해 정부의제가 먼저 설정되고 정책순응을 확보하기 위해 다각적인 홍보 등을 거쳐 최종적으로 정책의제로 채택되는 유형이다. ☐○☐✕
2017 행정사

09 외부주도형은 다원화되고 민주화된 선진국 정치체제에서 많이 나타나는 유형이다. ☐○☐✕
2017 행정사

10 내부접근형은 대중의 지지를 획득하기 위한 공중의제화 과정이 없다는 점에서 공중의제화 과정을 거치는 동원형과 다르다. **2015 7급 서울시** ☐○☐✕

11 외부주도형은 외부집단이 주도하여 정책의제 채택을 정부에게 강요하는 경우로 허쉬만(Hirshman)이 말하는 '강요된 정책문제'에 해당한다. **2016 7급 지방직** ☐○☐✕

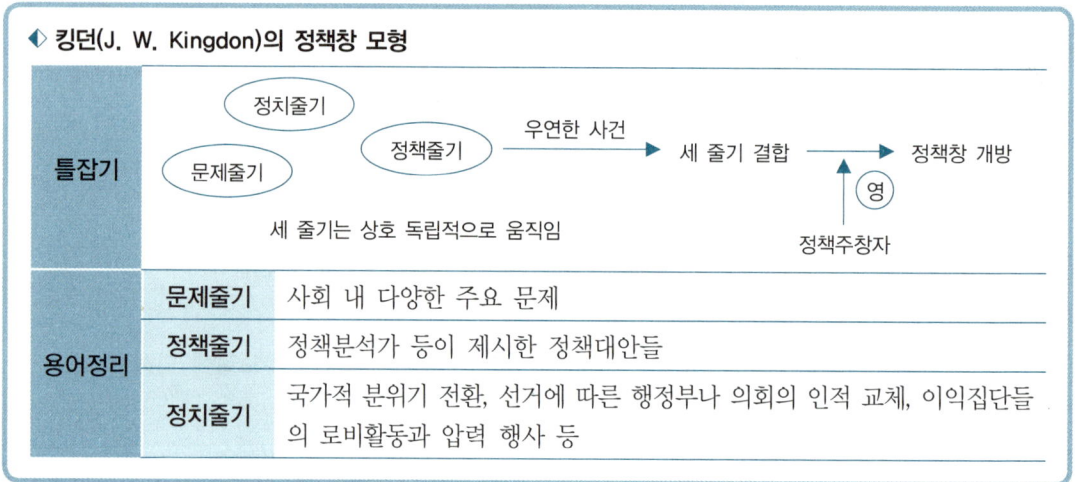

◆ **킹던(J. W. Kingdon)의 정책창 모형**

틀잡기		정치줄기 / 문제줄기 / 정책줄기 → 우연한 사건 → 세 줄기 결합 → 정책창 개방 / 영 / 정책주창자 / 세 줄기는 상호 독립적으로 움직임
용어정리	문제줄기	사회 내 다양한 주요 문제
	정책줄기	정책분석가 등이 제시한 정책대안들
	정치줄기	국가적 분위기 전환, 선거에 따른 행정부나 의회의 인적 교체, 이익집단들의 로비활동과 압력 행사 등

12 킹던(J. W. Kingdon)의 정책의 창(정책흐름) 모형은 정책과정 중 정책의제설정 단계에 초점을 맞춘 모형이다. **2015 7급 국가직** ☐○☐✕

13 킹던의 정책창 모형에서 정책 과정의 세 흐름은 문제흐름, 정책흐름, 정치흐름이다. ☐○☐✕
2023 9급 지방직

14 킹던의 정책창 모형에서 문제의 흐름, 정책의 흐름, 정치의 흐름의 세 가지 흐름은 상호의존적 경로를 따라 진행된다. **2015 7급 국가직** ☐○☐✕

◆ **기타 선지**

15 위기나 재난 등 극적 사건은 사회문제를 정부의제화시키는 점화장치에 해당된다. ○×
2021 행정사

16 정책의제설정은 정책이해관계자, 이슈가 되는 정책문제, 문제를 논의하는 제도적 ○×
환경 등 복합적인 관계의 영향을 받지 않는다. 2022 행정사

17 국민적 관심과 집결도가 높거나 특정 사회 이슈에 대해 정치인의 관심도가 클수록 ○×
정책의제화될 가능성이 높다. 2022 행정사

18 정책의제화를 요구하는 집단의 규모와 영향력이 클수록 정책의제화될 가능성이 ○×
높다. 2022 행정사

---

08 선지는 동원형에 대한 내용임 → 내부접근형은 음모형이므로 정책홍보를 하지 않음

09 외부주도형의 경우 일반적으로 국민이 정책의제설정을 주도하므로 외부주도형은 다원화되고 민주화된 선진국 정치체제에서 많이 나타나는 유형임

10 내부접근형은 음모형이므로 공중의제화 과정을 거치지 않음

11 허쉬만에 따르면 외부주도형에서 정해진 정책의제는 '국민에 의해 강요된 정책의제'임

12 킹던의 정책의 창 모형은 의제설정 기회가 어떻게 열리는지를 설명한 모델임

13 킹던에 따르면 의제설정에 필요한 세 조건은 문제흐름, 정책흐름, 정치흐름임

14 문제·정책·정치, 세 가지 흐름은 상호 독립적으로 움직이다가 우연한 사건에 의해 결합됨 → 이로 인해 정책창이 개방될 수 있음

15 극적 사건은 국민의 관심을 제고하는 바 사회문제를 정부의제화시키는 점화장치에 해당함

16 정책의제설정은 정부가 해결할 문제를 선택하는 행위이므로 그 과정에서 다양한 요인의 영향을 받음

17 사회적 유의성이나 정치인의 관심도가 높을수록 정책의제화될 가능성이 큼

18 의세화를 요구하는 집단의 그기 및 영향력은 정책의제화에 영향을 미칠 수 있음

Answer

08 ×	09 ○	10 ○	11 ○	12 ○	13 ○	14 ×	15 ○	16 ×	17 ○

18 ○

정책분석 : 합리모형

◆ **정책목표의 변동(조직목표의 변동)**

목표의 승계	• 본래의 목표를 이루거나 표방한 목표를 달성할 수 없을 때, 새로운 목표를 설정 후 조직이 존속하는 것 • 목표의 승계는 조직의 항구성 형성에 기여 📕 미국의 소아마비 재단이 20년간의 활동 끝에 소아마비 예방백신의 개발 목표가 달성되자, 관절염과 불구아 출생의 예방 및 치료라는 새로운 목표를 채택하는 경우 등	
목표의 대치 **(전환·왜곡·** **전도)**	**틀잡기**	
	개념	조직의 본래 목표를 망각하고 목표를 달성하기 위한 수단이 목표로 바뀌거나 본래 목표를 새로운 목표(📕 사익추구)로 전환하는 현상
	연구학자	목표대치 현상을 처음으로 언급한 사람은 미헬스(과두제 철칙, 1949)
	발생원인	• 규칙 및 절차에 대한 집착 : 법규 혹은 절차에 집착함으로써 과잉동조, 형식주의, 법규만능주의 등을 초래 • 조직의 내부 문제 중시 : 조직의 내부 문제를 중시해 조직 전체의 목표를 홀대하는 현상 → 부처할거주의와 유사 • 미헬스의 과두제의 철칙 : 소수 엘리트의 권력을 기초로 조직을 운영하는 경우 사익추구 현상 발생

01 미헬스(R. Michels)의 과두제 철칙(iron law of oligarchy)은 목표의 추가 현상을 설명한 것이다. 2020 행정사 ○☒

02 목표가 달성되었거나 달성이 불가능한 경우 본래의 목표를 새로운 목표로 교체하는 것이 목표의 승계이다. 2020 행정사 ○☒

03 목표의 전환(diversion)은 애초에 설정된 목표를 달성할 수 없거나 목표가 완전히 달성된 경우 같은 유형의 다른 목표로 교체되는 것을 말한다. 2018 7급 지방직 ○☒

04 미국의 소아마비 재단이 20년간의 활동 끝에 소아마비 예방백신의 개발 목표가 달성되자, 관절염과 불구아 출생의 예방 및 치료라는 새로운 목표를 채택하였다면 이는 목표의 승계현상을 설명한 것이다. 2010 경정승진 ○×

05 원래의 목표가 다른 목표로 전환되는 것이 목표의 대치 또는 전환이다. 2020 행정사 ○×

01 미헬스의 과두제 철칙(iron law of oligarchy)은 집권화를 설명하는 이론임 → 많은 의사결정 권한이 조직의 상층부에 집중되면, 이를 바탕으로 사익추구를 할 수 있는 바 본래의 목표가 아닌 다른 목표를 추구할 수 있음; 따라서 미헬스의 과두제 철칙은 목표의 대치 혹은 전환을 설명할 수 있음
※ 목표의 추가: 기존의 목표 + 새로운 목표 → 동종목표의 수 또는 이종목표가 늘어나는 것

02

목표의 승계	① 본래의 목표를 이루거나 표방한 목표를 달성할 수 없을 때, 새로운 목표를 설정 후 조직이 존속하는 것; 혹은 본래 표방한 목표를 달성할 수 없거나 조직목표를 달성하였을 때, 새로운 목표(같은 유형의 다른 목표)를 발견하여 선택하는 것 ② 목표의 승계는 조직의 항구성 형성에 기여함 → 즉, 정부조직은 목표의 승계를 통해 조직을 존속시키는 경향이 있다는 것 ③ 미국의 소아마비 재단이 20년간의 활동 끝에 소아마비 예방백신의 개발 목표가 달성되자, 관절염과 불구아 출생의 예방 및 치료라는 새로운 목표를 채택하는 경우 등

03 해당 선지는 목표의 승계에 대한 내용임 → 목표의 전환: 조직의 본래 목표를 망각하고 목표를 달성하기 위한 수단이 목표로 바뀌거나 본래 목표를 새로운 목표(예 사익추구)로 전환하는 현상

04 목표의 승계: 본래의 목표를 이루거나 표방한 목표를 달성할 수 없을 때, 새로운 목표를 설정 후 조직이 존속하는 것, 혹은 본래 표방한 목표를 달성할 수 없거나 조직목표를 달성하였을 때, 새로운 목표(같은 유형의 다른 목표)를 발견하여 선택하는 것

05 목표의 대치에 대한 지문이 나오면 일반적으로 '본래의 목표를 이루거나 표방한 목표를 달성할 수 없을 때'라는 표현이 나오지 않음

Answer
01 ×   02 ○   03 ×   04 ○   05 ○

◆ **정책대안의 결과예측기법: 델파이 기법과 정책델파이 기법 비교**

구분	델파이 기법(전통적 델파이)	정책델파이 기법
개념	• 일반문제에 대한 예측 • 정책문제에 대한 예측도 가능	정책문제에 대한 예측
응답자	동일 영역의 일반전문가	• 정책전문가 및 이해관계자 등 • 이해관계자가 개입할 경우 가치판단의 개입 가능
익명성	철저한 익명성 (절대적 익명성)	선택적 익명성 −초기에는 익명성 보장→추후 공개토론 실시 −컴퓨터를 통한 회의 및 대면토론 가능
합의	• 견해의 합의 도출(의견일치 유도) • 일반적인 통계처리 → 의견의 대푯값·평균치(중위값) 중시	구조화된 갈등(유도된 의견대립) → 의견 차이를 부각시키는 양극화된 통계처리
기타	응답자 분포 1990 2000 2010 2020 2030 2040 2050 2060 2070	최종 응답자료 의견A 의견B 의견C 의견D 의견E 의견F 의견G 의견H
공통점	양자 모두 주관적인 미래예측기법이고 다수의 응답자를 대상으로 하며, 반복적인 설문조사(결과의 환류 포함) 실시 후 통계처리과정을 거침	

06 델파이 기법은 미국 랜드(RAND)연구소에서 개발된 것으로 전문가들을 대상으로 설문을 반복하여 특정 주제에 대한 합의를 도출하는 접근방식이다. **2016 9급 지방직** ☐O☐X

07 델파이 기법은 문제해결의 아이디어를 제공하는 사람들 간에 서로 대면접촉을 하지 않는다. **2003 9급 경기** ☐O☐X

08 선택적 익명, 식견 있는 다수의 참여, 양극화된 통계처리, 구조화된 갈등유도 등은 정책델파이 기법의 특징에 해당한다. **2021 행정사** ☐O☐X

---

06 델파이 기법은 익명성이 보장된 상태에서 토론 없이 독자적으로 형성된 동일 영역의 일반 전문가들의 판단을 종합하여 정리하는 기법임

07 델파이 기법은 전문가의 견해를 반영할 때 절대적 익명성을 전제로 함

08 정책델파이 기법: 정책에 대한 전문가 혹은 이해관계자가 초기에는 익명성을 보장하는 델파이 방법을 사용하다가 2차로 공개적인 토론을 하는 기법(선택적 익명성) → 공개토론 과정에서 의견 차이가 드러나도록 유도함(양극화된 통계처리)

Answer

06 ○   **07** ○   **08** ○

정책결정

◆ 합리모형과 만족모형

구분	합리모형	만족모형
합리성	• 완전한 · 절대적 합리성 • 경제적 합리성	제한된 합리성 + 절차적 합리성
인간관	경제인	행정인
결정기준	최선의 대안	만족스러운 대안
변화의 수준	쇄신적 · 근본적 변화추구	만족스러운 수준의 변화
대안탐색	모든 대안을 동시에 탐색	무작위적이고 순차적으로 몇 개의 대안을 탐색 → 상황의 단순화
모형의 성격	규범적 · 이상적	인지적 · 실증적

01 합리모형에서 말하는 합리성은 정치적 합리성이다. 2017 행정사　　◯✕

02 합리모형에서는 의사결정자가 정책결정에 있어서 주관적이고 감정적인 요소를 배　◯✕
제하고 합리성에 근거하여 정책을 결정한다. 2014 행정사

03 사이먼(H. A. Simon)은 결정자의 인지능력의 한계, 상황의 불확실성 및 시간의 제　◯✕
약 때문에 제한적 합리성 하에서 결정이 이루어진다고 주장한다. 2017 행정사

01 합리모형에서 말하는 합리성은 경제적 합리성 혹은 완전한 합리성임; 정치적 합리성은 점증모형의 특징에 해당함

02 합리모형에서는 의사결정자가 주관적이고 감정적인 요소를 배제하고 경제적 합리성에 근거하여 정책을 결정함

03 사이먼은 한정된 정보, 즉 제한된 합리성을 최초로 명명한 학자임

Answer

01 ✕　　02 ◯　　03 ◯

◈ **점증모형**

틀잡기	제한된 합리성 영 만족모형 ──→ 점증모형	기존 정책 ± @ ① 소폭의 가감 시 국민 간 합의·토론(선진국) ② 기존 정책을 고려하는 바 매몰비용 인정, 보수적 결정, 경직성 등 ③ 제한된 합리성·정치적 합리성
장점		• 모든 대안을 탐색하지 않는 바 의사결정 시간과 비용을 절약할 수 있음 • 정치적 갈등 완화: 점진적 개선을 위해 사람들의 견해를 수용 → 정치적 합리성 추구 • 안정된 사회 혹은 민주적인 사회에서 실효성이 큼: 큰 변화를 요구하지 않는 사회, 즉 선진국에서 적합한 모형 • 현실적인 모형: 합리모형처럼 이상적인 결정을 추구하지 않음
단점		• 타협과 조정의 과정에서 집단이기주의가 발생할 수 있음 • 얼마큼의 변화를 소폭의 변화로 볼 것인지 명확하지 않음

04 점증모형에서 예산 결정은 전년도 예산 규모에 근거해 소폭의 변화만이 이뤄질 뿐이라고 주장한다. 2025 행정사　◯ ✕

05 점증모형은 정치적 다원주의 입장에서 이해관계자들의 타협과 조정을 통해 정책결정이 이루어지는 현상을 설명한다. 2016 행정사　◯ ✕

06 점증모형은 정책대안의 선택과 가치판단은 분리하기 어려운 것으로 본다. 2025 행정사　◯ ✕

07 점증모형은 전년 대비 5% 미만의 소폭적 변화를 점증성의 판단기준으로 한다.

2025 행정사　◯ ✕

08 점증모형은 실제의 결정상황에 기초한 현실적인 모형이다. 2017 행정사 수정　◯ ✕

09 점증주의모형은 현상유지를 옹호하므로 보수적이라는 비판을 받고 있다. 2020 9급 지방직　◯ ✕

◈ 쓰레기통모형

틀잡기	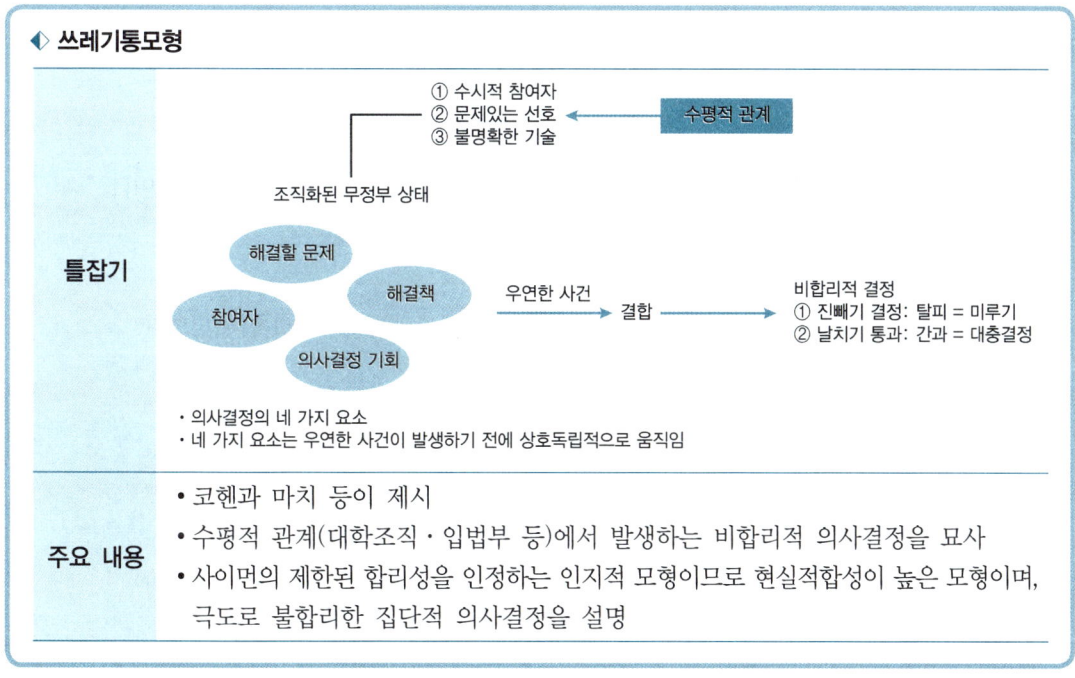
	• 의사결정의 네 가지 요소
	• 네 가지 요소는 우연한 사건이 발생하기 전에 상호독립적으로 움직임
주요 내용	• 코헨과 마치 등이 제시 • 수평적 관계(대학조직 · 입법부 등)에서 발생하는 비합리적 의사결정을 묘사 • 사이먼의 제한된 합리성을 인정하는 인지적 모형이므로 현실적합성이 높은 모형이며, 극도로 불합리한 집단적 의사결정을 설명

10 쓰레기통모형은 의사결정의 네 가지 요소인 정책문제, 해결방안, 참여자, 선택기회 가 초기부터 서로 강한 상호작용을 통하여 나타나는 의사결정을 설명한다. **2015 행정사** ○✕

---

04 점증모형은 기존 결정에서 소폭이 가감을 추구하며, 소폭의 변경 시 이해관계자들의 타협과 조정 등을 거침(정치적 합리성)

05 점증모형은 사람 간 합의를 통해 기존의 결정을 변경함→정치적 합리성을 중시하는 모형

06 점증모형은 정치적 합리성을 강조함→즉, 정책결정 기준이 '여론'이므로 대안선택 시 가치판단이 개입됨

07 점증모형은 얼마큼의 변화를 소폭의 변화로 볼 것인지 명확히지 않다는 단점이 있음

08 점증모형은 인지적인 모델(인간의 인지능력 한계를 인정하는 모델)이므로 실제의 결정상황에 기초한 현실적이고 기술적인 모형임

09 점증모형은 기존의 결정을 조금씩 수정함; 즉 점증모형은 기존의 결정을 완전히 버리는 것은 아니므로 보수적인 특징을 지님

10 쓰레기통모형은 의사결정의 네 가지 요소인 정책문제, 해결방안, 참여자, 선택기회가 상호독립적인 상태로 존재하다 하나가 우연한 사건에 의해 비합리적인 결정이 이루어지는 현상을 설명함

Answer

04 ○ **05** ○ **06** ○ **07** ✕ **08** ○ **09** ○ **10** ✕

11 쓰레기통모형은 조직화된 무정부상태(organized anarchy)에서 이루어지는 의사결 ☐O☐X 정을 설명한다. 2015 행정사

12 쓰레기통모형은 코헨(M. Cohen), 마치(J. March), 올슨(J. Olson)이 정립한 모형이다. ☐O☐X
2015 행정사

13 쓰레기통모형은 고도로 불확실한 조직상황하에서의 정책결정양태를 설명한다. ☐O☐X
2024 행정사

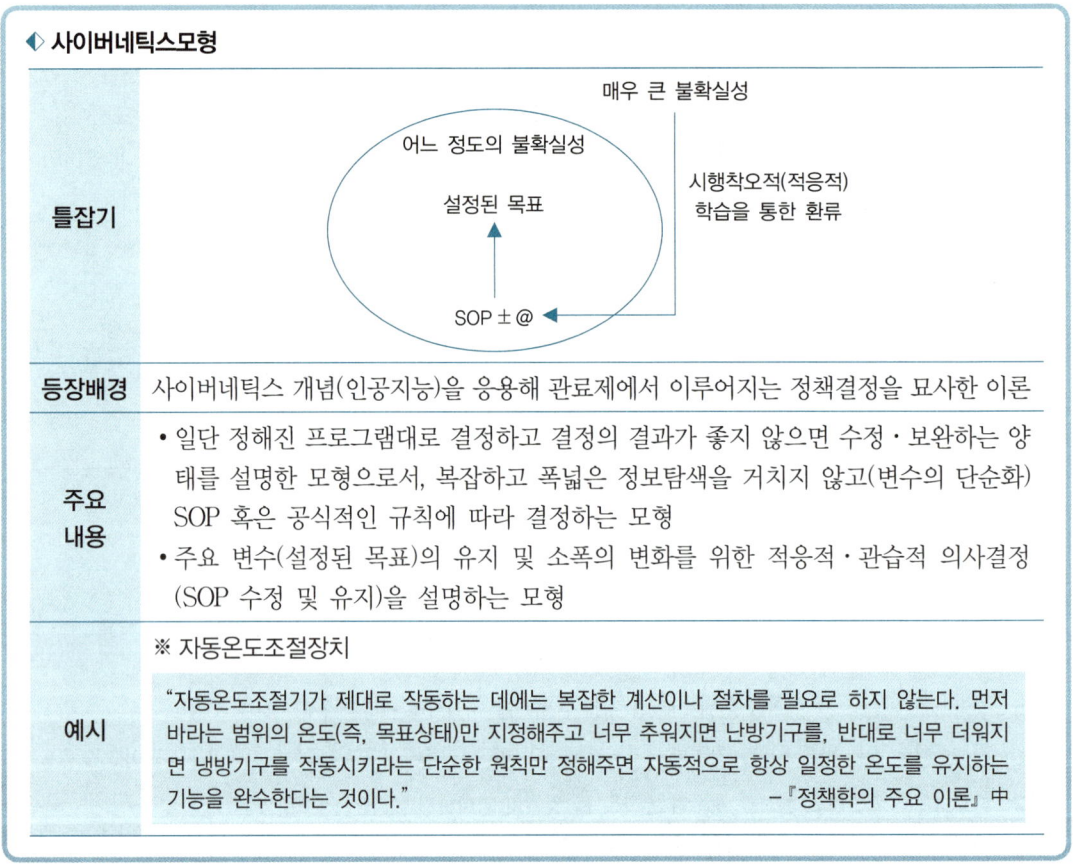

◆ **사이버네틱스모형**

틀잡기	매우 큰 불확실성 어느 정도의 불확실성 설정된 목표 시행착오적(적응적) 학습을 통한 환류 SOP ± @
등장배경	사이버네틱스 개념(인공지능)을 응용해 관료제에서 이루어지는 정책결정을 묘사한 이론
주요 내용	• 일단 정해진 프로그램대로 결정하고 결정의 결과가 좋지 않으면 수정·보완하는 양태를 설명한 모형으로서, 복잡하고 폭넓은 정보탐색을 거치지 않고(변수의 단순화) SOP 혹은 공식적인 규칙에 따라 결정하는 모형 • 주요 변수(설정된 목표)의 유지 및 소폭의 변화를 위한 적응적·관습적 의사결정(SOP 수정 및 유지)을 설명하는 모형
예시	※ 자동온도조절장치 "자동온도조절기가 제대로 작동하는 데에는 복잡한 계산이나 절차를 필요로 하지 않는다. 먼저 바라는 범위의 온도(즉, 목표상태)만 지정해주고 너무 추워지면 난방기구를, 반대로 너무 더워지면 냉방기구를 작동시키라는 단순한 원칙만 정해주면 자동적으로 항상 일정한 온도를 유지하는 기능을 완수한다는 것이다." —『정책학의 주요 이론』中

14 사이버네틱스모형은 사전에 설정된 고차원 목표의 극대화를 추구한다. 2019 행정사 ☐O☐X

15 사이버네틱스모형에서 의사결정자는 처리할 수 없는 문제에 직면할 경우 표준운영 ☐O☐X 절차(SOP)를 수정·변경·추가하면서 문제를 해결한다. 2019 행정사

◆ **혼합주사모형**

틀잡기	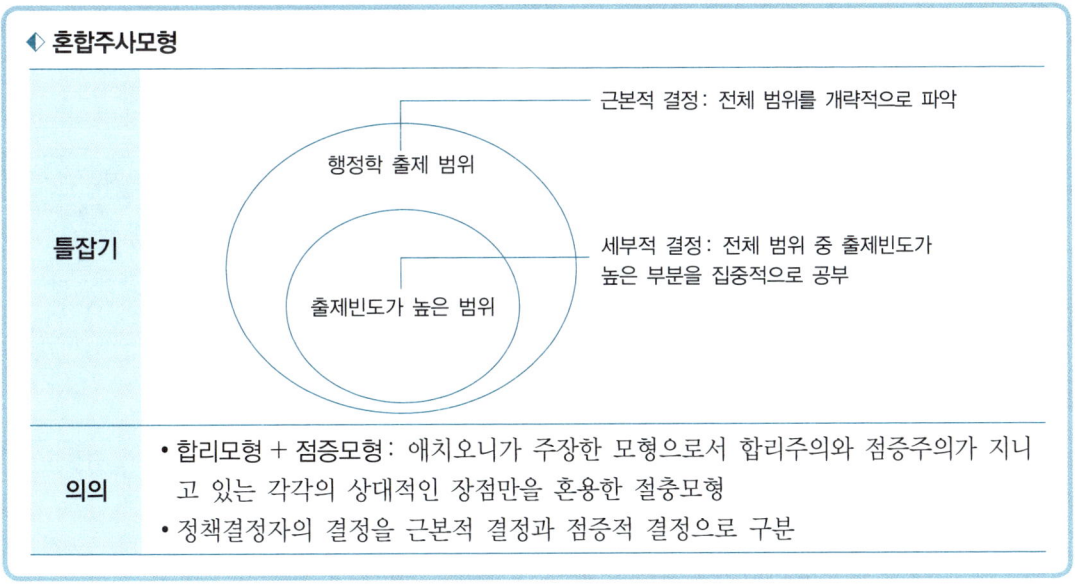 근본적 결정 : 전체 범위를 개략적으로 파악 행정학 출제 범위 세부적 결정 : 전체 범위 중 출제빈도가 높은 부분을 집중적으로 공부 출제빈도가 높은 범위
의의	• 합리모형 + 점증모형 : 애치오니가 주장한 모형으로서 합리주의와 점증주의가 지니고 있는 각각의 상대적인 장점만을 혼용한 절충모형 • 정책결정자의 결정을 근본적 결정과 점증적 결정으로 구분

16 지난 30년간 자료를 중심으로 전국의 자연재난 발생현황을 개략적으로 파악한 다음, 홍수와 지진 등 두 가지 이상의 재난이 한 해에 동시에 발생한 지역을 중심으로 다시 면밀하게 관찰하여 정책을 결정하는 것은 혼합탐사모형을 활용한 방법이다.

2020 9급 국가직

11 쓰레기통모형은 수시적 참여자, 불명확한 기술, 불분명한 선호 등으로 구성된 조직화된 무정부상태(organized anarchy)에서 이루어지는 비합리적 의사결정을 설명하고 있음

12 두문자 쓰레기통은 냄새나니까 코끌(코헨 등)이 찜해!

13 쓰레기통모형은 불확실한 조직상황하에서 집단의 비합리적 결정을 상술하고 있음

14 사전에 설정된 고차원 목표의 극대화(최선의 대안 선택)를 추구하는 것은 합리모형에 가까운 내용임
※ 사이버네틱스모형은 불확실성을 인정하는 바 변수의 단순화를 추구하며, SOP에 의한 결정은 통제 시간과 비용을 아끼되, 불확실성에 대응하기 위해 적응적인 변화(표준운영절차(SOP)를 수정·변경·추가)를 지향함

15 사이버네틱스모형은 의사결정자가 큰 불확실성에 직면했을 때 기존의 표준운영절차를 수정하면서 설정된 목표를 달성하는 현상을 설명함

16 애치오니가 주장한 혼합탐사모형은 기본적인 방향의 설정을 목직으로 하는 근본적 결정을 내리는 데는 고도의 합리성을 추구하는 합리모형을 적용(나무보다는 숲을 개괄적으로 파악)하고, 기본방향이 설정된 후에 특정 문제에 대한 세부적이고 현실적인 결정을 함에 있어서는 점증모형을 적용(숲보다는 나무를 자세하게 파악)하여 양자를 절충한 모형임

Answer
11 ○   12 ○   13 ○   14 ×   15 ○   16 ○

17 에치오니(A. Etzioni)는 규범적이지만 비현실적인 합리모형과 현실적이지만 보수적 ☐O☐X☐
인 점증모형을 절충한 모형을 제시하였다. 2017 행정사

18 혼합탐사모형에서 정책결정은 근본적인 결정과 세부적인 결정의 지속적인 상호작 ☐O☐X☐
용에 의해 이루어진다. 2012 9급 서울시

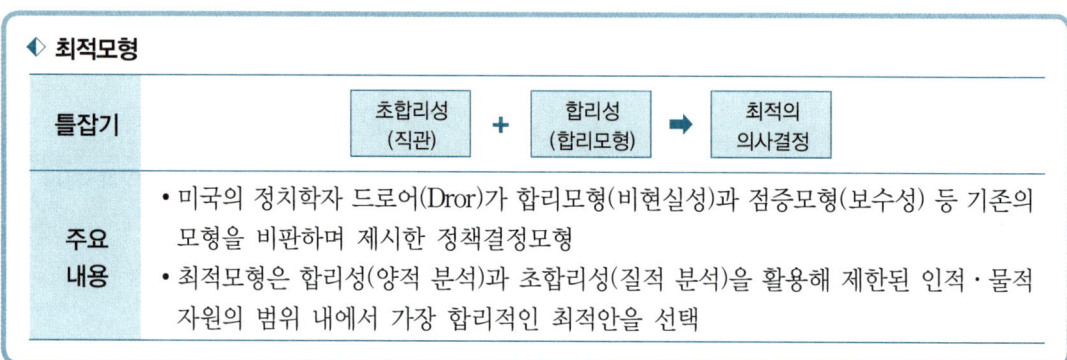

◆ 최적모형

틀잡기	초합리성 (직관) ＋ 합리성 (합리모형) ➡ 최적의 의사결정
주요 내용	• 미국의 정치학자 드로어(Dror)가 합리모형(비현실성)과 점증모형(보수성) 등 기존의 모형을 비판하며 제시한 정책결정모형 • 최적모형은 합리성(양적 분석)과 초합리성(질적 분석)을 활용해 제한된 인적·물적 자원의 범위 내에서 가장 합리적인 최적안을 선택

19 점증모형은 정책결정자의 직관이나 판단력, 창의력 등 초합리적인 요소를 중시하는 ☐O☐X☐
규범적·처방적 모형이다. 2016 행정사

20 최적모형은 기존의 계량적 분석뿐만 아니라 직관적 판단에 의한 결정도 중요하다고 ☐O☐X☐
본다. 2021 소방간부

◈ 엘리슨모형

의의	엘리슨이 쿠바 미사일 사건(1962)에서 나타난 의사결정을 설명하기 위해 합리적 행위자모형, 조직과정모형, 관료정치모형을 통합한 것으로서 한 개의 의사결정모형으로 현상을 설명하는 데 한계가 있다는 것을 지적하면서 만든 모형

◈ 관료정치모형으로 갈수록 사익추구 현상↑

내용	구분	모델 I: 합리적 행위자모형 (합리모형)	모델 II: 조직과정모형 (회사모형)	모델 III: 관료정치모형 (쓰레기통모형)
	조직관	조정과 통제가 용이한 유기체	느슨하게 연결된 하위조직들의 연합체	독립적 행위자들의 집합체
	권력의 소재	최고 지도자	하위조직	개별적 행위자의 정치적 자원
	목표의 공유도	강함	약함	매우 약함
	정책결정의 양태	최고 지도자 결정	SOP에 의한 결정	정치적 게임의 규칙 (타협·흥정)
	징책결정의 일관성	매우 강함	약힘	매우 약함
	적용 계층	조직 전반	하위 계층	상위 계층
	예시	쿠바 미사일 기지 설치	공군정찰기 정찰활동	해안봉쇄령

17 에치오니는 규범적이지만 비현실적인 합리모형과 현실적이지만 보수적인 점증모형을 절충한 혼합주사모영을 제시하였음

18 혼합탐사모형은 정책결정에 두 모형, 즉 합리모형(근본적인 결정에 사용)과 점증모형(세부적인 결정에 적용)을 모두 활용함 → 혼합주사모형에서 정책결정은 근본적인 결정과 세부적인 결정의 지속적인 상호작용에 의해 이루어짐

19 최직모형은 정책결정자의 직관이나 판단력, 착의력 등 조합리석인 요소를 중시히는 규범적·처방적 무형임

20 최적모형은 기존의 계량적 분석뿐만 아니라 직관적 판단, 즉 조합리싱도 중요하디고 봄

Answer

17 ○   18 ○   19 ×   20 ○

21 쓰레기통모형은 쿠바 미사일 위기에 따른 미국 정부의 정책결정 과정을 설명하기 위해서 고안되었다. 2014 행정사　☐O☐X

22 엘리슨모형은 정책결정모형을 합리모형, 조직과정모형 및 관료정치모형 등으로 구성하고 있다. 2014 행정사 수정　☐O☐X

23 엘리슨모형 중 합리모형(Model I)은 표준운영절차(SOP)의 중요성을 강조하였다.　☐O☐X
2021 경정승진

24 관료정치모형은 의견이 동일한 관리자들이 연합하여 최종해결안을 선택하고, 토론과 협상을 매우 중요시 한다. 2024 행정사　☐O☐X

25 엘리슨(Allison)의 조직과정모형은 권력의 소재가 개인 행위자들의 정치적 자원에 의존한다고 본다. 2025 행정사　☐O☐X

◆ **기타 선지 : 회사모형**

26 회사모형은 갈등의 준해결, 문제 중심의 탐색, 불확실성의 회피, 조직의 학습, 표준운영절차(SOP)의 활용 등을 특징으로 한다. 2018 7급 국가직　☐O☐X

21 엘리슨모형은 쿠바 미사일 위기에 따른 미국 정부의 정책결정을 설명하기 위해서 고안되었음

22 엘리슨모형은 정책결정모형을 합리모형, 조직과정모형(회사모형 특징 반영) 및 관료정치모형(쓰레기통모형 특징 반영) 등으로 구성한 뒤 이를 쿠바 미사일 위기 사건에 적용함

23 표준운영절차(SOP)의 중요성을 강조한 것은 조직과정모형(모델 II)임

24 엘리슨모형 중 관료정치모형은 상이한 목표와 정보 및 자원을 가지고(의견이 동일한 ×) 정책결정에 참여하는 여러 행위자들의 정치적인 타협과 흥정을 통해 비합리적 정책결정이 이루어지는 현상을 설명함

25 선지는 엘리슨모형 중 관료정치모형에 대한 내용임 → 조직과정모형에서 권력의 소재는 하위조직에 있음

26 회사모형의 특징은 아래와 같음

> ① 갈등의 준해결(잠정적 해결) : 조직 내 갈등의 완전한 해결은 불가능하며 타협적 준해결에 그침 → 조직 내 하위조직 사이의 상이한 목표로 인한 갈등은 일반적으로 협상을 통해 해결
> ② 문제 중심의 탐색 : 정책결정능력의 한계 → 관심이 가는 문제를 중심으로 대안을 탐색
> ③ 불확실성 회피 : 단기적인 전략 추구, 타협을 통해 예측이 가능한 결정 선호
> ④ 조직의 학습 : 조직의 학습은 반복적인 의사결정의 경험이 전수되는 과정이므로 시간의 흐름에 따라 결정수준이 개선되고 목표달성도가 높아지게 됨
> ⑤ 표준운영절차(SOP ; Standard Operation Procedure) 수립 : 의사결정자의 경험 축적을 통해 효율적인 결정절차(SOP)를 마련함 → 느슨하게 연결된 하위 조직체들이 표준운영절차를 통해 적응적인 의사결정을 함

Answer

21 ×   22 ○   23 ×   24 ×   25 ×   26 ○

정책집행

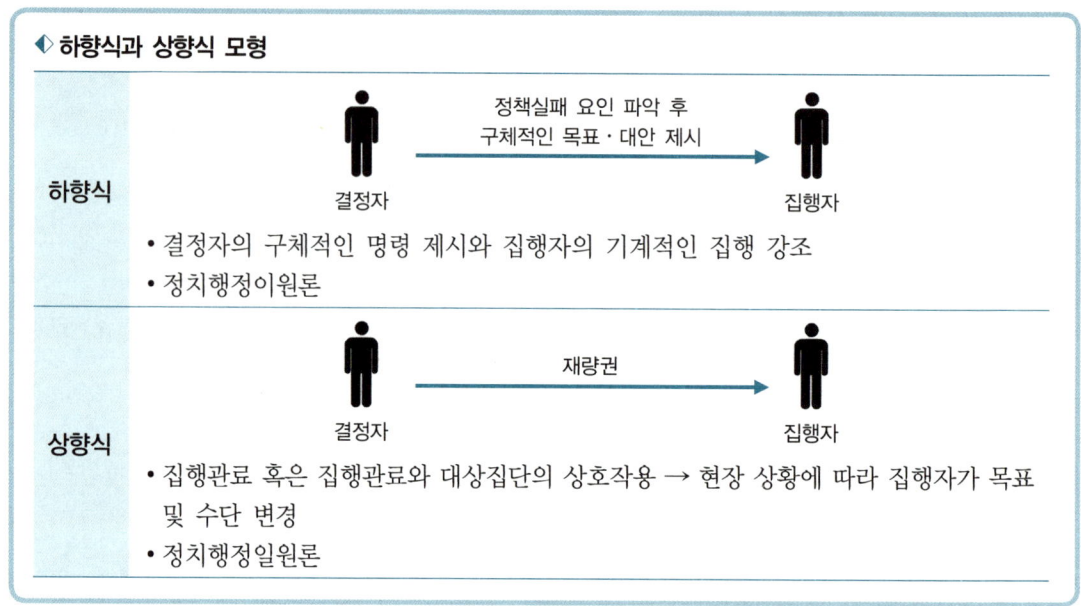

◆ **하향식과 상향식 모형**

하향식	정책실패 요인 파악 후 구체적인 목표·대안 제시
	결정자 → 집행자

- 결정자의 구체적인 명령 제시와 집행자의 기계적인 집행 강조
- 정치행정이원론

상향식	재량권
	결정자 → 집행자

- 집행관료 혹은 집행관료와 대상집단의 상호작용 → 현장 상황에 따라 집행자가 목표 및 수단 변경
- 정치행정일원론

01 하향식 모델은 정책집행 현장에서 집행조직과 정책사업 사이의 상호적응을 강조한다. ○╳
2022 행정사

02 하향식 접근에 따르면 정책이 추구하는 목표를 분명히 하고, 정책결정자의 의도를 ○╳ 정확히 이해할수록 정책은 보다 효과적으로 집행될 수 있다. 2022 행정사

03 하향식 접근은 정책이 결과물을 창출하는 과정에서 정책결정자가 어떤 역할을 했는 ○╳ 지에 관심이 있다. 2022 행정사

04 정책집행모형 중 상향식 접근은 정책집행과정에 대해 정확하게 이해하기 위해서 일 ○╳ 선집행관료와 대상 집단의 행태를 고찰한다. 2015 행정사

05 정책집행연구 중 하향적 접근은 집행에 영향을 주는 집행관료와 이해관계집단 등 ○╳ 다양한 행위자들의 생각과 상호작용을 현장감 있게 분석할 수 있다. 2021 행정사

06 하향적 정책집행은 집행과정에서 현장을 강조하고 재량권을 부여한다. 2016 9급 교행직 ○×

07 하향적 접근방법은 명확한 정책목표와 그 실현을 위한 정책수단을 가지고 있다는 가정을 한다. 2011 7급 지방직 ○×

08 상향식 접근은 공식적인 정책목표가 중요한 변수로 취급되므로 집행실적의 객관적 평가가 용이하다. 2018 8급 국회직 ○×

09 정책집행의 상향식 접근방법은 정치행정이원론에 기초한 기술적 효율성 개념을 중시한다. 2025 행정사 ○×

10 상향식 접근은 정책문제를 둘러싸고 있는 행위자들의 동기, 전략, 행동, 상호작용 등에 주목하며 일선 공무원들의 전문지식과 문제해결 능력을 중시한다. 2015 8급 국회직 ○×

---

01 선지는 상향식에 대한 내용임 → 하향식 접근에서 정책은 변하지 않고 유지되어야 함

02 하향식 접근에서 정책은 결정자에 의해 구체적이고 명료하게 설정됨

03 하향식 접근은 결정자 관점, 상향식은 집행자 관점의 모델임

04 상향식 접근과 연관된 학자들은(⑩ 립스키) 집행 현장에서 공무를 직접 집행하는 공무원 등의 행동을 고찰함

05 집행현장의 현장감을 상세히 분석할 수 있는 것은 상향식 접근에 해당함

06 상향식 정책집행은 집행과정에서 현장을 강조하고 재량권을 부여함

07 하향적 접근방법은 결정자가 집행과정에 대한 정보를 바탕으로 명확한 정책목표와 그 실현을 위한 정책수단을 가지고 있다는 가정을 함

08 하향식 접근은 공식적인 정책목표가 중요한 변수로 취급되므로 집행실적의 객관적 평가가 용이함

09 선지는 하향식 접근에 대한 내용임 → 상향식은 정치행정일원론 관점임

10 상향식 접근은 정책문제를 둘러싸고 있는 행위자들의 동기, 전략, 행동, 상호작용 등에 주목하며 재량권을 보유하고 있는 일선 공무원들의 전문지식과 문제해결 능력을 중시함

Answer
01 ×   02 ○   03 ○   04 ○   05 ×   06 ×   07 ○   08 ×   09 ×   10 ○

11 상향식 접근방법은 일선 공무원들에게 권한과 재량이 주어지기 때문에 주인－대리 ○ ✕
인 이론에서 발생하는 문제를 최소화시킬 수 있다. **2007 8급 국회직**

12 정책집행모형 중 상향식 접근은 선거직 공무원에 의한 정책결정과 책임이라는 민주 ○ ✕
주의의 기본가치를 충실하게 반영한다. **2015 행정사**

13 하위직보다는 고위직이 주도하며 정책결정자는 정책집행에 영향을 미치는 정치 ○ ✕
적·조직적·기술적 과정을 충분히 통제할 수 있다는 것은 정책집행의 하향식 접근
(top-down approach)에 대한 설명이다. **2020 9급 지방직**

14 하향식 접근은 정책이 정책집행 현장의 상황에 맞게 적응적으로 운영되어야 한다. ○ ✕
2021 소방간부

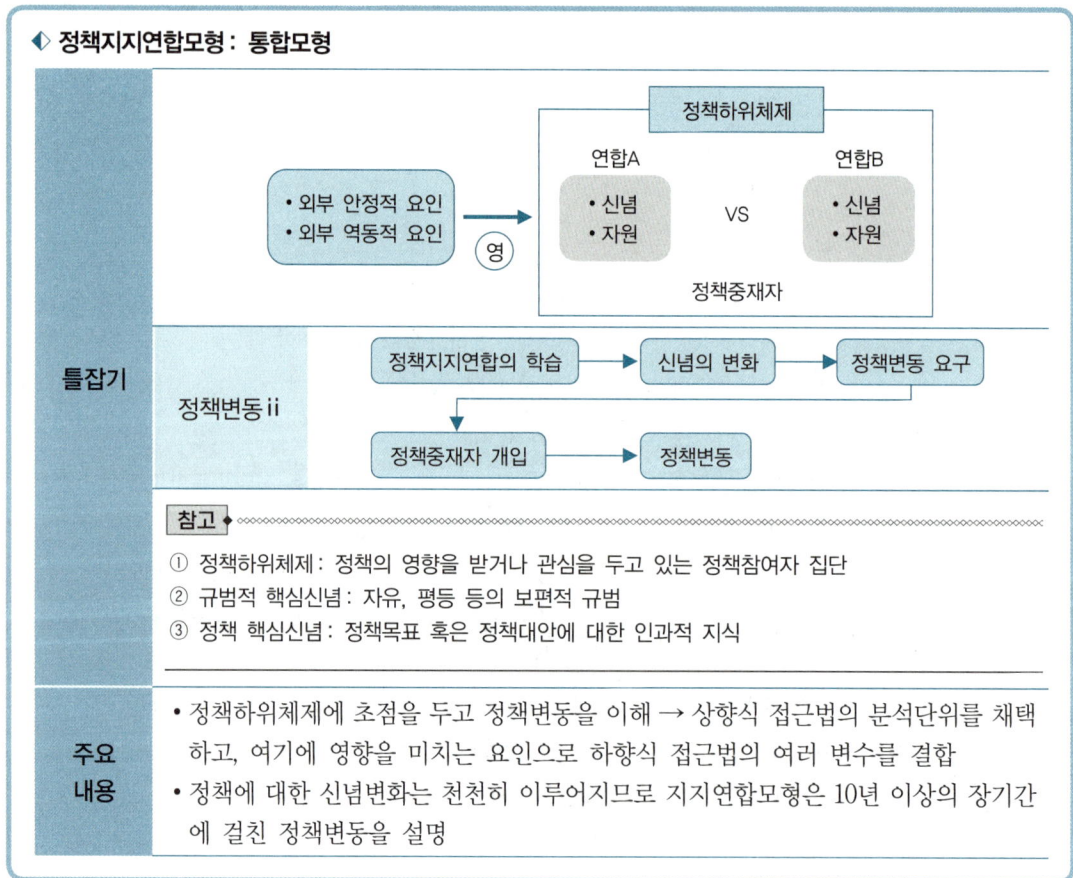

◆ **정책지지연합모형 : 통합모형**

참고
① 정책하위체제 : 정책의 영향을 받거나 관심을 두고 있는 정책참여자 집단
② 규범적 핵심신념 : 자유, 평등 등의 보편적 규범
③ 정책 핵심신념 : 정책목표 혹은 정책대안에 대한 인과적 지식

주요 내용
- 정책하위체제에 초점을 두고 정책변동을 이해 → 상향식 접근법의 분석단위를 채택하고, 여기에 영향을 미치는 요인으로 하향식 접근법의 여러 변수를 결합
- 정책에 대한 신념변화는 천천히 이루어지므로 지지연합모형은 10년 이상의 장기간에 걸친 정책변동을 설명

15 정책옹호연합모형에 따르면 정책학습을 통해 행위자들의 기저 핵심 신념을 쉽게 변화시킬 수 있다. 2021 9급 지방직

16 사바티어(Sabatier)의 정책지지연합모형에 따르면 신념체계에서 규범적 핵심이나 정책핵심의 변화가 쉽게 나타나지 않기 때문에 정책목표와 수단에 급격한 변화를 가져오는 근본적 정책변동은 용이하지 않다. 2019 행정사

17 정책변동을 설명하는 모형 중에서 정책하위체제라는 분석단위에 초점을 두고 정책의 변화를 이해하며, 정책변화과정을 이해하기 위해서는 10년 이상이라는 장기간이 필요하다고 설명하는 모형은 정책지지연합모형(advocacy coalition model)이다. 2011 7급 서울시

---

11 상향식 접근방법은 일선 공무원들에게 권한과 재량이 주어지기 때문에 주인－대리인 이론에서 발생하는 문제를 촉진할 수 있음

12 정책집행모형 중 상향식 접근은 일선 공무원의 재량적 결정을 인정하는 바 선거직 공무원에 의한 정책결정과 책임이라는 민주주의의 기본가치를 충실하게 반영할 수 없음

13 하향식 접근은 정책결정자가 정한 내용대로 일선 공무원이 기계적으로 순응하는 현상을 설명하고 있음

14 선지는 상향식 접근에 대한 내용임; 하향식 접근은 정책목표와 정책수단 간의 인과관계를 확보해야 하므로 집행 현장에서 징책이 일관성 있게 집행되어야 함

15 사바티어에 따르면 정책학습을 통해 행위자들의 기저 핵심 신념을 변화시킬 수 있으나, 이는 오랜 시간을 요구함→ 따라서 정책참여자의 신념체계는 쉽게 변화시킬 수 없음

16 사바티어의 정책지지연합모형은 정책참여자의 신념체계가 쉽게 변하지 않는다는 것을 강조하면서 정책의 섬진적 변동을 설명하는 모델임

17 선지는 사바티어의 정책지지연합모형에 대한 내용임

Answer
11 ×   12 ×   13 ○   14 ×   15 ×   16 ○   17 ○

◆ 나카무라와 스몰우드(Nakamura & Smallwood)의 정책집행가 유형

구분		고전적 기술가형	지시적 위임가형	협상가형	재량적 실험가형	관료적 기업가형 (혁신가형)
정치인 권한 (목표설정)	추상적 목표			목표와 수단에 대해 상호 협상		○
	구체적 목표				○	○
행정인 권한 (수단설정)	행정적 권한		○		○	○
	기술적 권한	○	○		○	○

- 관료적 기업가형으로 갈수록 행정인(공무원)의 권한↑
  [두문자] 고지협재관
- 표에서 '○'표시는 행정인(공무원·집행가)의 권한을 의미

18 나카무라와 스몰우드(Nakamura & Smallwood)가 제시한 정책집행자의 유형 중 정책집행자가 정책결정자의 결정권을 장악하고 정책과정 전반을 지배하는 유형은 고전적 기술자형이다. **2023 행정사** ○╳

19 나카무라와 스몰우드(Nakamura & Smallwood)의 정책집행자 유형 중 관료적 기업가형은 정책의 대략적인 방향을 정책결정자가 정하고 정책집행자들은 이 목표의 구체적인 집행에 필요한 폭넓은 재량권을 위임받아 정책을 집행하는 유형이다.
2015 9급 서울시 ○╳

20 관료적 기업가형은 정책결정자가 정책목표를 구체적으로 설정하지만, 정책집행자도 정책목표 달성에 필요한 행정적 권한을 보유한다. 따라서 정책집행자도 상당한 재량을 행사할 수 있다. **2013 경찰간부** ○╳

21 나카무라와 스몰우드(Nakamura & Smallwood)의 정책모형 중 정책집행자의 권한이 가장 강한 유형은 관료적 기업가형이다. **2021 소방간부** ○╳

22 나카무라와 스몰우드(Nakamura & Smallwood)의 집행가 모형 중 정책결정자가 세부적인 정책내용까지 결정하며, 정책집행자들은 상세한 부분에 대해 아주 제한된 부분의 재량권만 인정받고 정책목표 달성을 위해 노력하는 것은 '고전적 기술자형'이다. **2022 행정사** ○╳

18 선지는 관료적 기업가형에 대한 내용임 → 고전적 기술자형은 집행자의 권한이 가장 적은 유형임

19 나카무라와 스몰우드의 정책집행자 유형 중 재량적 기업가형은 정책의 대략적인 방향을 정책결정자가 정하고 정책집행자들은 이 목표의 구체적인 집행에 필요한 폭넓은 재량권을 위임받아 정책을 집행하는 유형임

20 지시적 위임가형은 정책결정자가 정책목표를 구체적으로 설정하지만, 정책집행자도 정책목표 달성에 필요한 행정적 권한을 보유한다. 따라서 정책집행자도 상당한 재량을 행사할 수 있음

21 나카무라와 스몰우드의 정책모형 중 관료적 기업가형은 집행자가 추상적·구체적 목표설정권한, 행정적 권한, 기술적 권한 등을 보유하고 있음

22 집행자가 아주 제한된 부분의 재량권만 인정받는 것(권한이 거의 없는 상태)은 고전적 기술자형임

Answer

18 ×   19 ×   20 ×   21 ○   22 ○

정책평가

◆ **정책평가의 유형**

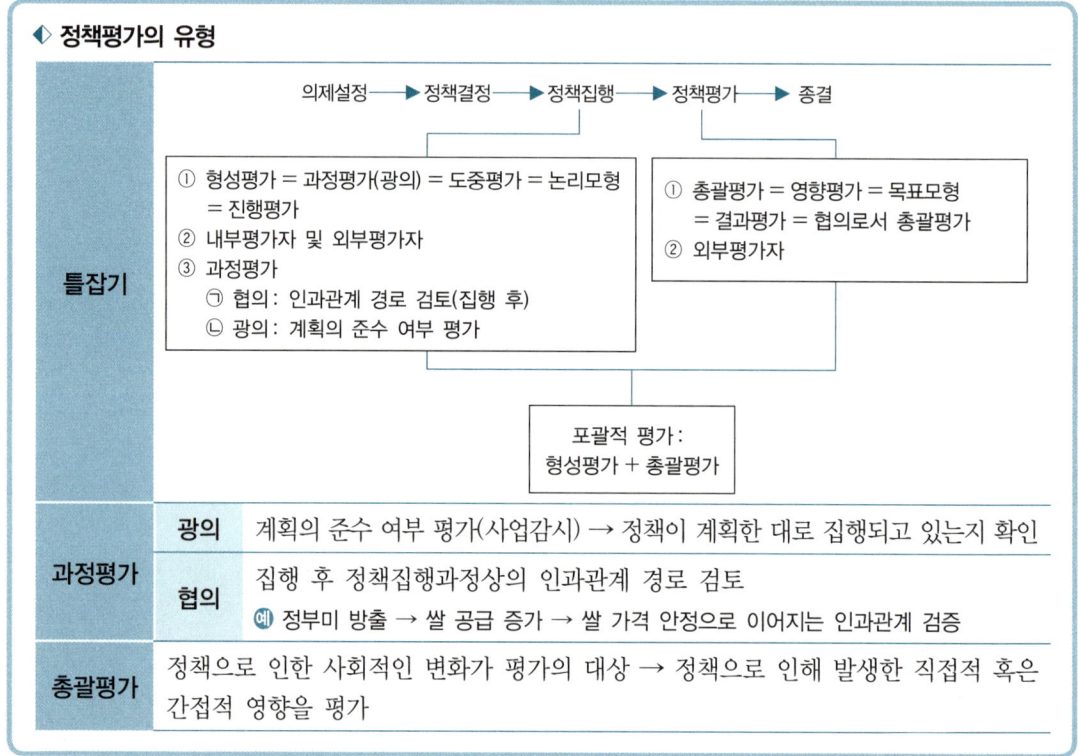

틀잡기		
	의제설정 → 정책결정 → 정책집행 → 정책평가 → 종결	
	① 형성평가 = 과정평가(광의) = 도중평가 = 논리모형 = 진행평가 ② 내부평가자 및 외부평가자 ③ 과정평가 　⊙ 협의: 인과관계 경로 검토(집행 후) 　ⓛ 광의: 계획의 준수 여부 평가	① 총괄평가 = 영향평가 = 목표모형 = 결과평가 = 협의로서 총괄평가 ② 외부평가자
	포괄적 평가: 형성평가 + 총괄평가	

과정평가	광의	계획의 준수 여부 평가(사업감시) → 정책이 계획한 대로 집행되고 있는지 확인
	협의	집행 후 정책집행과정상의 인과관계 경로 검토 **예** 정부미 방출 → 쌀 공급 증가 → 쌀 가격 안정으로 이어지는 인과관계 검증
총괄평가		정책으로 인한 사회적인 변화가 평가의 대상 → 정책으로 인해 발생한 직접적 혹은 간접적 영향을 평가

---

01 총괄평가는 정책집행이 이루어지는 과정을 평가하는 활동으로 형성평가라고도 한다. ☐◯☐✕

　　　　　　　　　　　　　　　　　　　　　　　　　　　　　　　　　2021 행정사

02 총괄평가는 주로 내부 평가자에 의해 수행되며, 평가결과를 환류하여 최종안을 개 ☐◯☐✕
선하는 것이 목적이다. **2016 7급 국가직**

03 총괄평가는 정책이 집행되고 난 후에 인과관계의 경로를 검증 및 확인하고 정책이 ☐◯☐✕
사회에 미친 영향을 추정하는 판단활동이다. **2009 9급 국가직**

◈ 실험의 유형

구분	진실험(완벽한 실험)	준실험	비실험 (◐ 자가 다이어트)
무작위 배정 = '운'에 의한 배정 (표본의 동질성 확보)	○	× (짝짓기 배정)	×
실험집단 · 비교집단(통제집단) 유무	○	○	× (실험집단만 존재)
내적타당성↑ : 정확한 인과관계	←		
외적타당성↑ : 일반화 가능성	→		
실험의 실행 가능성↑	→		
기타	• 진실험: 동질적 통제집단 설계 혹은 통제집단 사전사후측정 설계 • 비실험: 단일집단 사전·사후측정 설계		

04 신실험(true experiment)과 준실험(quasi-experiment)의 차이는 실험집단과 통제집 단의 무작위배성에 의한 동질성 확보여부이다. **2020 7급 국가직** ○ ×

05 준실험(quasi-experiment)은 무작위배정에 의해 실험집단과 통제집단의 동등화를 꾀할 수 없을 때 사용하는 설계이다. **2021 경정승진** ○ ×

06 준실험설계는 실험집단과 통제집단의 동질성을 확보하여야 한다. **2019 행정사** ○ ×

---

01 과정평가는 정책집행이 이루어지는 과정을 평가하는 활동으로 형성평가라고도 함; 총괄평가는 정책집행이 종료 된 후에 정책이 의도한 목적, 정책의 성과나 효과를 평가하는 것

02 총괄평가는 주로 외부 평가자에 의해 수행되며, 평가결과를 환류하여 최종안을 개선하는 것이 목적임

03 총괄평가는 정책이 집행되고 난 후에 정책이 사회에 미친 영향을 추정하는 판단활동임
※ 선지에서 인과관계의 경로 검증을 빼야 함

04 진실험은 완벽한 실험이므로 무작위배정을 통해 표본의 동질성을 확보한 실험임

05 준실험은 무작위배정에 의해 표본의 동질성을 온전하게 확보할 수 없을 때 사용하는 실험임

06 진실험설계는 완벽한 실험설계이므로 무작위배정을 통해 실험집단과 통제집단의 동질성을 확보하여야 함

Answer

01 × 02 × 03 × 04 ○ 05 ○ 06 ×

07 통제집단 사전사후측정설계는 정책평가를 위한 조사설계의 유형 중 진실험설계에 해당한다. 2020 7급 지방직 　〇|✕

08 내적타당성은 정책변수의 효과에 대한 결론을 일반화시킬 수 있는 범위를 의미한다. 　〇|✕
2018 행정사

09 준실험이 진실험보다 내적타당성과 외적타당성이 더 높다. 2018 행정사 　〇|✕

◆ **타당도와 신뢰도**

타당도	개념	측정의 정확성	
타당도	유형 (쿡 & 캠벨)	내적타당도	• 인과관계 추론의 적합성(정확성) • 연구에서 우선적으로 확보해야 하는 타당도
		외적타당도	특정 상황, 시기 및 집단에서 얻은 연구결과의 일반화 범위
		통계적 결론의 타당도	통계학에서 말하는 제1종 오류와 제2종 오류를 범할 경우 통계적 결론의 타당성은 낮아지는 바, 정책효과의 측정을 위해 충분히 정밀한 연구 설계가 이루어진 정도를 의미
		구성타당도	• 추상적인 개념을 잘 측정했는가(조작화)를 나타내는 개념 • 연구에서 이용된 이론적 개념과 이를 측정하는 측정 수단 간의 일치 정도
신뢰도	개념	측정의 일관성	
기타	신뢰도가 있다고 해서 반드시 타당도가 확보되는 것은 아님 → 신뢰도는 타당도의 필요조건		

10 통계적 결론의 타당성은 연구에 사용된 측정도구가 이론적 구성개념과 일치하는 정도를 의미한다. 2018 행정사 　〇|✕

11 신뢰성은 측정도구의 타당성을 담보할 수 있는 충분조건이다. 2020 9급 국가직 　〇|✕

◈ 타당도 저해요인

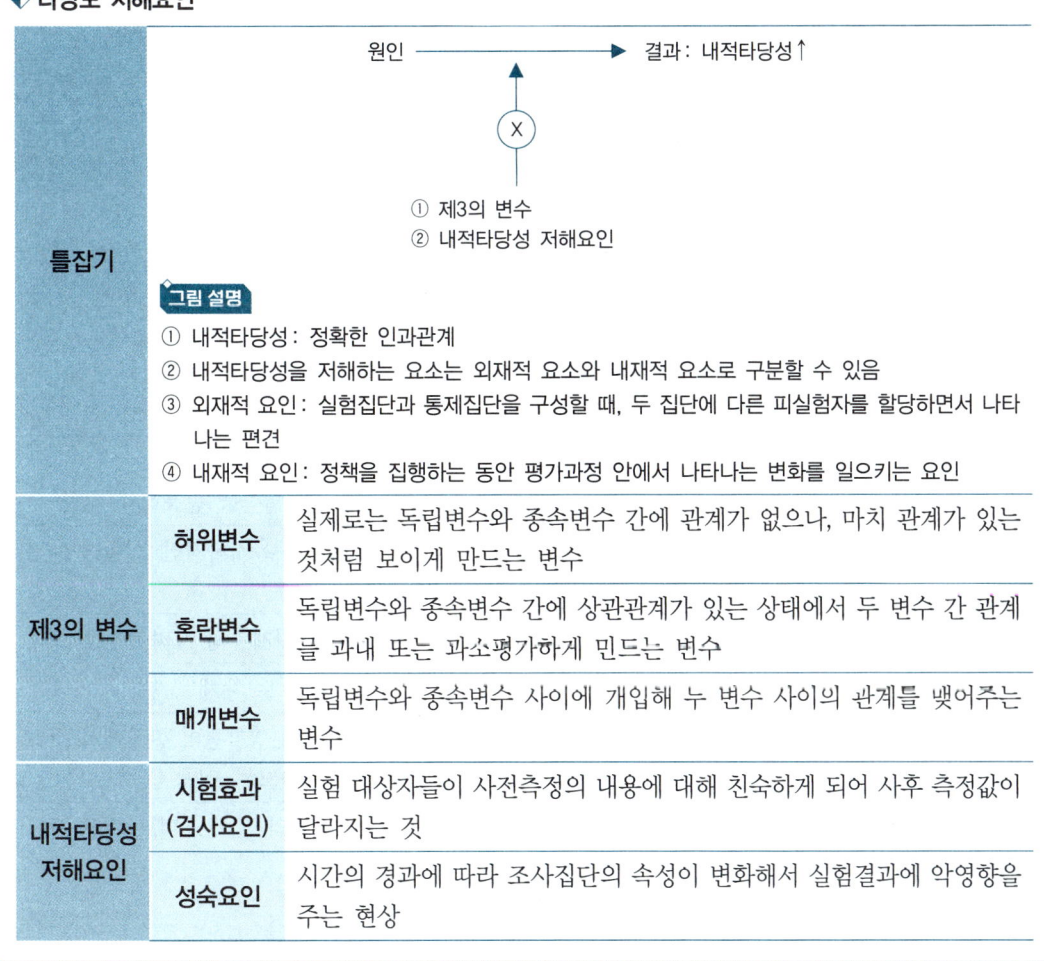

틀잡기		원인 ─────→ 결과 : 내적타당성↑ Ⓧ ① 제3의 변수 ② 내적타당성 저해요인 **그림 설명** ① 내적타당성 : 정확한 인과관계 ② 내적타당성을 저해하는 요소는 외재적 요소와 내재적 요소로 구분할 수 있음 ③ 외재적 요인 : 실험집단과 통제집단을 구성할 때, 두 집단에 다른 피실험자를 할당하면서 나타나는 편견 ④ 내재적 요인 : 정책을 집행하는 동안 평가과정 안에서 나타나는 변화를 일으키는 요인
제3의 변수	허위변수	실제로는 독립변수와 종속변수 간에 관계가 없으나, 마치 관계가 있는 것처럼 보이게 만드는 변수
	혼란변수	독립변수와 종속변수 간에 상관관계가 있는 상태에서 두 변수 간 관계를 과대 또는 과소평가하게 만드는 변수
	매개변수	독립변수와 종속변수 사이에 개입해 두 변수 사이의 관계를 맺어주는 변수
내적타당성 저해요인	시험효과 (검사요인)	실험 대상자들이 사전측정의 내용에 대해 친숙하게 되어 사후 측정값이 달라지는 것
	성숙요인	시간의 경과에 따라 조사집단의 속성이 변화해서 실험결과에 악영향을 주는 현상

---

07 진실험설계는 무작위배정을 통한 표본의 동질성 확보, 실험집단과 통제집단의 존재, 내적타당성 저해요인 통제 등을 구현한 완벽한 실험임 → 진실험설계는 동질적 통제집단 설계 혹은 (동질적) 통제집단 사전사후측정설계로 불리기노 함

08 외적타낭성은 성책변수의 효과에 내한 결론을 일빈화시길 수 있는 범위를 의미함

09 준실험이 진실험보다 외적타당성은 높지만, 내적타당성은 낮음

10 선지는 구성타당성에 대한 내용임 → 구성타당도 : 추상적인 개념을 정확하게 측정한 정도

11 ① 신뢰성은 타당성의 필요조건에 해당함
② 신뢰생(측정의 일관성)이 확보된다고 해서 타당선(측전의 정확선)을 확보할 수 있는 건 아님; 즉, 일관되게 틀릴 수도 있다는 것

Answer

07 ○   08 ×   09 ×   10 ×   11 ×

12   허위변수는 두 변수 간에 전혀 관계가 없는데도 인과관계가 있는 것처럼 보이게 하는 제3의 변수이다. 2019 행정사   ☐○ ☐×

13   성숙요인은 내적타당성을 저해할 수 있다. 2018 행정사   ☐○ ☐×

14   검사요인은 사전측정을 경험한 실험 대상자들이 측정내용에 대해 친숙해지거나 학습 효과를 얻음으로써 사후측정 때 실험집단의 측정값에 영향을 주는 효과이다.
2021 9급 지방직   ☐○ ☐×

◆ **호그우드와 피터스의 정책변동 유형**

정책혁신		• 기존에 없던 새로운 정책을 결정 • 기존에 없던 정책을 형성하는 과정에서 기존의 조직과 예산을 활용하지 않음
정책유지	개념	본래의 정책목표를 달성하기 위해 기본적인 골자는 유지하지만, 실질적인 정책내용은 변하지 않음
	사례	저소득층 자녀에 대한 교육비 보조를 그 바로 상위계층의 자녀에게로 확대
정책승계	개념	정책목표는 유지하면서 정책수단을 새로운 수단으로 대체
	사례	과속차량 단속이라는 목표를 변경하지 않고 기존에 경찰관이 현장에서 직접 단속하던 것을 무인 감시카메라 설치를 통한 단속으로 대체
정책종결		정책목표를 달성하기 위한 전반적인 정책수단을 소멸(기존의 정책 소멸)시키고 이를 대체할 다른 정책을 마련하지 않는 것

15   실질적인 정책내용이 변하더라도 정책목표가 변하지 않는다면 이를 정책유지라 한다.
2020 9급 국가직   ☐○ ☐×

16   정책목표를 달성하기 위한 전반적인 정책수단을 소멸시키고 이를 대체할 다른 정책을 마련하지 않는 것을 정책종결이라 한다. 2020 9급 국가직   ☐○ ☐×

17   정책목표는 유지하면서 정책수단을 새로운 수단으로 대체하는 것은 정책승계이다.
2014 9급 사복   ☐○ ☐×

12 허위변수는 독립변수와 종속변수 간 허위관계(거짓 관계)를 만들어내는 변수임

13 성숙요인은 시간의 흐름에 따라 표본의 특성이 변화하여 실험결과에 악영향을 주는 요인이며, 이는 내적타당성을 저해하는 내재적 요인에 해당함

14 시험효과(측정요인 · 검사요인 · 실험효과)
① 유사실험의 반복 → 조사집단의 실험에 대한 친숙도 ↑ → 결과 왜곡
② 실험 대상자들이 사전측정의 내용에 대해 친숙(유사실험의 반복)하게 되어 사후 측정값이 달라지는 것
③ '눈에 띄지 않는 관찰' 방법 등으로 통제할 수 있음 → 눈에 띄지 않는 관찰이란 피실험자의 실험 친숙도 혹은 실험에 대한 학습의 정도를 피실험자가 눈치채지 못하도록 실험자가 파악하는 것

15 정책유지는 정책의 목표가 변하지 않으면서 정책의 범위 등을 조정하는 것이지(완만한 변화), 실질적인 정책을 바꾸는 게 아님; 실질적인 정책을 바꾸는 것은 정책승계에 해당함

16 정책종결: 정책목표를 달성하기 위한 전반적인 정책수단을 소멸(기존의 정책 소멸)시키고 이를 대체할 다른 정책을 마련하지 않는 것

17 정책승계: 정책목표는 유지하면서 정책의 기본적인 골자를 변화시키는 것(실제 정책과정에서 가장 많이 나타나는 유형); 기존의 정책 → 새로운 정책

Answer

12 ○   13 ○   14 ○   15 ×   16 ○   17 ○

PART

03

조직론

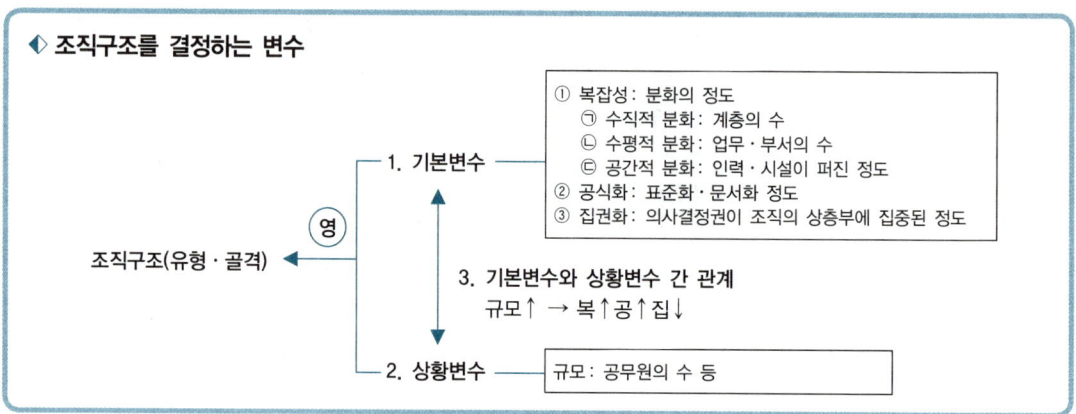

◈ 조직구조를 결정하는 변수

① 복잡성: 분화의 정도
  ㉠ 수직적 분화: 계층의 수
  ㉡ 수평적 분화: 업무·부서의 수
  ㉢ 공간적 분화: 인력·시설이 퍼진 정도
② 공식화: 표준화·문서화 정도
③ 집권화: 의사결정권이 조직의 상층부에 집중된 정도

조직구조(유형·골격) ← 영 ← 1. 기본변수

3. 기본변수와 상황변수 간 관계
규모↑ → 복↑공↑집↓

2. 상황변수 — 규모: 공무원의 수 등

01 수평적 복잡성은 조직 내 수직적 계층의 수를 의미한다. 2018 행정사 ◻O◻X

02 공식화 정도가 높을수록 업무의 예측가능성이 높아진다. 2018 행정사 ◻O◻X

03 의사결정의 권한이 상위층에 집중된 경우 집권화된 조직이라고 한다. 2018 행정사 ◻O◻X

04 공식화 수준이 높은 경우, 조직구성원들의 행동이 정형화되어 그들에 대한 통제가 어려워진다. 2016 행정사 ◻O◻X

05 공식화 수준이 너무 높으면, 업무처리에 있어서 조직구성원의 자율성과 창의성이 저해되기도 한다. 2016 행정사 ◻O◻X

06 조직의 구조적 특성에서 복잡성은 조직의 분화 정도를 의미하며, 단위 부서 간에 업무를 세분화하는 것을 수직적 분화라고 한다. 2015 7급 지방직 ◻O◻X

07 복잡성은 조직이 얼마나 나누어지고 흩어져 있는가의 분화 정도를 말하며, 수평적·수직적·공간적 분화 등으로 세분화할 수 있다. 2014 7급 국가직 ◻O◻X

08 공식화의 수준이 높을수록 조직구성원들의 재량이 증가한다. 2013 9급 지방직   ○ ×

09 조직구성원이 규칙과 절차의 합리성 및 효율성에 대해 신뢰하고 있을 때 조직구조   ○ ×
의 분권화가 촉진된다. 2022 행정사

10 부서 간 횡적 조정이 어려운 경우 조직의 분권화가 필요하다. 2020 7급 군무원   ○ ×

---

01 조직 내 수직적 계층의 수를 의미하는 것은 수직적 복잡성임 → 수평적 복잡성은 업무의 수를 뜻함

02 규칙의 수가 많을수록(공식화 정도가 높을수록) 업무의 예측가능성이 높아짐

03 집권화는 의사결정권이 조직의 상층부에 집중된 정도를 의미함

04 공식화 정도가 높을수록 구성원의 행동은 정형화되어서 그들의 행동을 통제하기가 쉬워짐

05 조직을 규율하는 규칙의 수가 지나치게 많으면 조직구성원의 자율성과 창의성이 저해됨

06 조직의 구조적 특성에서 복잡성은 조직의 분화 정도를 의미하며, 단위 부서 간에 업무를 세분화하는 것을 수평적 분화라고 함

07 복잡성은 분화의 정도를 나타내며, 업무의 수(수평적 분화), 계층의 수(수직적 분화), 사람 및 시설이 퍼진 정도(공간적 분화)로 세분할 수 있음

08 공식화(표준화의 정도)의 수준이 높을수록 조직구성원들의 재량은 감소함

09 구성원이 규칙과 절차에 대해 신뢰하고 있는 것은 '안정적인 상황(불확실성 낮음)'을 의미함 → 이는 기계적 구조와 친한 표현이므로 집권화가 촉진될 수 있음

10 부서 간 횡적 조정이 어려운 경우에는 상관에 의한 조정이 필요하므로 집권화가 요구되는 상황임

Answer
01 ×   **02** ○   **03** ○   **04** ×   **05** ○   **06** ×   **07** ○   **08** ×   **09** ×   **10** ×

조직유형론

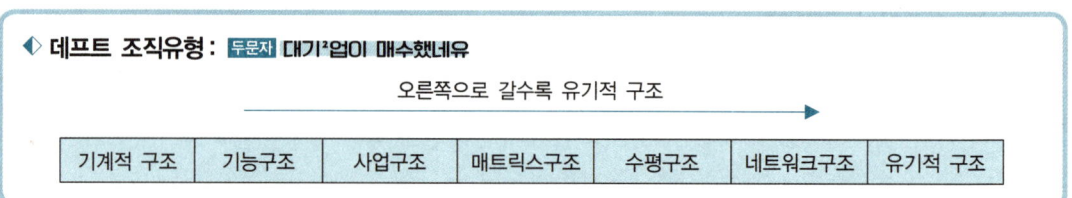

◆ 데프트 조직유형 : 두문자 대기²업이 매수했네유

오른쪽으로 갈수록 유기적 구조 →

| 기계적 구조 | 기능구조 | 사업구조 | 매트릭스구조 | 수평구조 | 네트워크구조 | 유기적 구조 |

01 모호한 책임관계는 유기적(organic) 구조의 조직 특징이다. 2023 행정사 〇✕

02 애드호크라시(Adhocracy)는 낮은 수준의 수평적 분화와 높은 수준의 수직적 분화가 특징이다. 2007 7급 대전 〇✕

03 조직구조모형을 유기적인 성격이 약한 것에서부터 강한 것의 순서로 배열하면, 기능구조 < 사업구조 < 수평구조 < 매트릭스구조 < 네트워크구조의 순으로 배열할 수 있다. 2012 7급 국가직 〇✕

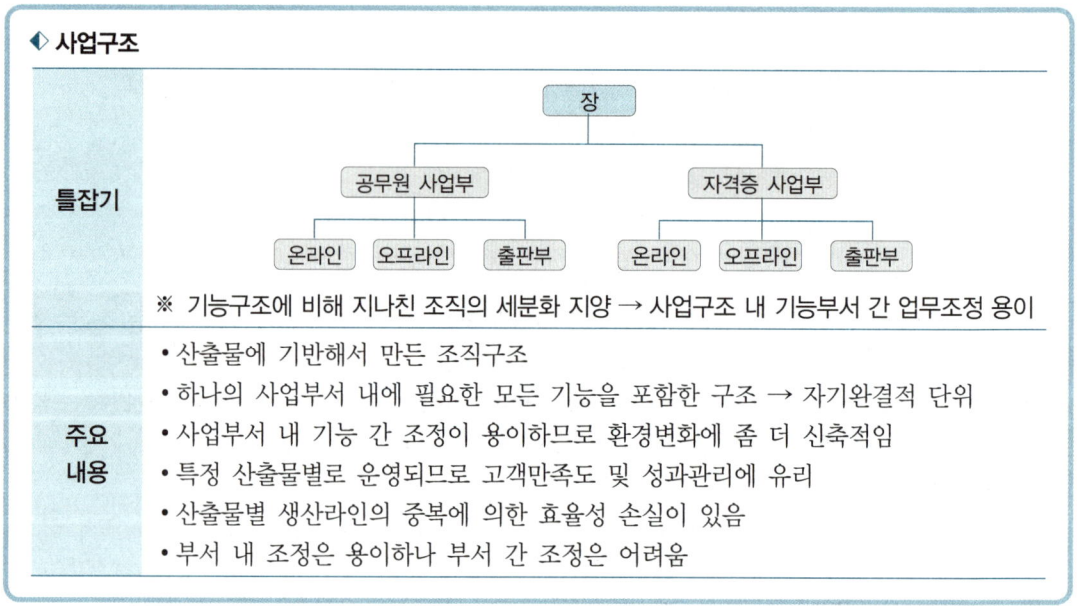

◆ **사업구조**

| 틀잡기 | (조직도: 장 → 공무원 사업부 / 자격증 사업부 → 각 온라인·오프라인·출판부) |

※ 기능구조에 비해 지나친 조직의 세분화 지양 → 사업구조 내 기능부서 간 업무조정 용이

주요 내용
- 산출물에 기반해서 만든 조직구조
- 하나의 사업부서 내에 필요한 모든 기능을 포함한 구조 → 자기완결적 단위
- 사업부서 내 기능 간 조정이 용이하므로 환경변화에 좀 더 신축적임
- 특정 산출물별로 운영되므로 고객만족도 및 성과관리에 유리
- 산출물별 생산라인의 중복에 의한 효율성 손실이 있음
- 부서 내 조정은 용이하나 부서 간 조정은 어려움

04 사업구조는 특정 산출물별로 운영되므로 고객만족도 제고 및 성과관리에 유리하다. ☐○☐✕

2017 행정사

05 사업구조는 기능구조에 비해 성과책임의 소재가 분명해 성과관리체제에 유리하다. ☐○☐✕

2010 9급 서울시

06 사업구조는 사업별 기능부서의 중복이 없어 효율적이다. 2025 행정사 ☐○☐✕

---

01 유기적 구조는 기계적 구조에 비해 세세한 분업을 지양함

02 애드호크라시는 낮거나 높은 수준의 수평적 분화와 낮은 수준의 수직적 문화가 특성임

03 조직구조모형을 유기적인 성격이 약한 것에서부터 강한 것의 순서로 배열하면, 기능구조 < 사업구조 < 매드릭스구조 < 수평구조 < 네트워크구조의 순으로 배열할 수 있음 → 두문자 대기²업이 매수했네유

04 사업구조는 독립적인 사업 단위로 운영됨 → 각 사업구조는 순이익과 같은 매출을 명시할 수 있는 바 성과관리에 유리함

05 사업구조는 특정 사업을 중심으로 조직을 편성하는 바 기능구조에 비해 성과관리체제에 유리함

06 사업구조는 사업별 기능부서의 중복으로 인해 비효율적임

Answer

01 ○   02 ✕   03 ✕   04 ○   05 ○   06 ✕

◆ **매트릭스구조**

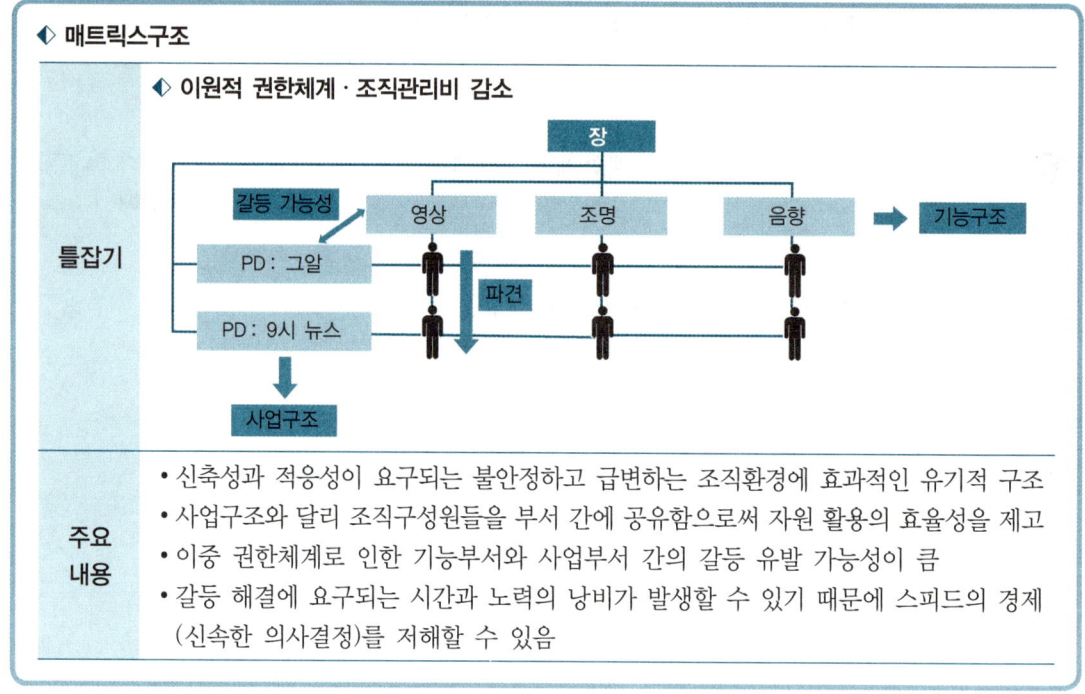

틀잡기	◆ 이원적 권한체계 · 조직관리비 감소
주요 내용	• 신축성과 적응성이 요구되는 불안정하고 급변하는 조직환경에 효과적인 유기적 구조 • 사업구조와 달리 조직구성원들을 부서 간에 공유함으로써 자원 활용의 효율성을 제고 • 이중 권한체계로 인한 기능부서와 사업부서 간의 갈등 유발 가능성이 큼 • 갈등 해결에 요구되는 시간과 노력의 낭비가 발생할 수 있기 때문에 스피드의 경제 (신속한 의사결정)를 저해할 수 있음

07 매트릭스 조직은 단일한 명령 및 보고체제를 갖고 있다. 2017 행정사 ☐O☐X

08 매트릭스 조직은 불안정한 환경에 적절하게 대응하지 못한다. 2017 행정사 ☐O☐X

09 매트릭스 조직은 인력 활용의 측면에서 비용 부담이 크다. 2015 행정사 ☐O☐X

10 매트릭스 구조는 이중구조로 인적 자원의 낭비를 초래할 수 있다. 2025 행정사 ☐O☐X

11 매트릭스 조직은 기능 중심의 수직적 계층구조에 수평적 조직구조를 결합한 조직으로 명령통일의 원리에 부합한다. 2020 7급 지방직 ☐O☐X

12 매트릭스 조직은 기능(functional)구조와 사업(project)구조의 통합을 시도한다. ☐O☐X
2020 9급 지방직

◆ 수평구조

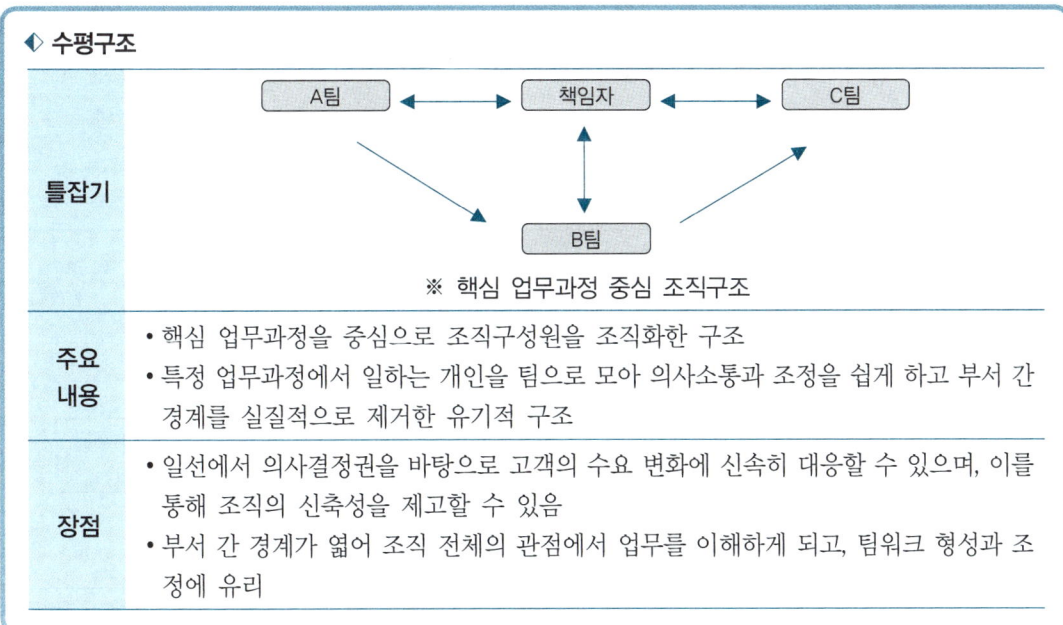

※ 핵심 업무과정 중심 조직구조

틀잡기	(위 그림)
주요 내용	• 핵심 업무과정을 중심으로 조직구성원을 조직화한 구조 • 특정 업무과정에서 일하는 개인을 팀으로 모아 의사소통과 조정을 쉽게 하고 부서 간 경계를 실질적으로 제거한 유기적 구조
장점	• 일선에서 의사결정권을 바탕으로 고객의 수요 변화에 신속히 대응할 수 있으며, 이를 통해 조직의 신축성을 제고할 수 있음 • 부서 간 경계가 옅어 조직 전체의 관점에서 업무를 이해하게 되고, 팀워크 형성과 조정에 유리

13 팀제는 조직구성원들의 신속한 의사결정을 저해시킨다. 2014 행정사 　　〇 ✕

14 팀제는 조직의 인력을 신축적으로 운영하고, 실무차원에서 팀장 및 팀원의 권한을 향상시킨다. 2014 행정사 　　〇 ✕

---

07 매트릭스 조직은 이중의 명령 및 보고체제를 갖고 있음

08 매트릭스 조직은 유기적인 구조이므로 불안정한 환경에 적절하게 대응할 수 있음

09 매트릭스 조직은 기능구조에서 필요한 인력을 보전하므로 인력 활용의 측면에서 비용 부담이 적음

10 매트릭스 구조는 기능구조 구성원을 활용하므로 조직관리비를 절감할 수 있음

11 매트릭스 조직은 기능 중심의 수직적 계층구조(기능구조)에 수평적 조직구조(사업구조)를 결합한 조직임; 이는 구성원에 대한 이원적 권한체계를 지닌 조직이므로 명령통일의 원칙에 위배됨

12 매트릭스 조직은 기능(functional)구조와 사업(project)구조를 절충했기 때문에 이원적 권한체계를 지님

13 팀제는 분권적인 의사결정구조를 활용하여 일선 조직구성원들의 신속한 의사결정을 촉진할 수 있음

14 팀제는 유기적 구조이므로 분권화된 의사결정체계를 지님

Answer ◀ ---------------------------------

07 ✕ 　 08 ✕ 　 09 ✕ 　 10 ✕ 　 11 ✕ 　 12 〇 　 13 ✕ 　 14 〇

15 수평구조는 수직적 계층과 부서 간 경계를 실질적으로 제거하고 의사소통을 원활하게 만든 유기적 구조이다. 2017 행정사 ○×

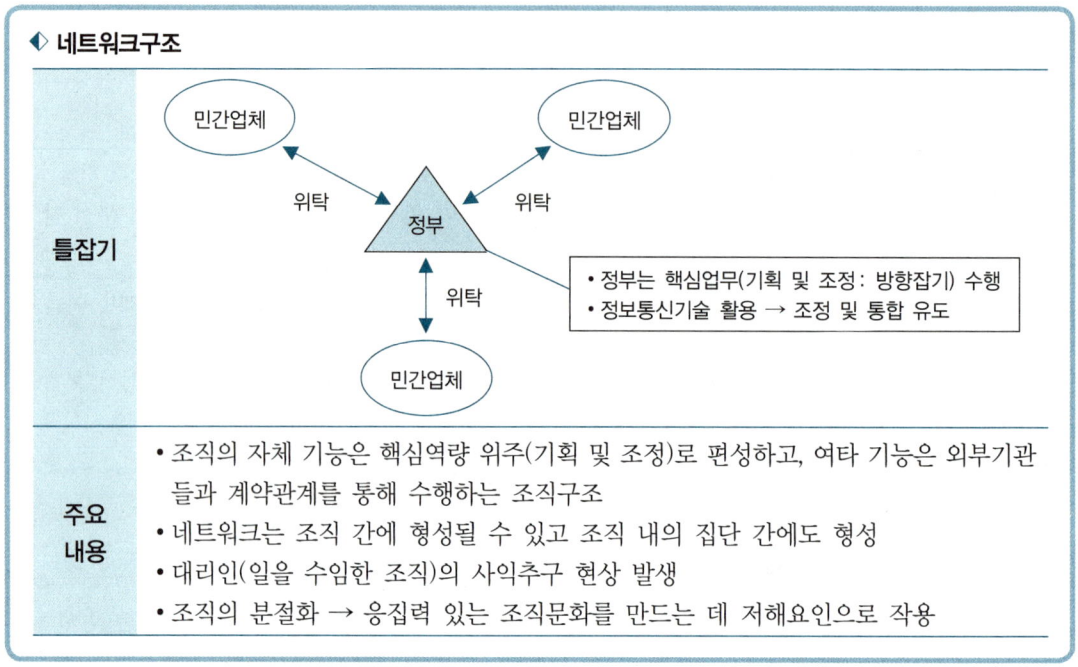

◆ **네트워크구조**

틀잡기	(그림: 민간업체 — 위탁 — 정부 — 위탁 — 민간업체, 정부 — 위탁 — 민간업체) • 정부는 핵심업무(기획 및 조정 : 방향잡기) 수행 • 정보통신기술 활용 → 조정 및 통합 유도
주요 내용	• 조직의 자체 기능은 핵심역량 위주(기획 및 조정)로 편성하고, 여타 기능은 외부기관들과 계약관계를 통해 수행하는 조직구조 • 네트워크는 조직 간에 형성될 수 있고 조직 내의 집단 간에도 형성 • 대리인(일을 수임한 조직)의 사익추구 현상 발생 • 조직의 분절화 → 응집력 있는 조직문화를 만드는 데 저해요인으로 작용

16 학습조직은 결정과 기획 등 핵심기능만 남기고 기타 집행사업기능을 각각 전문업체에 위탁경영하여 일을 수행하는 조직이다. 2013 행정사 ○×

17 네트워크 구조의 협력적 연계는 조직 간에서 뿐만 아니라 조직 내에서도 형성될 수 있다. 2025 행정사 ○×

18 네트워크 조직은 외부기관과의 협력이 강화되기 때문에 대리인 문제의 발생가능성이 낮다. 2009 7급 국가직 ○×

15 수평구조(팀제)는 탈관료제이므로 수식적 계층과 부서 간 경계를 실질적으로 제거하고 의사소통을 원활하게 만든 유기적 구조임

16 선지는 네트워크 조직에 대한 내용임

17 네트워크 구조의 협력적 언계는 민간위닥이니 책임운영기관처럼 운영될 수 있음

18 네트워크 조직은 외부기관과의 협력이 깅화되기 때문에 대리인 문제의 발샌가능성이 높음

Answer

15 ○   16 ×   17 ○   18 ×

조직관리기법

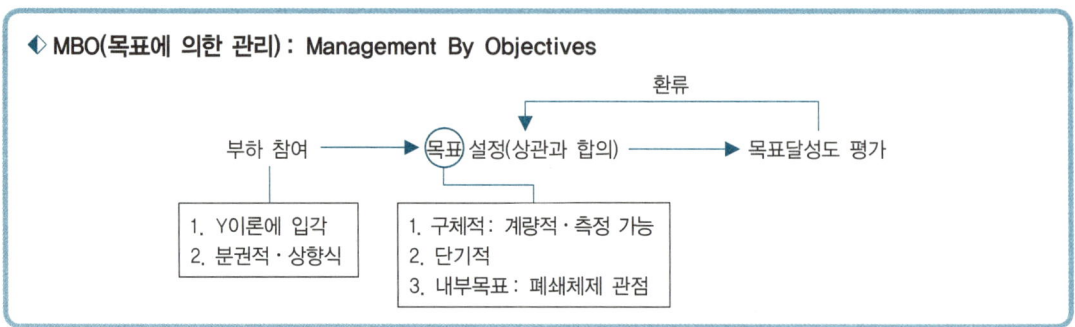

01 목표관리제는 업무환경이 가변적이고 불확실성이 큰 환경에서 성공하기 쉽다. ☐◯☐✕
2010 9급 지방직

02 목표관리제(MBO)는 가시적·단기적 목표보다 거시적·장기적 목표에 대한 조직 ☐◯☐✕
구성원들의 관심을 유도하는 데 도움을 준다. 2004 행정고시

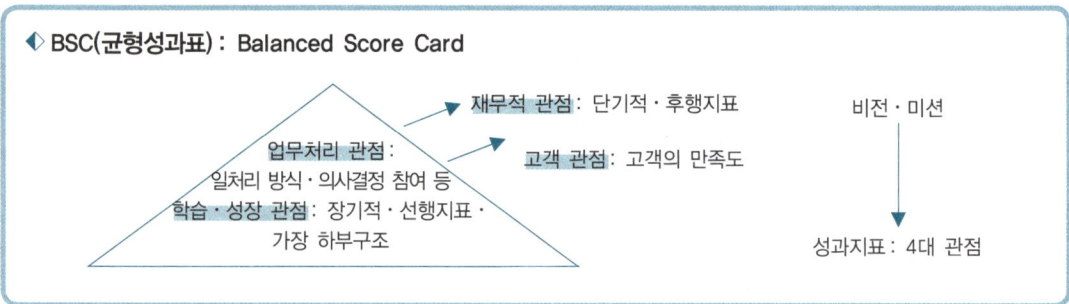

03 균형성과표는 장기적 측면의 관점보다는 순익과 같은 단기적 목표와 계획 및 전략 ☐◯☐✕
에 초점을 둔다. 2014 행정사 수정

04 균형성과표는 과정과 결과 및 조직 내·외부적 관점 중 어느 하나보다는 통합적 균 ☐◯☐✕
형을 추구한다. 2014 행정사

05 하버드 대학교의 Kaplan & Norton 교수는 그동안의 성과평가가 재무적 관점에만 ☐◯☐✕
치우쳐져 있다는 점을 지적하면서, 여기에 비재무적 관점을 포함할 것을 주장하였다.
2017 경찰간부

06 균형성과표(BSC)는 재무적 정보 외에 고객, 내부절차, 학습과 성장 등 조직 운영에 필요한 관점을 추가한 것이다. **2021 9급 지방직** ☐○☐×

◈ BPR(업무처리재설계) : Business Process Redesign

틀잡기	NPM ──영──→ 리엔지니어링 = BPR
내용	• IT 기술을 활용해 조직 내 부서별 고도 분업화에 따른 폐단을 극복하기 위해 업무의 과정 및 절차를 근본적으로 재설계 • 근본적이고 극적인 변화를 추구해 고객만족 및 성과향상 유도 • 조직 및 인력감축은 선택사항 • 업무, 조직, 구조, 조직문화까지 개혁의 대상으로 함 → 특정 변수 중심의 개혁 ×

---

07 리엔지니어링은 조직 내 부서별 고도 분업화에 따른 폐단을 극복하기 위한 방안으로 등장하였다. **2014 행정사** ☐○☐×

08 리엔지니어링의 궁극적인 목적은 성과 향상과 고객만족의 극대화에 있다. **2014 행정사** ☐○☐×

09 리엔지니어링에는 조직 및 인력 감축이 필수적이다. **2014 행정사** ☐○☐×

---

01 목표관리제는 구체적인 목표를 설정한 후 이를 달성하고자 하므로 업무환경이 가변적이고 불확실성이 큰 환경에서는 성공하기 어려움

02 목표관리제(MBO)는 거시적·장기적 목표(추상적인 목표)보다 가시적·단기적 목표(측정가능하고 단기적인 목표)에 대한 조직구성원들의 관심을 유도하는 데 도움을 줌

03 균형성과표는 특정 부분이 아닌 균형 있는 조직관리를 추구함

04 균형성과표는 균형 있는 조직관리 및 성과관리를 지향함

05 하버드 대학교의 Kaplan & Norton 교수는 그동안의 성과평가가 재무적 관점에만 치우쳐 있다는 점을 지적하면서, 비재무적 관점을 조직관리에 보완시킨 BSC를 제인하였음

06 균형성과표(BSC)는 균형 있는 성과관리를 위해 재무적 정보 외에 고객, 내부절차, 학습과 성장 등 비재무적 관점을 조직 운영에 추가한 것임

07 리엔지니어링은 조직 내 복잡한 절차를 근본적으로 줄이는 절차의 재설계기법임

08 리엔지니어링은 신공공관리론의 영향으로 등장한 모형임

09 리엔지니어링은 필수적으로 조직이나 인력을 줄이는 것이 아니라 복잡한 절차를 근본적으로 줄이는 절차의 재설계기법임

Answer
01 × 　 02 × 　 03 × 　 04 ○ 　 05 ○ 　 06 ○ 　 07 ○ 　 08 ○ 　 09 ×

조직구조 안정화 메커니즘 : 리더십을 중심으로

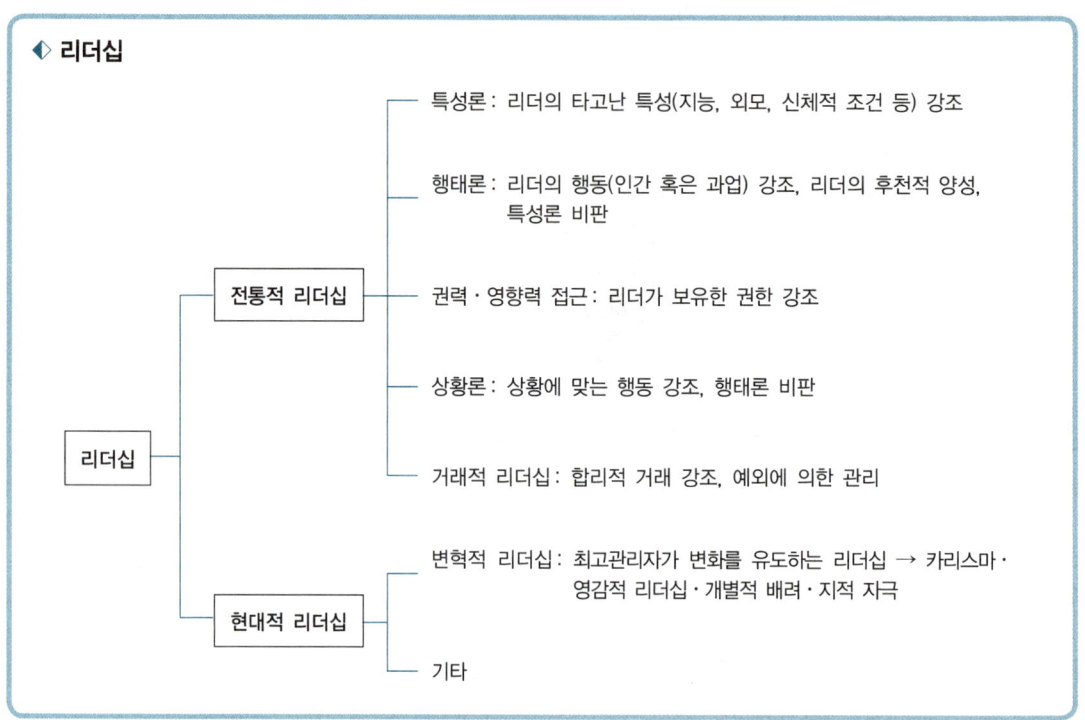

◆ **리더십**

리더십 ─ 전통적 리더십 ┬ 특성론 : 리더의 타고난 특성(지능, 외모, 신체적 조건 등) 강조

행태론 : 리더의 행동(인간 혹은 과업) 강조, 리더의 후천적 양성, 특성론 비판

권력 · 영향력 접근 : 리더가 보유한 권한 강조

상황론 : 상황에 맞는 행동 강조, 행태론 비판

거래적 리더십 : 합리적 거래 강조, 예외에 의한 관리

현대적 리더십 ┬ 변혁적 리더십 : 최고관리자가 변화를 유도하는 리더십 → 카리스마 · 영감적 리더십 · 개별적 배려 · 지적 자극

기타

01 특성론적 접근은 리더의 지적 능력을 중요시하지 않는다. 2013 9급 서울시 ○ ✕

02 리더십 행동이론에 따르면 훈련에 의해 효과적인 리더를 양성할 수 있다. 2018 행정사 ○ ✕

03 리더십 연구의 행태론적 접근은 리더의 행위에 초점을 둔다. 2013 9급 서울시 ○ ✕

04 행태론적 리더십은 어떤 사람이든 리더가 될 수 있으며, 리더십을 훈련할 수 있다고 가정했다. 2014 경찰간부 ○ ✕

05 행태이론은 리더의 자질보다 리더의 행태적 특성이 조직성과에 영향을 미친다고 본다. ○ ✕

2015 9급 지방직

06 리더십 상황론은 상황에 따라 리더십의 효과성이 달라진다는 시각에서 리더의 행동을 파악한다. 2018 행정사 ☐○☐×

07 상황론적 리더십 연구에서는 모든 조직에 적용할 수 있는 가장 효과적인 지도자 유형은 존재하지 않는다고 본다. 2010 7급 지방직 ☐○☐×

◆ **거래적 리더십과 변혁적 리더십**

구분	거래적 리더십	변혁적 리더십
변화관	안정지향, 폐쇄적	변화지향, 개방체제적
초점	일반 관리자	최고관리층
관리전략	리더와 부하 간의 합리적 교환관계, 통제	영감과 비전 제시에 의한 동기유발
관련 조직	고전적 관료제; 기계적 구조	탈관료제; 유기적 구조
학자	·	번즈 & 바스

08 변혁적 리더십은 지도자와 부하들 간의 합리적·타산적 교환관계를 중시한다.
2015 행정사 ☐○☐×

09 변혁적 리더십은 변화를 지향하고 체제 개방적이다. 2015 행정사 ☐○☐×

01 특성론적 접근은 리더의 타고난 지적 능력을 중시함
02 리더십 행동이론에 따르면 리더는 훈련에 의해 후천적으로 양성될 수 있음
03 행태론적 접근은 조직의 생산성을 제고할 수 있는 리더행동을 규명하려는 모델임
04 리더십 행태론에 따르면 리더는 훈련에 의해 후천적으로 양성될 수 있음
05 행태이론은 리더의 타고난 자질보다 리더의 후천적 행태적 특성이 조직성과에 영향을 미친다고 봄
06 리더십 상황론은 상황에 맞는 리더의 행동을 강조함
07 상황론적 리더십론은 상황에 맞는 리더의 행동을 규명하는 까닭에 모든 조직에 적용할 수 있는 가장 효과적인 지도자 유형은 존재하지 않는다는 관점임
08 거래적 리더십은 지도자와 부하들 간의 합리적·타산적 교환관계를 중시함
09 변혁적 리더십은 변화하는 환경에 적응하고자 변화를 추구함; 아울러 환경을 고려하는 바 개방체제적 관점임

Answer◀ -
01 ×   02 ○   03 ○   04 ○   05 ○   06 ○   07 ○   08 ×   09 ○

10 변혁적 리더십은 적응보다 조직의 안정을 강조한다. 2021 9급 지방직 ☐○☐✕

11 거래적 리더십은 보수적·현상유지적이라는 평가를 받기도 한다. 2018 경찰간부 ☐○☐✕

12 일방적으로 지시만 하지 않고, 조직구성원이 창의성을 발휘하도록 지적인 자극을 주는 것은 변혁적 리더십과 연관된 내용이다. 2017 행정사 ☐○☐✕

13 리더십의 유형 중 변혁적(transformational) 리더십의 특성에는 영감적 동기부여, 자유방임, 지적 자극, 개별적 배려 등이 있다. 2020 7급 국가직 ☐○☐✕

14 카리스마적 리더십, 영감적 리더십, 개별적 배려, 합리적 과정은 베스(Bass) 등이 제시한 변혁적 리더십의 주된 요소이다. 2010 9급 국가직 ☐○☐✕

15 거래적 리더십은 지적 자극을 중시하고 변혁적 리더십은 개별적 배려를 중시한다. 2025 행정사 ☐○☐✕

16 거래적 리더십은 예외에 의한 관리를 추구한다. 2025 행정사 ☐○☐✕

---

10 선지는 거래적 리더십에 대한 내용임

11 거래적 리더십은 기계적 구조에 적합한 리더십이므로 보수적·현상유지적이라는 평가를 받기도 함

12 변혁적 리더십은 구성원의 변화를 유도하고자 구성원에게 지적인 자극을 부여함

13 자유방임은 변혁적 리더십의 특징이 아님 → 변혁적(transformational) 리더십의 특성에는 영감적 동기부여(비전 제시 및 공유), 카리스마적 리더십, 지적 자극(촉매적 리더십), 개별적 배려 등이 있음

14 카리스마적 리더십, 영감적 리더십, 개별적 배려, 지적 자극은 베스 등이 제시한 변혁적 리더십의 주된 요소임; 합리적 과정은 거래적 리더십의 특징에 해당함

15 지적 자극과 개별적 배려는 변혁적 리더십에 대한 내용임

16 거래적 리더십에서 리더가 지시한 업무량을 수행하지 못할 경우 부하는 페널티를 받음 → 예외에 의한 관리

Answer

10 ✕   11 ○   12 ○   13 ✕   14 ✕   15 ✕   16 ○

사람, 그리고 일에 대하여 :
사람, 동기부여 및 학습을 중심으로

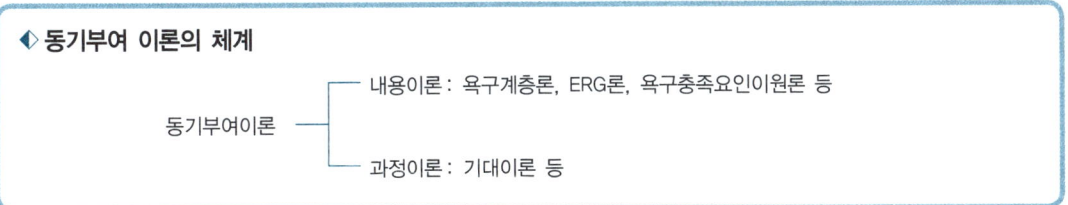

◆ 동기부여 이론의 체계

동기부여이론 ┬ 내용이론 : 욕구계층론, ERG론, 욕구충족요인이원론 등

└ 과정이론 : 기대이론 등

◆ 매슬로우(A. Maslow)의 욕구계층론

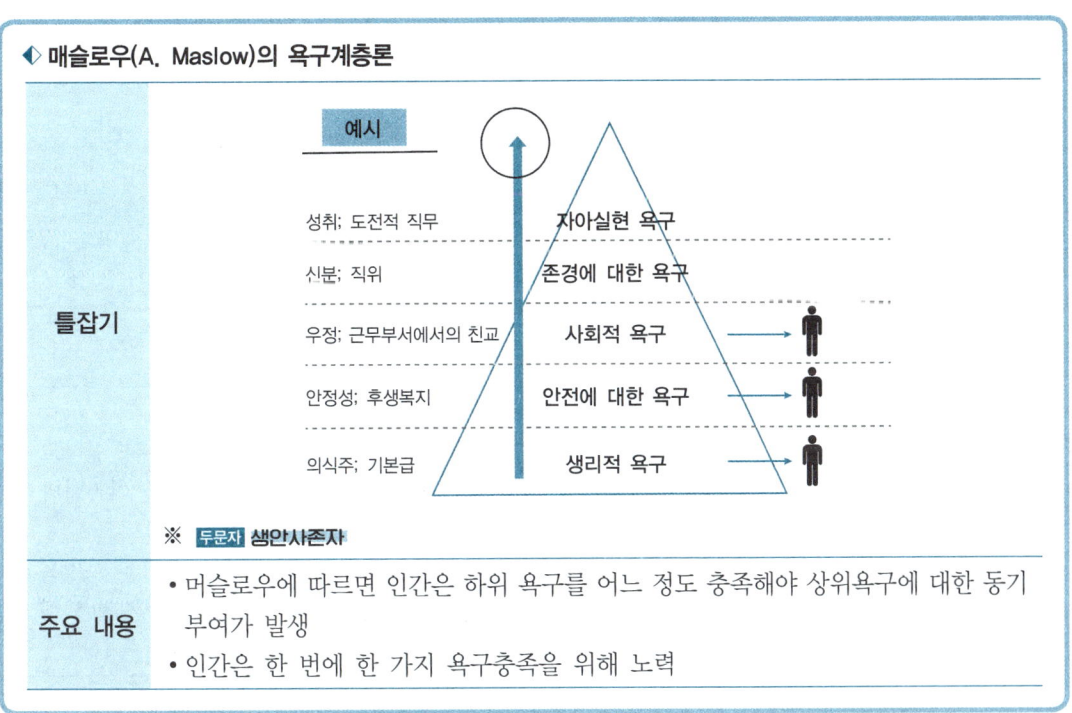

틀잡기	예시

성취; 도전적 직무 — 자아실현 욕구

신분; 직위 — 존경에 대한 욕구

우정; 근무부서에서의 친교 — 사회적 욕구

안정성; 후생복지 — 안전에 대한 욕구

의식주; 기본급 — 생리적 욕구

※ **두문자** 생안사존자

주요 내용
• 머슬로우에 따르면 인간은 하위 욕구를 어느 정도 충족해야 상위욕구에 대한 동기 부여가 발생
• 인간은 한 번에 한 가지 욕구충족을 위해 노력

---

01 매슬로우(A. Maslow)의 욕구 5단계이론에 의하면 먼저 충족되어야 할 욕구는 존경 ◯✕
의 욕구나 자기실현의 욕구이다. **2011 7급 서울시**

---

01 매슬로우의 욕구 5단계이론에 의하면 먼저 충족되어야 할 욕구는 생리적 욕구나 안진욕구임
Answer ◀--
01 ✕

02 매슬로우(A. Maslow)에 따르면 근로자는 하위욕구가 100% 충족되어야 상위욕구
를 추구하기 시작한다고 본다. 2004 9급 부산

◆ 앨더퍼(C. Alderfer)의 ERG이론

틀잡기	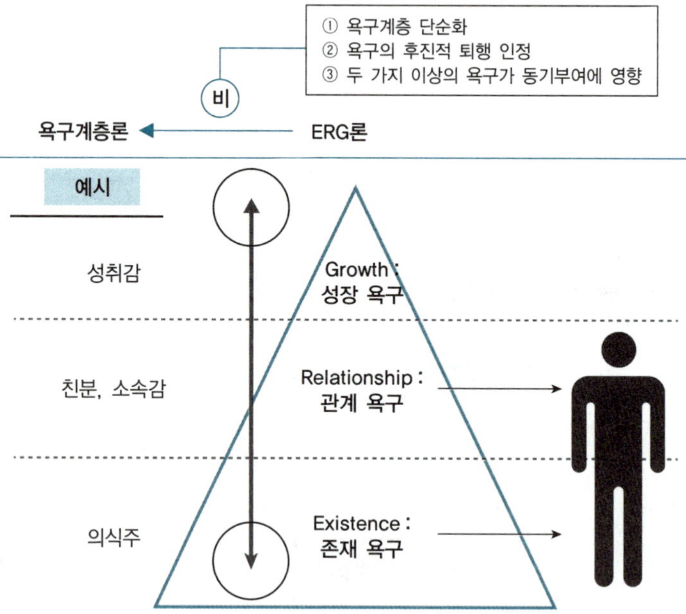 ① 욕구계층 단순화 ② 욕구의 후진적 퇴행 인정 ③ 두 가지 이상의 욕구가 동기부여에 영향 비 욕구계층론 ← ERG론 예시 성취감 — Growth : 성장 욕구 친분, 소속감 — Relationship : 관계 욕구 의식주 — Existence : 존재 욕구
주요 내용	• 인간의 욕구를 세 가지로 단순화 • 매슬로우는 다섯 가지 욕구 중에서 가장 우세한 하나의 욕구가 행동을 유발한다고 주장했으나, 앨더퍼는 두 가지 이상의 욕구가 복합적으로 작용해 행동을 야기한다고 주장 • 매슬로우는 욕구를 충족할 때 최하층 욕구에서 최상층 욕구를 만족시키는 과정을 제시했으나, 앨더퍼는 욕구 좌절로 인한 퇴행을 언급 → 욕구 발로의 후진적 퇴행(좌절·퇴행법)

---

03 앨더퍼(C. Alderfer)의 ERG이론은 머슬로의 욕구 5단계이론과 달리, 욕구 추구는 [O][X]
분절적으로 일어날 수도 있지만, 두 가지 이상의 욕구를 동시에 추구하기도 한다고
주장하였다. 2019 7급 서울시 추가

04 앨더퍼(C. Alderfer)의 ERG이론은 인간의 욕구를 계층화한 점에서는 머슬로(A. [O][X]
Maslow)와 공통된 견해를 지니고 있다. 2023 행정사

◆ **허즈버그(Herzberg)의 욕구충족요인이원론**

틀잡기	욕구충족요인이원론	만족요인(동기요인) : 충족시 만족이나 동기부여 촉진, 직무자체, 상위욕구(존 · 자) 불만족요인(위생요인) : 충족시 불만 감소, 직무환경, 하위욕구(생 · 안 · 사)
만족요인과 불만요인	**만족요인**	성취감(자아실현), 책임감, 안정감, 자기존중감, 상사의 인정, 승진(승진으로 인해 일에 대한 책임감 제고), 직무 자체에 대한 보람, 성장 및 발전 등
	불만족요인	대인관계, 작업조건, 조직의 방침과 관행(조직정책), 임금(보수), 지위, 상관의 감독방식, 신분보장 등

05 욕구충족요인이원론에서 위생요인은 주로 생리적 욕구, 안전욕구 등을 만족시키는 요인들이다. 2021 행정사 ☐○☐✕

06 욕구충족요인이원론에서 모든 욕구는 충족되면 동기부여로 이어진다. 2021 행정사 ☐○☐✕

07 인정감은 욕구충족요인이원론에서 허즈버그(Herzberg)가 제시한 위생요인에 해당한다. 2020 행정사 ☐○☐✕

08 보수는 욕구충족요인이원론에서 허즈버그(Herzberg)가 제시한 동기요인에 해당한다. 2016 행정사 ☐○☐✕

02 매슬로우에 따르면 근로자는 하위욕구가 어느 정도 충족되어야 상위욕구를 추구하기 시작한다고 봄

03 앨더퍼에 따르면 욕구 추구는 하위욕구부터 순차적으로 일어날 수도 있지만, 인간은 두 가지 이상의 욕구를 동시에 추구하기도 함

04 앨더퍼는 인간의 욕구를 존재, 관계, 성장욕구로 분류했으며, 머슬로는 생리적 욕구, 안전욕구, 사회적 욕구, 존경에 대한 욕구, 자아실현 욕구로 구분함

05 위생요인은 주로 하위욕구, 즉 생리적 욕구, 안전욕구 등을 만족시키는 요인임

06 허즈버그에 따르면 동기요인을 충족하면 동기부여로 이어심(위생요인은 불만족 감소)

07 직무수행에 기인한 상사로부터의 인정감은 위생요인이 아니라 만족요인에 해당함

08 보수는 욕구충족요인이원론에서 허즈버그가 제시한 위생요인에 해당힘

Answer
02 ✕   03 ○   04 ○   05 ○   06 ✕   07 ✕   08 ✕

09 허즈버그(Herzberg)의 욕구충족요인이원론은 동기부여 과정이론에 해당한다. ○○×
2018 행정사

10 허즈버그(Herzberg)에 의하면, 만족의 반대는 불만족이 아니고 만족이 없는 상태이 ○○×
며, 불만족의 반대는 만족이 아니라 불만족이 없는 상태라고 한다. **2011 경찰간부**

11 허즈버그(Herzberg)의 욕구충족요인이원론에서 불만요인은 개인의 불만족을 방지 ○○×
하는 효과를 가져오는 요인으로서 충족되면 만족감을 갖게 되어 동기가 유발된다.
2016 7급 서울시

12 허즈버그(Herzberg)의 욕구충족요인이원론에서 원만한 대인관계를 유지하는 것은 ○○×
동기요인과 관계가 깊다. **2010 9급 국가직**

13 허즈버그(Herzberg)의 욕구충족요인이원론에 따르면 보수는 매우 중요한 동기요인 ○○×
이다. **2013 7급 서울시**

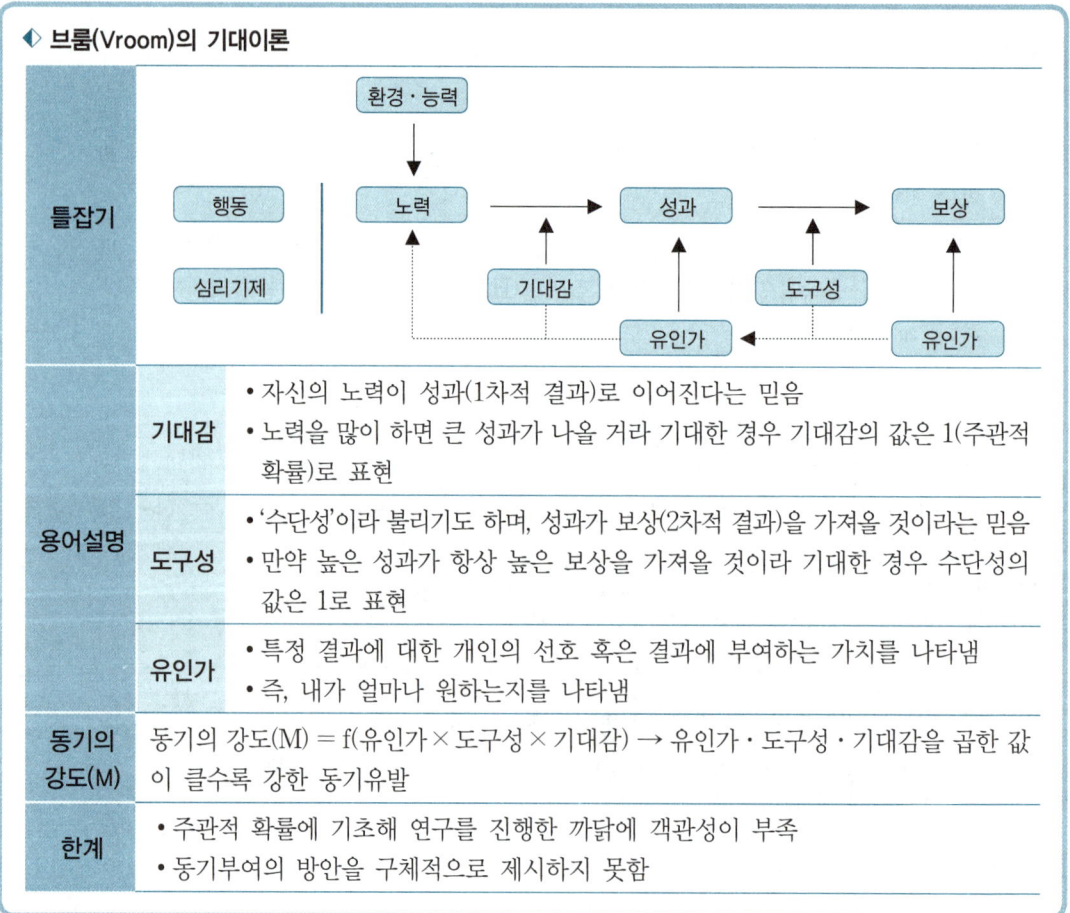

◆ **브룸(Vroom)의 기대이론**

틀잡기		(환경·능력 → 노력 → 성과 → 보상, 행동, 심리기제, 기대감, 도구성, 유인가, 유인가)
용어설명	기대감	• 자신의 노력이 성과(1차적 결과)로 이어진다는 믿음 • 노력을 많이 하면 큰 성과가 나올 거라 기대한 경우 기대감의 값은 1(주관적 확률)로 표현
	도구성	• '수단성'이라 불리기도 하며, 성과가 보상(2차적 결과)을 가져올 것이라는 믿음 • 만약 높은 성과가 항상 높은 보상을 가져올 것이라 기대한 경우 수단성의 값은 1로 표현
	유인가	• 특정 결과에 대한 개인의 선호 혹은 결과에 부여하는 가치를 나타냄 • 즉, 내가 얼마나 원하는지를 나타냄
동기의 강도(M)		동기의 강도(M) = f(유인가 × 도구성 × 기대감) → 유인가·도구성·기대감을 곱한 값이 클수록 강한 동기유발
한계		• 주관적 확률에 기초해 연구를 진행한 까닭에 객관성이 부족 • 동기부여의 방안을 구체적으로 제시하지 못함

14 브룸(Vroom)의 기대이론은 동기부여이론 중 과정이론에 해당한다. 2018 행정사 ○×

15 브룸(Vroom)의 기대이론에서 '유의성'은 개인의 행동이 일정 수준 이상의 성과를 가져올 것이라는 믿음이다. 2021 경정승진 ○×

16 브룸(Vroom)의 기대이론에서 기대감은 특정 결과는 특정한 노력으로 인해 나타날 수 있다는 가능성에 대한 개인의 신념으로 통상 주관적 확률로 표시된다. 2021 9급 국가직 ○×

PART

03

09 허즈버그의 욕구총족요인이원론은 동기부여 내용이론에 해당함

10 허즈버그는 불만족과 만족을 다른 차원의 개념으로 간주함

11 허즈버그의 욕구충족요인이원본에서 불민요인는 개인의 분만족을 바지하는 효과를 가져오는 요인이며, 동기요인이 충족되면 만족감을 갖게 되어 동기가 유발됨

12 허즈버그의 욕구충족요인이원론에서 원만한 대인관계를 유지하는 것은 위생요인임

13 허즈버그의 욕구충족요인이원론에 따르면 보수는 위생요인에 해당함

14 브룸의 기대이론은 동기부여이론 중 인간의 동기부여 과정을 구조화한 과징이론에 해당함

15 선지는 기대감에 대한 내용임, 유인기는 성과 혹은 보상에 대한 선호를 의미함

16 브룸에 따르면 기대감은 특정한 노력으로 성과를 달성할 수 있다는 주관직인 믿음임

Answer
09 × 　　10 ○ 　　11 × 　　12 × 　　13 × 　　14 ○ 　　15 × 　　16 ○

조직이론 : 조직이론의 전개를 중심으로

◆ **왈도의 조직이론 분류**

구분	고전적 조직이론	신고전적 조직이론	현대적 조직이론
초점	조직구조	인간	환경
행정이론	관리주의	인간관계론	생태론·비교행정론·체제론 등
조직관	폐쇄체제	폐쇄체제	개방체제
행정이념	기계적 능률성	사회적 능률성	가치의 다원화
인간관	경제적·합리적 인간	사회·심리적 인간	• 자아실현인(심리적 존재) • 복잡인
조직구조	공식적·합리적 구조	비공식적 구조	동태적·유기적 구조

01 신고전적 조직이론은 호손실험연구 등을 포함한 인간관계학파가 대표적이다. ○╳

2021 9급 국회직

02 고전적 조직이론은 과학적 관리론과 관료제 등이 대표적이다. **2021 9급 국회직** ○╳

03 신고전적 조직이론은 인간의 조직 내 사회적 관계와 더불어 조직과 환경의 관계를 ○╳
중점적으로 다루었다. **2014 9급 국가직**

04 신고전적 조직이론은 조직 내 사회적 능률을 강조하고, 조직의 비공식적 구조나 요 ○╳
인에 초점을 둔다. **2022 7급 국가직**

05 현대적 조직이론은 환경과 상호작용하는 개방적·동태적·유기적 조직을 강조한다. ○╳

2022 7급 국가직

06 현대적 조직이론은 조직발전을 위해 조직의 변동과 갈등을 전적으로 억제한다. ○╳

2024 행정사

07 고전적 조직이론은 공조직과 사조직의 관리는 완전히 다르다는 공사행정이원론에 ○|×
입각하고 있다. 2015 9급 국회직

08 고전적 조직이론은 연대적으로 19세기말부터 1930년대까지 나타난 조직이론들을 ○|×
지칭한다. 2013 경찰간부

09 신고전적 조직이론은 메이요(Mayo) 등에 의한 호손(Hawthorne) 공장 실험에서 시 ○|×
작되었다. 2015 9급 지방직

10 신고전적 조직이론은 계층적 구조와 분업을 중시한다. 2015 9급 서울시 ○|×

01 신고전적 조직이론은 관리주의를 비판하면서 등장한 인간주의를 뜻함

02 과학적 관리론과 관료제 등은 관리주의를 상징하는 바 고전적 조직이론에 해당함

03 신고전적 조직이론은 행정이론에서 인간관계론을 의미함; 인간관계론은 조직의 생산성 제고를 위해 사회심리적
요인의 중요성을 강조했으나, 조직 외부의 환경적 요인은 고려하지 못했다는 점에서 관리주의와 공통점을 지니
고 있음

04 신고전적 조직이론은 '인간관계론'이므로 올바른 선지임

05 왈도에 따르면 현대적 조직이론은 개방체제 관점이므로 올바른 선지임

06 현대적 조직이론은 조직변화를 강조함

07 고전적 조직이론은 공사행정일원론에 입각하고 있음

08 고전적 조직이론은 관리주의를 의미하므로 올바른 선지임

09 신고전적 조직이론은 '인간관계론'이므로 올바른 선지임

10 고전적 조직이론에 대한 내용임

Answer

| 01 ○ | 02 ○ | 03 × | 04 ○ | 05 ○ | 06 × | 07 × | 08 ○ | 09 ○ | 10 × |

행정사
최욱진 행정학개론

인사행정

인사행정의 기초

◆ 인사행정제도 : 엽관주의

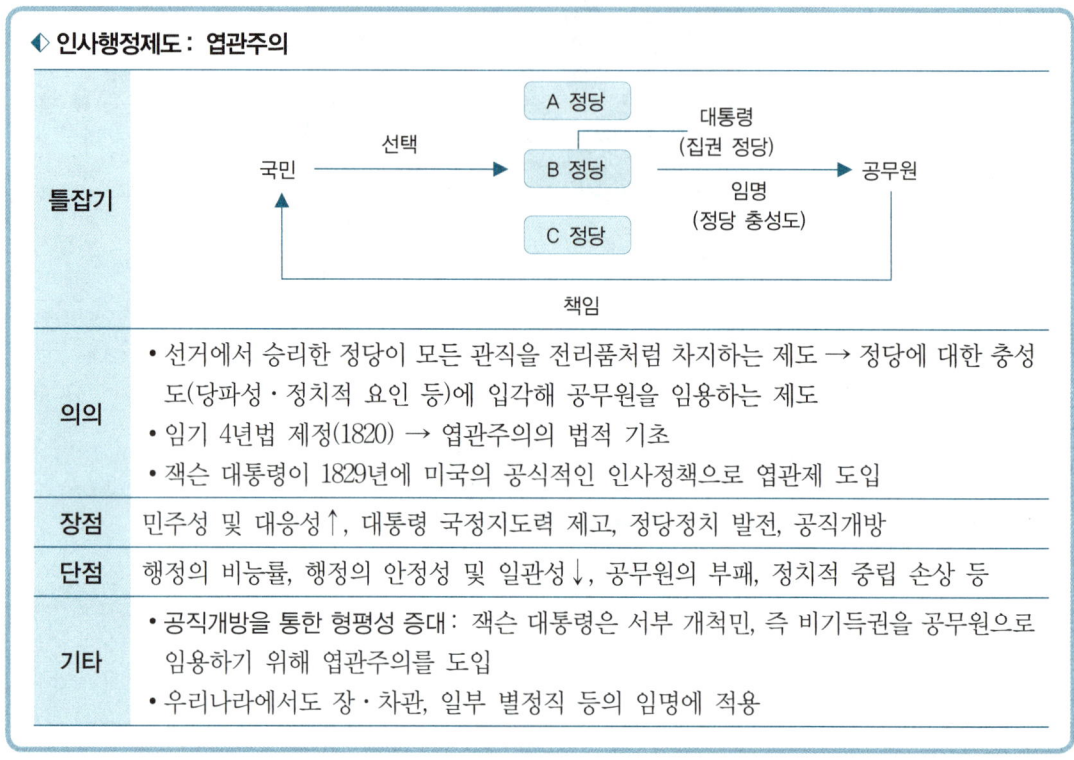

틀잡기	(그림)
의의	• 선거에서 승리한 정당이 모든 관직을 전리품처럼 차지하는 제도 → 정당에 대한 충성도(당파성·정치적 요인 등)에 입각해 공무원을 임용하는 제도 • 임기 4년법 제정(1820) → 엽관주의의 법적 기초 • 잭슨 대통령이 1829년에 미국의 공식적인 인사정책으로 엽관제 도입
장점	민주성 및 대응성↑, 대통령 국정지도력 제고, 정당정치 발전, 공직개방
단점	행정의 비능률, 행정의 안정성 및 일관성↓, 공무원의 부패, 정치적 중립 손상 등
기타	• 공직개방을 통한 형평성 증대 : 잭슨 대통령은 서부 개척민, 즉 비기득권을 공무원으로 임용하기 위해 엽관주의를 도입 • 우리나라에서도 장·차관, 일부 별정직 등의 임명에 적용

01 엽관주의는 당파성이나 정치적 요인을 기준으로 공직임용이 이루어진다. **2018 행정사** ☐○☐✕

02 엽관주의는 공직 경질을 통하여 관료의 특권화와 침체화를 방지할 수 있다. **2005 9급 경북** ☐○☐✕

03 펜들턴법과 4년 임기법으로 미국의 엽관주의가 더욱 강화되었다. **2009 9급 국회직** ☐○☐✕

04 우리나라는 엽관주의적 성격의 공직임용을 허용하지 않고 있다. **2018 행정사** ☐○☐✕

◆ 인사행정제도 : 실적주의

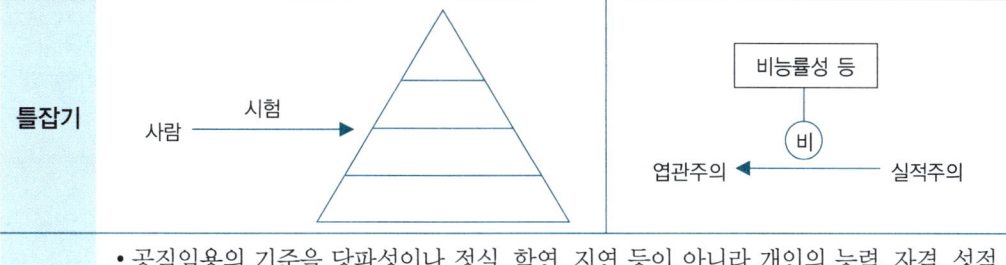

틀잡기	
의의	• 공직임용의 기준을 당파성이나 정실, 학연, 지연 등이 아니라 개인의 능력, 자격, 성적에 둠 → 능력과 자격을 객관적으로 측정·분석해 그 결과에 따라 인력을 충원 • 엽관주의의 병폐를 극복하기 위해 도입 → 가장 직접적인 원인
주요 내용	**미국 펜들턴법(1883)** • 능력 위주의 공정한 인사를 전담할 수 있는 초당적·독립적 인사위원회 설치 → 연방중앙인사위원회 • 공개경쟁채용시험 → 행정학 등 전문과목 위주의 시험 • 제대군인 임용 시 특혜 부여 • 공무원의 정치자금 헌납, 정치활동의 금지 → 정치적 중립(공정성↑ but 대응성↓) • 민간과 정부 간의 폭넓은 인사교류 인정 → 개방형 실적주의

05 실적주의는 개인의 능력이나 실적을 기준으로 임용한다. 2019 행정사 　 ◯ ✕

06 실적주의는 국민에 대한 관료의 대응성을 높일 수 있다는 장점이 있다. 2014 9급 국가직 　 ◯ ✕

01 엽관주의는 정당에 대한 충선도, 즉 당파성이나 정치적 요인을 기준으로 공무인을 채용함

02 엽관주의는 공무원의 신분보장을 하지 않으므로 공직 경질을 통하여 관료의 특권회의 침체회를 방지할 **수** 있음

03 펜들턴법은 실적주의에 해당하는 내용임

04 우리나라는 장·차관급 등 주요 고위직에 엽관주의적 인사를 허용하고 있음

05 실적주의는 개인의 능력이나 실적, 즉 시험성적 등을 기준으로 공무원을 임용함

06 일반적으로 관료의 내응성을 높일 수 있는 인사행정세노는 엽관수의 혹은 대표관료제임

Answer

01 ◯　　02 ◯　　03 ✕　　04 ✕　　05 ◯　　06 ✕

◆ 인사행정제도 : 직업공무원제

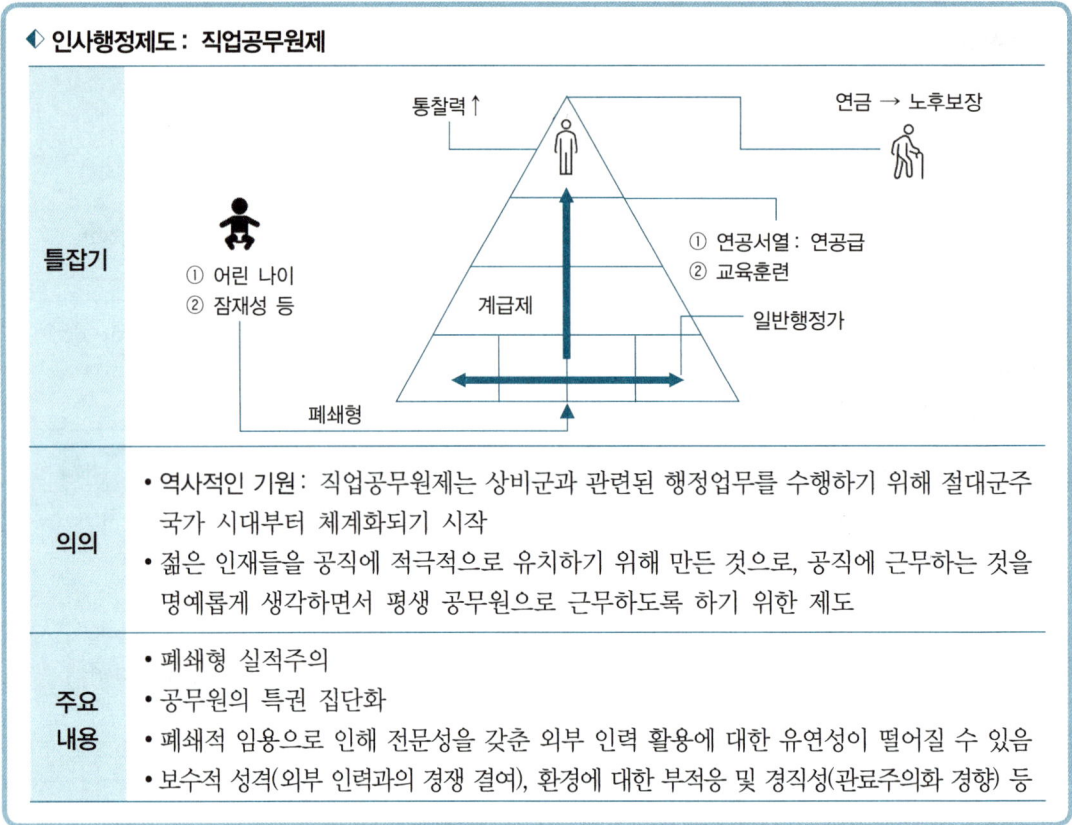

틀잡기	(그림 생략)
의의	• 역사적인 기원 : 직업공무원제는 상비군과 관련된 행정업무를 수행하기 위해 절대군주 국가 시대부터 체계화되기 시작 • 젊은 인재들을 공직에 적극적으로 유치하기 위해 만든 것으로, 공직에 근무하는 것을 명예롭게 생각하면서 평생 공무원으로 근무하도록 하기 위한 제도
주요 내용	• 폐쇄형 실적주의 • 공무원의 특권 집단화 • 폐쇄적 임용으로 인해 전문성을 갖춘 외부 인력 활용에 대한 유연성이 떨어질 수 있음 • 보수적 성격(외부 인력과의 경쟁 결여), 환경에 대한 부적응 및 경직성(관료주의화 경향) 등

07 직업공무원제도는 계급제, 일반능력자 중심의 임용, 신분보장 등을 토대로 한다. ○×
2021 행정사

08 직업공무원제도는 일반행정가보다는 전문행정가 양성을 목표로 한다. 2022 행정사 ○×

09 직업공무원제도는 폐쇄적 임용으로 인해 공직분위기의 침체를 야기할 수 있다. ○×
2022 행정사

10 직업공무원제는 젊고 우수한 인재가 공직을 직업으로 선택해 일생을 바쳐 성실히 ○×
근무하도록 운영하는 인사제도이다. 2019 9급 지방직

11 직업공무원제는 폐쇄적 임용을 통해 공무원집단의 보수화를 예방하고 전문행정가 ○×
양성을 촉진한다. 2019 9급 지방직

12 직업공무원제는 대체로 실적주의를 전제로 하며, 전문가주의를 지향하고 있다. ○×
2009 9급 지방직

◆ 인사행정제도 : 대표관료제

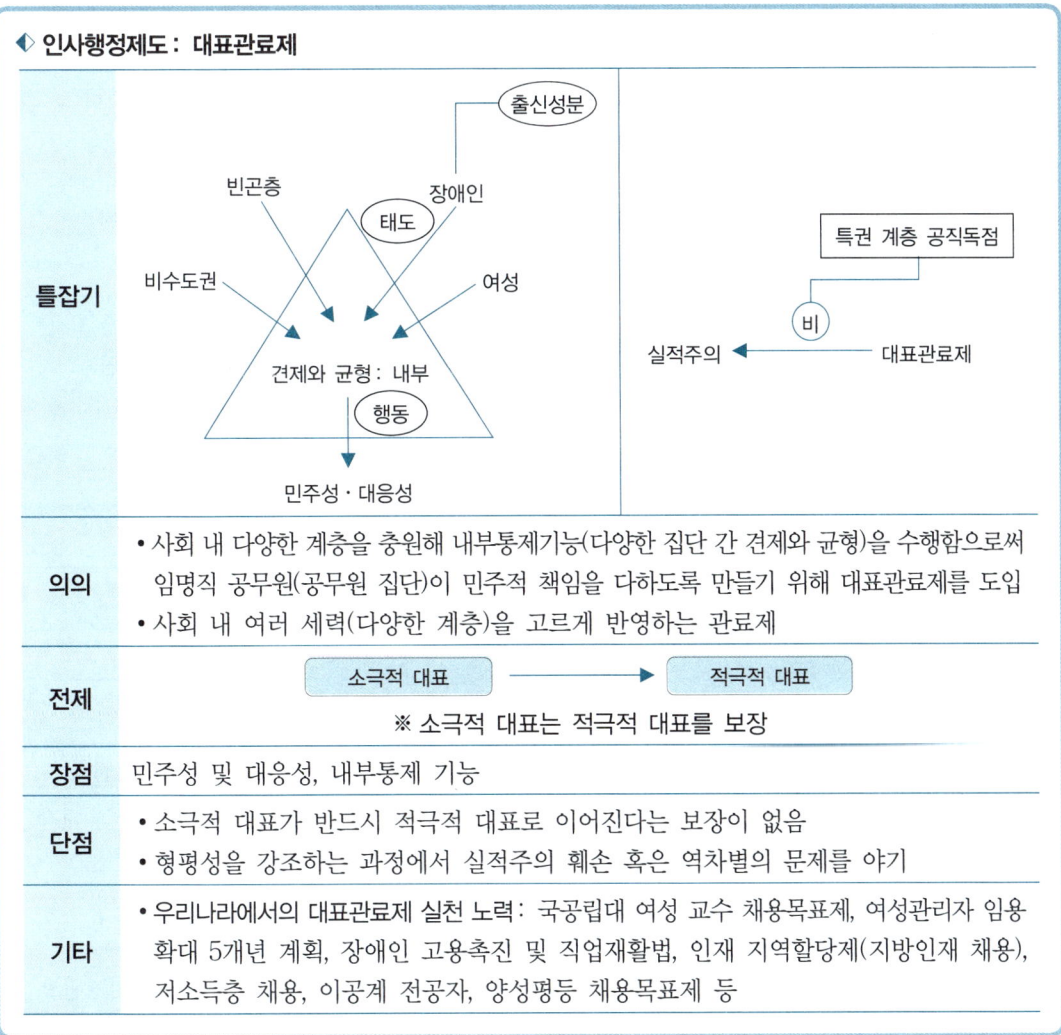

틀잡기	(diagram)
의의	• 사회 내 다양한 계층을 충원해 내부통제기능(다양한 집단 간 견제와 균형)을 수행함으로써 임명직 공무원(공무원 집단)이 민주적 책임을 다하도록 만들기 위해 대표관료제를 도입 • 사회 내 여러 세력(다양한 계층)을 고르게 반영하는 관료제
전제	소극적 대표 ──▶ 적극적 대표 ※ 소극적 대표는 적극적 대표를 보장
장점	민주성 및 대응성, 내부통제 기능
단점	• 소극적 대표가 반드시 적극적 대표로 이어진다는 보장이 없음 • 형평성을 강조하는 과정에서 실적주의 훼손 혹은 역차별의 문제를 야기
기타	• 우리나라에서의 대표관료제 실천 노력 : 국공립대 여성 교수 채용목표제, 여성관리자 임용 확대 5개년 계획, 장애인 고용촉진 및 직업재활법, 인재 지역할당제(지방인재 채용), 저소득층 채용, 이공계 전공자, 양성평등 채용목표제 등

07 직업공무원제도는 계급제, 일반능력자 중심의 임용, 신분보장, 폐쇄형 등을 토대로 함

08 직업공무원제도는 폐쇄형·일반행정가·정년보장을 특징으로 하는 인사행정제도임

09 직업공무원제도는 외부의 전문가를 조직의 중간 계층에 충원하지 않는 바 공직분위기 침체를 야기할 수 있음

10 직업공무원제는 어리고 잠재성 있는 인재가 공직을 직업으로 선택해 일생을 바쳐 성실히 근무하도록 운영하는 인사행정제도임

11 직업공무원제는 폐쇄적 임용으로 인해 공무원집단이 보수화되고, 전문행정가의 양성을 저해할 수 있음 → 직업 공무원제도는 일반행정가 양성에 기여함

12 직업공무원제는 대체로 실적주의를 전제로 하며, 일반행정가주의를 지향하고 있음

Answer
07 ○　　08 ×　　09 ○　　10 ○　　11 ×　　12 ×

13 대표관료제는 국민에 대한 대응성과 공직임용의 사회적 형평성을 제고시키려는 목 적을 지닌 제도이다. 2021 행정사   ○│✕

14 대표관료제는 공직사회 내부 구성원 상호 간 견제를 통하여 내적 통제를 강화한다. ○│✕
2017 행정사

15 대표관료제는 최근 우리나라 공공부문에 도입된 제도로서 다양한 계층의 공직진출 ○│✕
을 확대하기 위한 방안으로 양성평등채용목표제, 장애인의무고용제, 지역인재추천 채용제 등을 실시하고 있다. 2014 행정사

◆ **중앙인사기관의 유형**

	구분	합의적	단독적
틀잡기	**독립성**	독립형 합의제(위원회형)	독립형 단독제(절충형)
	비독립성	비독립형 합의제(절충형)	비독립형 단독제(부처형)
각 유형별 예시	**독립 합의형**	1883년 펜들턴(Pendleton)법에 의해 창설한 미국의 연방인사위원회	
	비독립 단독형	미국의 인사관리처(OPM), 일본의 총무청 인사국(총무성), 영국의 내각 사무처, 공무원 장관실, 한국의 인사혁신처 등	
	비독립 합의형	• 과거 우리나라의 중앙인사위원회, 소청심사위원회, 미국의 연방 노동 관계청(FLRA) • 우리나라의 중앙인사위원회(김대중 정권)는 합의제 중앙인사기관으로 1999년부터 2008년까지 존속	
	독립 단독형	—	

16 인사혁신처는 인사행정의 공정성을 제고하기 위한 독립합의형 대통령 직속기관이다. ○│✕
2022 행정사

17 비독립단독형 중앙인사기관은 인사정책의 결정이 지나치게 지연되는 경우가 많다. ○│✕
2012 8급 국회직

18 1948년 정부수립 이후 우리나라 중앙인사기관은 비독립단독제 형태를 유지하여 오 ○ ⊠
고 있다. **2024 행정사**

19 중앙인사기관은 행정수반으로부터의 독립성과 다수 위원들의 협의에 의한 의사결 ○ ⊠
정을 하는 합의성 등을 기준으로 유형화할 수 있다. **2024 행정사**

13 대표관료제는 다양한 계층을 고르게 충원하므로 국민에 대한 대응성과 공직임용의 사회적 형평성을 제고시키려
는 복적을 지닌 제도임

14 대표관료제는 다양한 계층을 고르게 충원하는 바 공직사회 내부 구성원 상호 간 견제를 통하여 내적 통제를 강
화할 수 있음

15 대표관료제는 최근 우리나라 공공부문에 도입된 제도로서 다양한 계층의 공직진출을 확대하기 위한 방안임 → 대
표관료제는 우리나라에서 균형인사정책으로 불림

16 인사혁신처는 비독립·단독형이며, 국무총리 소속이다.

17 선지는 독립합의형 위원회형의 단점에 해당함 → 위원회형은 다수의 합의를 지향하기 때문에 인사정책의 결정이
지나치게 지연되는 경우가 많음

18 1999년에 설치(김대중 정권)되었던 중앙인사위원회는 비독립합의형 중앙인사기관임

19 중앙인사기관은 행정부 소속 여부(독립성 여부)와 의사결정방식(단독형 여부)에 따라 구분됨

Answer

13 ○	14 ○	15 ○	16 ✕	17 ✕	18 ✕	19 ○

공직구조의 형성

◆ 계급제와 직위분류제

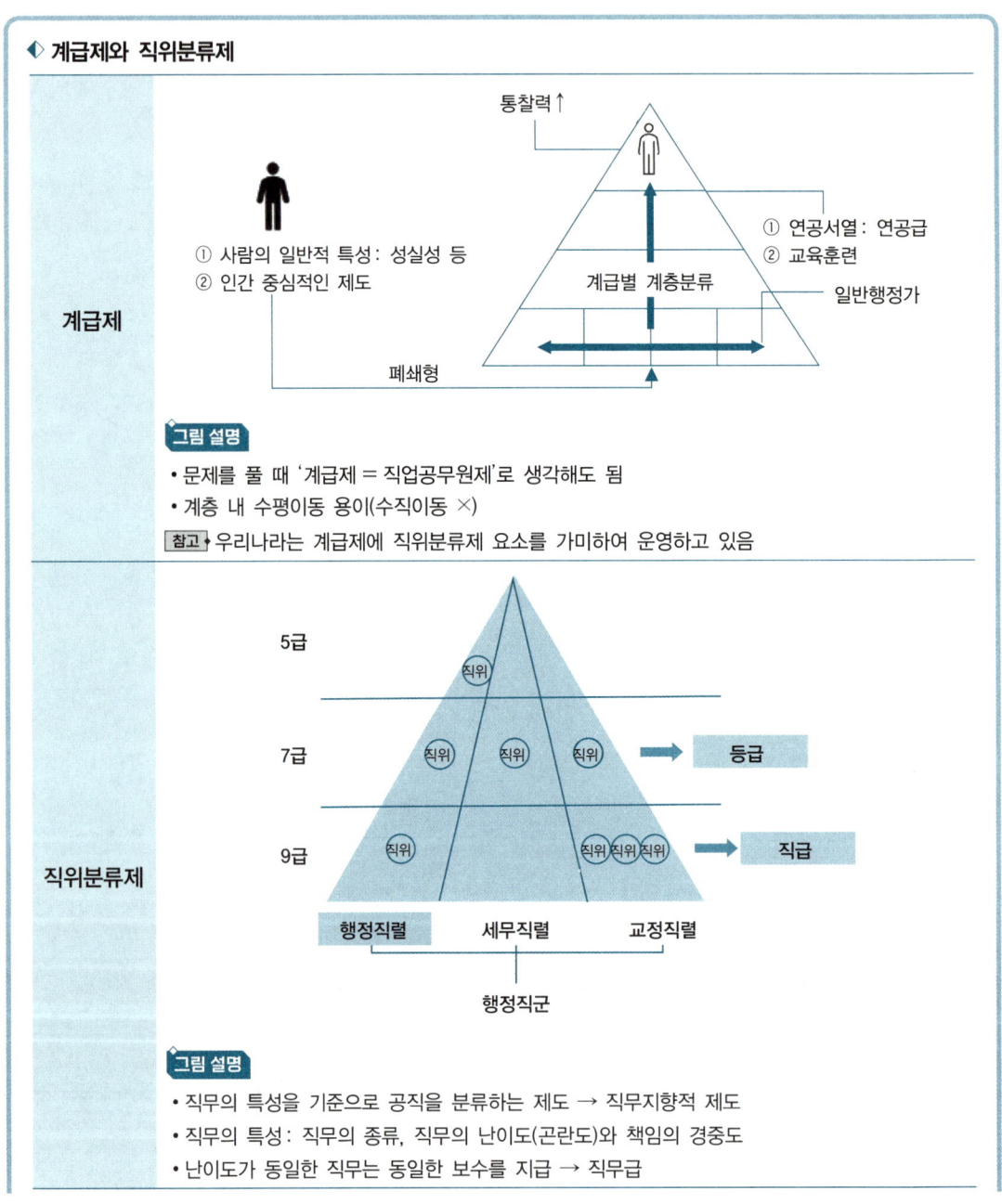

계급제

① 사람의 일반적 특성 : 성실성 등
② 인간 중심적인 제도

통찰력 ↑

계급별 계층분류

① 연공서열 : 연공급
② 교육훈련

일반행정가

폐쇄형

그림 설명
• 문제를 풀 때 '계급제 = 직업공무원제'로 생각해도 됨
• 계층 내 수평이동 용이(수직이동 ×)

참고 ▶ 우리나라는 계급제에 직위분류제 요소를 가미하여 운영하고 있음

직위분류제

5급
7급 → 등급
9급 → 직급

행정직렬　세무직렬　교정직렬

행정직군

그림 설명
• 직무의 특성을 기준으로 공직을 분류하는 제도 → 직무지향적 제도
• 직무의 특성 : 직무의 종류, 직무의 난이도(곤란도)와 책임의 경중도
• 난이도가 동일한 직무는 동일한 보수를 지급 → 직무급

직위분류제 구성개념	구분	일의 종류	난이도 · 책임도		직위		직무가 부여된 자리
	직렬	유사	상이	(직렬 →)		직류	직렬의 세분화
	직급	유사	유사			직군	유사한 직렬의 묶음
	등급	상이	유사				

01 계급제는 사람의 특성에 따라, 직위분류제는 직무의 특성에 따라 공직을 분류한다. ☐○☐✕
2016 행정사

02 계급제는 공무원의 신분보장과 직업공무원제 확립에 유리하며, 직위분류제는 인력 ☐○☐✕
활용의 융통성을 높여 준다. 2016 행정사

03 계급제는 공무원 간의 협력이 원활하게 이루어지기 어렵다. 2014 7급 서울시 ☐○☐✕

04 계급제 하에서 인적자원의 이동은 수평적·탄력적으로 이루어지지만, 직위분류제 ☐○☐✕
하에서는 수평적 이동이 곤란하다. 2021 경정승진

05 직위분류제는 계급제에 비해 인사관리의 탄력성과 신축성 확보가 유리하다. 2025 행정사 ☐○☐✕

01 계급제는 사람의 일반적 특성에 따라, 직위분류제는 직무의 특성에 따라 공직체계를 분류함

02 계급제는 공무원의 신분보장과 직업공무원제 확립에 유리하며, 인력활용의 융통성을 높여줌
※ 직위분류제는 전문행정가를 지향하므로 조직 내 인력활용의 융통성이 계급제에 비해 부족함

03 계급제는 일반행정가를 지향하는 바 공무원 간의 협력이 원활하게 이루어지기 용이함

04 계급제는 일반행정가를 지향하므로 인적자원의 이동이 수평적·탄력적으로 이루어지지만, 직위분류제는 전문행
정가를 추구하는 바 인적자원의 수평적 이동이 곤란함

05 선지는 계급제에 대한 내용임 → 직위분류제는 전문행정가를 지향하므로 수평이동이 어려움

Answer
01 ○   02 ×   03 ×   04 ○   05 ×

06 직위분류제는 장기적인 발전 가능성이나 잠재력을 중시하는 직업공무원제의 수립에 유용하다. 2017 행정사 ○ ✕

07 우리나라는 직위분류제를 근간으로 하면서 계급제적 요소를 부분적으로 도입하고 있다. 2016 행정사 ○ ✕

08 직무급은 직무가 지니는 상대적 가치를 평가하여 임금을 결정하는 보수체계이다. 2019 행정사 ○ ✕

09 직위분류제는 동일 노무에 대한 동일 보수를 지급하는 보수 체계의 형평성을 확보할 수 있다. 2025 행정사 ○ ✕

10 우리나라 「국가공무원법」에는 직위분류제 주요 구성개념인 '직위, 직군, 직렬, 직류, 직급' 등이 제시되어 있다. 2019 9급 서울시 ○ ✕

11 직군은 동일 직렬 내에서 담당 직책이 유사한 직무의 군이다. 2016 9급 국가직 ○ ✕

12 직무의 종류는 유사하나 곤란성과 책임도의 정도가 상이한 직급의 군은 직렬이다. 2014 경찰간부 ○ ✕

13 직군(職群)이란 직무의 종류, 곤란성과 책임도가 상당히 유사한 직위의 군을 말한다. 2023 행정사 ○ ✕

◈ 우리나라의 개방형 제도

	구분	고위공무원단 직위	과장급 직위
틀잡기	**개방형 직위** 〈공무원 vs 민간인〉	20%	20%
	경력개방형 직위 〈민간인 vs 민간인〉	소속 장관은 개방형 직위 중 특히 공직 외부의 경험과 전문성을 적극 활용할 필요가 있는 직위를 공직 외부에서만 적격자를 선발하는 경력개방형 직위로 지정할 수 있음	
	공모 직위 〈공무원 vs 공무원〉	30%	20%

14 개방형 직위는 해당 기관 내·외부의 공무원 중에서 직무수행 적격자를 선발·임용하는 제도이다. **2018 행정사** ○ ☒

15 고위공무원단은 고위직의 개방을 확대하고 경쟁을 촉진하기 위한 제도이다. **2022 행정사** ○ ☒

---

06 계급제는 장기적인 발전 가능성이나 잠재력을 중시하는 직업공무원제의 수립에 유용함

07 우리나라는 계급제를 근간으로 하면서 직위분류제적 요소를 부분적으로 도입하고 있음

08 직무급은 직무의 난이도를 토대로 임금을 결정하는 보수체계임

09 직위분류제는 동일한 난이도의 직무에 대해 동일한 급여를 지급하므로 보수체계의 형평성을 확보할 수 있음

10 직위분류제 구성개념은 우리나라 국가공무원법에 명시되어 있음

11 직류는 동일 직렬 내에서 남상 직책이 뮤시한 직무의 군임

12 국가공무원법 제5조 【정의】 이 법에서 사용하는 용어의 뜻은 다음과 같다.
8. "직렬(職列)"이란 직무의 종류가 유사하고 그 책임과 곤란성의 정도가 서로 다른 직급의 군을 말한다.

13 선지는 직급에 대한 내용임 → 직군은 유사한 직렬의 묶음을 의미함

14 공모직위는 해당 기관 내·외부의 공무원 중에서 직무수행 적격자를 선발·임용하는 제도임
※ 개방형 직위 : 공무원과 민간 경력지 중에서 직무수행 적격자를 선발·임용하는 제도

15 고위공무원단은 직위분류제를 적용하는 과정에서 도입한 제도임

Answer

06 ×	07 ×	08 ○	09 ○	10 ○	11 ×	12 ○	13 ×	14 ×	15 ○

◆ **우리나라 공무원의 종류**

		국가직	지방직	고위공무원단 (국가직)
경력직		일반직	일반직	○
		특정직	특정직	○
특수경력직		정무직	정무직	×
		별정직	별정직	○

실적주의·직업공무원제 적용 — Y (경력직) / N (특수경력직)

국가직	일반직	감사원 사무차장, 국회전문위원
	특정직	법관, 검사, 외무공무원, 경찰공무원, 소방공무원, 교육공무원, 군인, 군무원, 헌법재판소 헌법연구관, 국가정보원의 직원, 경호공무원과 특수 분야의 업무를 담당하는 공무원
	정무직	감사원장, 감사위원, 감사원 사무총장, 대통령, 국회의원 등
	별정직	국회 수석전문위원, 국회의원 보좌관 등
지방직	일반직	지방의회 전문위원(별정직으로 임용 가능)
	특정직	공립대학 및 전문대학에 근무하는 교육공무원, 교육감 소속의 교육전문직원 및 자치경찰공무원과 그 밖에 특수 분야의 업무를 담당하는 공무원
	정무직	자치단체의 장, 지방의회의원 등
	별정직	도지사의 비서 등
고공단 (국가직)		• 직무등급에 따른 분류: 가급 혹은 나급 • 고공단에는 광역지자체 행정부단체장 및 부교육감이 포함 • 감사원과 서울특별시는 고공단 제도 적용× • 임명권자: 대통령(원칙)

16 특수경력직 공무원은 특정직 공무원과 정무직 공무원으로 구성된다. 2016 9급 국회직　○｜×

17 감사원 사무차장은 특수경력직 공무원에 포함된다. 2020 행정사　○｜×

18 경력직 공무원은 실적과 자격에 의해 임용되며 신분이 보장된다. 2024 행정사　○｜×

19 선거에 의해 취임하는 공무원은 경력직 공무원이다. 2024 행정사 ○ ×

20 고위공무원단에 소속된 공무원은 계급이 없는 대신 담당직무의 등급에 따라 그 지 위가 결정된다. 2016 행정사 ○ ×

---

16 특수경력직 공무원은 별정직 공무원과 정무직 공무원으로 구성됨

17 감사원 사무차장은 경력직 공무원에 포함됨(경력직 공무원 중 일반직 공무원)

18 경력직 공무원은 실적주의와 직업공무원제도의 적용을 받는 공무원임 → 즉, 실적과 자격에 의해 임용되고 직업 공무원제도의 적용을 받아 정년이 보장됨

19 선거에 의해 취임하는 공무원은 정무직 공무원이며, 정무직 공무원은 특수경력직에 해당함

20 고위공무원단은 직무등급에 따라 가급과 나급으로 구분됨

Answer

16 ×   17 ×   18 ○   19 ×   20 ○

공무원 임용 및 능력 발전

◆ **시보 : 임시보직**

개념	• 정식으로 공무원을 임용하기 전에 임용 예정 부처에서 공직 적격성을 검증받는 것 → 교육훈련과정 • 일반적으로 시보 공무원 기간이 종료되면 임명과 초임 보직이 이루어짐 • 정규 공무원과 동일한 신분보장×
법령	국가공무원법 제29조【시보 임용】① 5급 공무원을 신규 채용하는 경우에는 1년, 6급 이하의 공무원을 신규 채용하는 경우에는 6개월간 각각 시보(試補)로 임용하고 그 기간의 근무성적·교육훈련성적과 공무원으로서의 자질을 고려하여 정규 공무원으로 임용한다. ③ 시보 임용 기간 중에 있는 공무원이 근무성적·교육훈련성적이 나쁘거나 이 법 또는 이 법에 따른 명령을 위반하여 공무원으로서의 자질이 부족하다고 판단되는 경우에는 제68조와 제70조에도 불구하고 면직시키거나 면직을 제청할 수 있다.

01 시보 공무원은 일종의 교육훈련 과정으로 교육에만 전념할 수 있도록 정규 공무원 과 동일하게 공무원 신분을 보장한다. **2013 행정사** ☐○☐✕

02 「국가공무원법」에 의하면 공무원의 시보기간은 3개월이다. **2020 행정사** ☐○☐✕

03 시보 공무원은 공무원법상 공무원에 해당하기 때문에 시보기간 동안에도 직위를 맡 을 수 있다. **2020 7급 군무원** ☐○☐✕

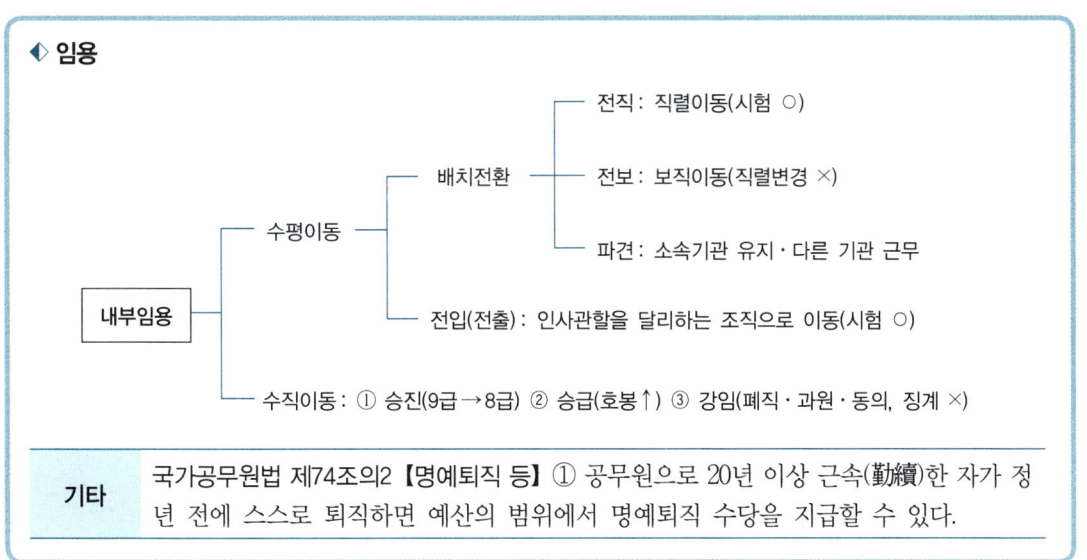

◆ 임용

내부임용
- 수평이동
  - 배치전환
    - 전직 : 직렬이동(시험 ○)
    - 전보 : 보직이동(직렬변경 ×)
    - 파견 : 소속기관 유지 · 다른 기관 근무
  - 전입(전출) : 인사관할을 달리하는 조직으로 이동(시험 ○)
- 수직이동 : ① 승진(9급→8급) ② 승급(호봉↑) ③ 강임(폐직·과원·동의, 징계 ×)

| 기타 | 국가공무원법 제74조의2【명예퇴직 등】① 공무원으로 20년 이상 근속(勤續)한 자가 정년 전에 스스로 퇴직하면 예산의 범위에서 명예퇴직 수당을 지급할 수 있다. |

04 강임은 징계처분에 의한 수직적 인사이동이다. 2018 행정사　　○×

05 전직이란 직렬을 달리하는 임명을 말한다. 2018 행정사　　○×

06 전보는 동일한 직급 내에서 보직을 변경하는 것을 말한다. 2011 9급 국가직　　○×

01 시보 공무원은 정규 공무원이 아니므로 정규 공무원과 동일하게 공무원 신분을 보장하지 않음

02 국가공무원법에 따르면 5급은 1년, 6급 이하는 6개월임 → 아래의 조항 참고
국가공무원법 제29조【시보 임용】① 5급 공무원을 신규 채용하는 경우에는 1년, 6급 이하의 공무원을 신규 채용하는 경우에는 6개월간 각각 시보(試補)로 임용하고 그 기간의 근무성적 · 교육훈련성적과 공무원으로서의 자질을 고려하여 정규 공무원으로 임용한다. 다만, 대통령령등으로 정하는 경우에는 시보 임용을 면제하거나 그 기간을 단축할 수 있다.

03 시보 공무원은 적격성을 검증받기 위해서 시보 기간에 직위를 맡을 수 있음

04 강등은 징계처분에 의한 수직적 인사이동임 → 강임은 징계가 아님

05 전직은 일의 종류를 바꾸는 수평이동임

06 전보는 일의 종류를 바꾸지 않고 보직을 변경하는 것임

Answer

| 01 × | 02 × | 03 ○ | 04 × | 05 ○ | 06 ○ |

07 공무원을 수직적으로 이동시키는 내부임용의 방법으로는 전직과 전보가 있다. ○×

2015 9급 국가직

08 공무원으로 10년 이상 근속하고, 정년 전에 스스로 퇴직하는 경우 우수공무원으로 ○× 특별승진임용하거나 일반 승진시험에 우선 응시하게 할 수 있다. 2021 행정사

09 국가공무원법상 국회, 법원, 헌법재판소, 선거관리위원회 및 행정부 상호 간에 소속 ○× 을 달리하는 인사이동 임용방법은 전직이다. 2024 행정사

◆ **신뢰도와 타당도**

틀잡기		신뢰성과 타당성이 모두 높은 경우	신뢰성은 높으나 타당성이 낮은 경우	신뢰성과 타당성이 모두 낮은 경우
신뢰도	개념	측정 도구로 인한 결과가 보여주는 일관성		
	검증 방법	재시험법	일정 시간이 지난 뒤에 같은 문제를 동일한 집단에게 측정	
		동질이형법	내용과 난이도가 비슷하면서도 형태는 다른 두 개의 시험유형을 동일한 집단을 대상으로 시험을 보게 한 후, 시험성적 간의 일관성을 조사하는 방법 → 예 동형모의고사	
		반분법	하나의 시험지 내에서 문항을 두 집단으로 나누어(예 짝수·홀수 문항 구분) 이들 문항 집단 간의 성적을 상호 비교하는 방법	
타당도	개념	측정의 정확성		
	유형	기준타당도	시험성적과 근무실적(직무수행실적)을 비교하여 시험의 정확도를 측정	
		내용타당도	시험내용과 직무내용이 일치하는 정도	
		구성타당도	추상적인 개념을 정확하게 측정한 정도	

---

10 기준타당성은 소방직 시험에 합격한 사람들에게 3개월 뒤 같은 문제로 시험을 보게 ○× 하여 두 점수 간의 상관관계를 분석하는 것과 관련이 있다. 2014 7급 지방직

11 구성타당성은 지원자의 근력·지구력 등을 측정하기 위해 새로 만든 시험방법을 통 ○× 해 측정한 점수와 기존의 시험방법으로 측정한 결과 간의 상관관계를 분석한다.

2014 7급 국가직

12 (ㄱ)는 시험성적이 실적 기준과 얼마나 부합하느냐와 관련한 것으로, 시험 성적과 직무수행 실적 간 상관관계를 비교해 확인할 수 있다. 반면 (ㄴ)는 측정 도구가 측정대상을 일관성 있게 측정하는 정도를 말하는 것으로, 동일한 시험을 동일한 대상집단에게 시간 간격을 두고 2회 실시해 그 성적을 비교하는 (ㄷ)을 통해 검증할 수 있다. 2025 행정사

◆ **공무원의 능력발전**

감수성 훈련	• 사전에 과제나 사회자를 정해주지 않고 10명 내외의 교육훈련 참가자들의 자유로운 토론을 통해 어떤 문제의 해결방안이나 **상대방에 대한 이해**를 얻는 방법 • 자기 자신과 대인관계에 대한 이해를 통한 **태도와 행동 변화 및 인간관계 개선** 등에 목적을 두고 있음 • 인위적인 개입 없이 구성원 간 자연스럽게 감정을 주고받을 수 있도록 분위기를 형성해야 하는 바, 훈련을 진행하기 위한 **전문가의 역할**이 중요
역할 연기	• 실제 업무상황을 부여하고 **특정 역할을 직접 연기**하도록 하는 방식 • 보통 자신과 반대되는 입장의 역할 부여 → 상관에게 부하의 역할 부여 • 인식의 차이를 발견함으로써 **상대방에 대한 이해력을 제고**할 수 있음
액션 러닝	교육참가자들이 소규모의 팀을 구성해 실제 현안문제를 해결하면서 동시에 문제해결과정에 대한 성찰을 통해 학습하도록 지원하는 **행동학습**으로서, 수토 관리자 훈련에 사용되는 교육방식

---

13 역할연기는 사전에 과제나 사회자를 정해주지 않고 10명 내외의 교육훈련 참가자들의 자유로운 토론을 통해 어떤 문제의 해결 방안이나 상대방에 대한 이해를 얻도록 하는 방법으로 자기 자신과 대인관계에 대한 이해 및 인간관계 개선 등에 목적을 두고 있다. 2025 행정사 ◯✕

---

07 공무원을 수평적으로 이동시키는 내부임용의 방법으로는 전직과 전보가 있음

08 10년을 20년으로 수정해야 함

09 선지는 전입(전출)에 대한 내용임 → 전직은 직렬을 달리하는 임용방식임

10 지문은 재시험법에 대한 내용임
 ※ 기준타당싱: 시험의 성적과 시험을 통해 예측하고자 했던 기준(직무수행실적) 사이의 관계가 얼마나 밀접한지를 분석하는 것

11 구성타당성은 추상적인 개념(근력·지구력·공직적성 등)을 얼마나 정확하게 측정했는가를 나타냄

12 ㄱ. 기준타당도: 시험성적과 근무실적을 비교하여 시험의 정확도를 측정하는 개념
 ㄴ. 신뢰노: 시험결과의 일관성을 나타내는 개념
 ㄷ. 재시험법: 동일한 시험을 일정 간격을 두고 측정하는 방법 → 신뢰도를 측정하는 방식 중 하나

13 역할연기는 실제 업무상황을 부여하고 특정 역할을 직접 연기하도록 하는 방식임 → 선지는 감수성 훈련에 대한 내용임

Answer ◀ --

| 07 ✕ | 08 ✕ | 09 ✕ | 10 ✕ | 11 ◯ | 12 해설 참조 | 13 ✕ |

공무원 평가 : 성과 관리

◆ 근무성적평정 방법

<table>
<tr><td rowspan="3">도표식
평정척도법</td><td rowspan="2">틀잡기</td><td colspan="2">평정요소 : 전문지식·사회성</td><td colspan="5">등급</td></tr>
<tr><td>전문성 : 담당 직무수행에 직접적으로 필요한 이론 혹은 실무지식 보유</td><td colspan="2">
5
매우
미흡</td><td>4
미흡</td><td>3
보통</td><td>2
우수</td><td>1
매우
우수</td></tr>
</table>

평정요소 : 전문지식·사회성		등급				
전문성 : 담당 직무수행에 직접적으로 필요한 이론 혹은 실무지식 보유		5 매우 미흡	4 미흡	3 보통	2 우수	1 매우 우수
사회성 : 직무수행에 있어서 의사소통 여부		5 매우 미흡	4 미흡	3 보통	2 우수	1 매우 우수

도표식 평정척도법	틀잡기	(상기 표)
	주요 내용	• 평정자의 직관과 선험을 바탕으로 평가요소를 결정 • 평정요소에 구체적인 행동을 표현하지 않음 → 평정요소와 등급의 추상성↑ (평정자의 자의적 해석에 의한 평가 가능성) • 평정요소의 추상성 → 연쇄효과의 오류 혹은 분포상 오류 발생

행태기준 평정척도법	틀잡기	• 평정대상자의 행태를 가장 잘 대표할 수 있는 난에 체크 표시 • **평정요소** : 협동정신

등급	행태유형
7	부하직원과 상세하게 대화를 나누고 그에 대한 해결방안을 내놓는다.
6	스스로 해결할 수 없는 문제는 상관에게 자문을 구해 해결책을 찾는다.
5	스스로 해결하려고 노력하지만, 가끔 잘못된 결과를 초래한다.
4	일시적인 해결책으로 대응해 문제가 계속 발생한다.
3	부하직원의 의사를 참고하지 않고 독단적으로 결정한다.
2	문제해결에 있어 개인적인 감정을 내세운다.
1	어떤 결정을 내려야 할 상황인데 결정을 회피하거나 미룬다.

행태기준 평정척도법	주요 내용	• 평성서에 구체적인 행동을 명시 • 직무분석에 기초해 직무(Job)와 관련된 중요 과업(Task)을 선정 • 가장 이상적 과업행태로부터 가장 바람직하지 못한 행태까지 몇 개의 등급으로 나누고 점수를 배당 → 상호배타성

강제배분법	• 평정대상자의 종합평정점수 분포가 특정 등급에 쏠리지 않도록 미리 평정등급별로 일정한 비율을 설정해 그에 맞게 강제로 배분하는 근무성적평정 방식 → 예 대학교 학점부여 • 분포상의 오류를 방지 • 역산식 평정의 문제		

행태관찰 평정척도법

평정요소 : 부하직원과의 의사소통

틀잡기

평정항목(행동명시)	등급(중요 사건의 빈도)				
새로운 내규가 시행될 때 게시판 내용을 숙지한다.	5 거의 관찰하지 못함	4	3	2	1 매우 자주 관찰
집중해서 대화에 임한다.	5 거의 관찰하지 못함	4	3	2	1 매우 자주 관찰

주요 내용

• 행태기준척도법의 단점인 바람직한 행동과 바람직하지 않은 행동의 상호 배타성을 극복하기 위해 개발
• 행태기준척도법과의 차이점은 중요 사건의 빈도를 표시
• 평정항목을 작성 시 직무분석에 기초
• 등급과 등급 간 모호한 구분 가능성

01 도표식 평정척도법은 평정요소와 등급의 추상성이 높기 때문에 평정자의 자의적 해석에 의한 평가가 이루어지기 쉽다는 단점이 있다. 2015 8급 국회직 ☐○☐×

01 도표식 평정척도법은 평정에 있어서 구체적인 행동을 참조하지 않는 바 평정자의 자의적 해석에 의한 평가가 이루어지기 쉽다는 단점이 있음

Answer

01 ○

02 행태기준평정척도법은 주요과업 분야별로 바람직한 행태의 유형 및 등급을 구분· ◯ ✕
제시한 뒤, 평정대상자의 행태를 관찰하여 해당 사항에 표시하게 하는 방법이다.
2021 행정사

03 강제배분법은 성적분포 비율을 미리 정하여 순위를 매기거나 배분함으로써 평정자 ◯ ✕
의 편견이나 집중화 등의 오류를 방지할 수 있는 근무성적평정방법이다. **2023 행정사**

◆ **근무성적평정 오류의 유형**

연쇄효과 (현혹효과 · 후광효과 · 연속화의 오차)		• 한 평정요소에 대한 평정자의 판단이 연쇄적으로 다른 요소의 평정에도 영향을 미치는 것 • 일반적으로 평정요소의 의미가 모호할 때 발생
분포상의 오류	집중화 경향	• 평정자가 모든 피평정자들에게 대부분 중간 수준의 점수를 주는 심리적인 경향 • 평정자가 피평정자를 잘 모를 때 많이 발생
	관대화 경향	• 평정결과의 분포가 우수한 쪽에 집중되는 현상 • 실제 수준보다 관대하게 평가하는 경향 → 피평정자와의 불편한 인간관계를 피하려는 동기로부터 유발되는 면이 있음
	엄격화 경향	평가기준을 엄격하게 적용함으로써 실제 수준보다 낮은 평가결과를 도출하는 현상
	대안	강제배분법
시간적 오류	근접효과 (근접오류 · 막바지효과)	최근의 실적이나 능력을 중심으로 평가
	최초효과 (첫머리 효과)	피평가자의 초기 성과에 영향을 크게 받는 현상
유사성 효과		평정자가 자신과 성향이 유사한 부하에게 후한 점수를 주는 오류
선입견 · 편견 · 고정관념에 의한 오류(상동오차)		• 피평정자의 개인적 특성인 성, 연령, 종교, 교육 수준, 출신학교 등에 대해 평정자가 평소 가지고 있는 편견을 평정에 반영 • 유형화 · 정형화 · 집단화의 오류와 같은 표현
규칙적(체계적) 오류 : 일관적 착오		• 어떤 평정자가 다른 평정자보다 언제나 좋은 점수 또는 나쁜 점수를 부여함으로써 생기는 오류 • 이러한 오류를 일으키는 평정자의 결과는 가감해 조정할 필요가 있음
총계적(총체적) 오류		• 평정자의 평정기준이 일정하지 않아서 관대화 및 엄격화 경향이 불규칙 • 평정에 있어서 일정한 규칙이 없는바 규칙적 오류와 다르게 사후 조정이 불가능

04 근무성적평정 시 평정자의 평정기준이 일정치 않아 관대화 및 엄격화 경향이 불규 ◯ ✕
칙하게 나타나는 오류는 체계적 오류이다. **2015 행정사**

05 근무성적 평정상의 오류 중 연쇄효과란 한 평정요소에 대한 평정자의 판단이 다른 ◯ ✕
요소의 평정에도 영향을 주는 것을 의미한다. **2014 경찰간부**

06 국내 최고 대학을 졸업했기 때문에 일을 잘했을 것이라고 생각하여 피평정자에게 ◯ ✕
높은 근무성적평정 등급을 부여할 경우 평정자가 범하는 오류는 선입견에 의한 오
류이다. **2020 9급 지방직**

07 어떤 평정자가 다른 평정자들보다 언제나 좋은 점수 또는 나쁜 점수를 주게 됨으로 ◯ ✕
써 나타나는 근무성적평정상의 오류는 총계적 오류이다. **2011 9급 지방직**

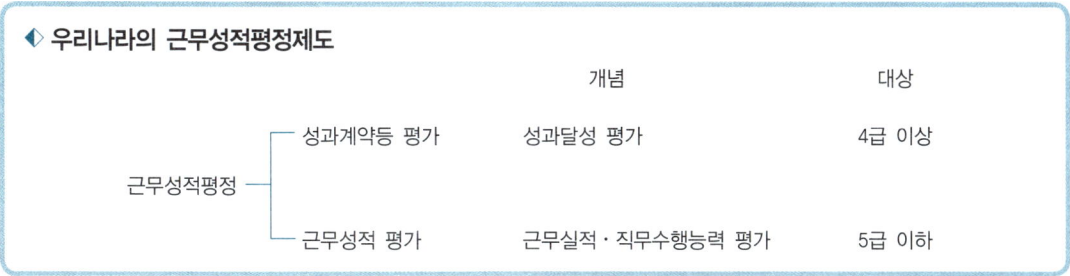

◆ **우리나라의 근무성적평정제도**

		개념	대상
근무성적평정	성과계약등 평가	성과달성 평가	4급 이상
	근무성적 평가	근무실적·직무수행능력 평가	5급 이하

02 행태기준평정척도법 : 특정 평정요소에 대한 행동유형을 등급별로 구분한 뒤, 평정대상자의 행동을 관찰해서 해
당 사항에 표시하는 방법

03 강제배분법은 고른 성적의 분포를 강제하는 근무성적평정방법임

04 근무성적평정 시 평정자의 평정기준이 일정치 않아 관대화 및 엄격화 경향이 불규칙하게 나타나는 오류는 총계
적 오류임 → 체계적 오류는 어떤 평정자가 다른 평정자보다 언제나 좋은 점수 또는 나쁜 점수를 부여함으로써
생기는 오류임

05 연쇄효과는 A분야에 대한 평정이 B분야에 대한 평정에 영향을 미치는 현상임

06 선입견에 의한 오류 : 평정대상자의 개인적 특성인 성, 연령, 종교, 교육수준, 출신학교 등에 대해 평정자가 평소
가지고 있는 편견을 평정에 반영하는 것 → 유형화·정형화·집단화의 오류와 같은 표현

07 어떤 평정사가 다른 평정자들보다 언제나 좋은 점수 또는 나쁜 점수를 주게 됨으로써 나타나는 근무성적평정상
의 오류는 규칙적 오류임

Answer

02 ◯   **03** ◯   **04** ✕   **05** ◯   **06** ◯   **07** ✕

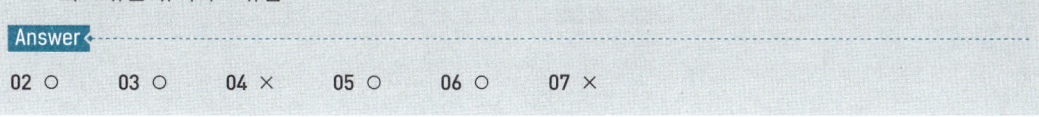

08 우리나라에서 5급 이하 공무원은 근무성적평가의 대상이다. 2022 행정사 ☐O☐X

09 4급 이상 및 고위공무원단에 속하는 자는 성과계약에 의한 목표달성도를 연 1회 평 ☐O☐X
가한다. 2007 9급 경기

◆ **다면평정제도**

틀잡기	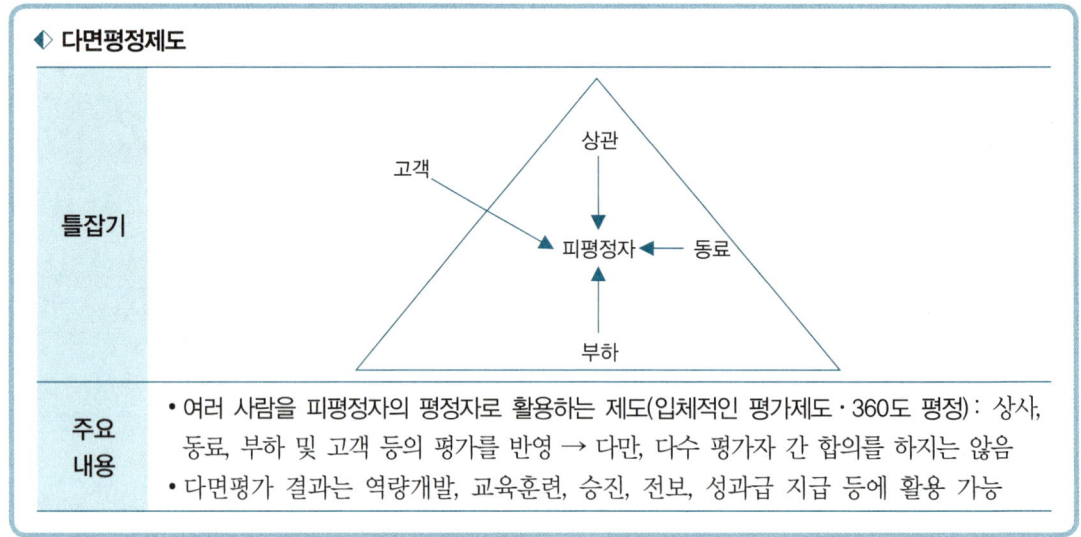
주요 내용	• 여러 사람을 피평정자의 평정자로 활용하는 제도(입체적인 평가제도 · 360도 평정) : 상사, 동료, 부하 및 고객 등의 평가를 반영 → 다만, 다수 평가자 간 합의를 하지는 않음 • 다면평가 결과는 역량개발, 교육훈련, 승진, 전보, 성과급 지급 등에 활용 가능

10 다면평가는 조직 내 구성원 간의 갈등 해소 및 신뢰성을 제고하고, 그 평과결과는 ☐O☐X
승진이나 전보, 성과급 지급 등에 활용해야 한다. 2014 행정사

11 다면평가제도는 평가대상자의 동료와 부하를 제외하고 상급자가 다양한 측면에서 ☐O☐X
평가한다. 2013 9급 지방직

---

08 성과계약등 평가는 4급 이상, 근무성적평가는 5급 이하 공무원에게 적용됨

09 성과계약등 평가는 4급 이상 공무원에게 적용하며, 연 1회 실시함

10 현재까지 다면평가제도는 임의사항임(승진, 성과급 지급 등에 활용 가능)

11 다면평가제도는 평가대상자의 동료와 부하, 상급자가 다양한 측면에서 피평가자를 평가함

Answer
08 ○   09 ○   10 ×   11 ×

공무원 동기 부여

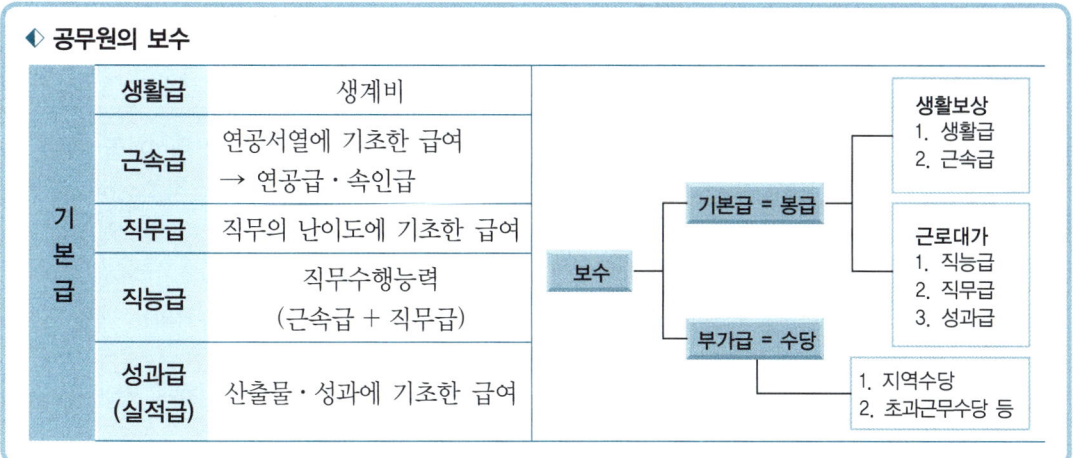

◆ 공무원의 보수

기본급	생활급	생계비
	근속급	연공서열에 기초한 급여 → 연공급·속인급
	직무급	직무의 난이도에 기초한 급여
	직능급	직무수행능력 (근속급 + 직무급)
	성과급 (실적급)	산출물·성과에 기초한 급여

01 직능급은 직무수행능력을 기초로 임금을 결정하는 보수체계이다. 2019 행정사 수정　　　○ ×

02 공무원 보수에서 직능급이란 직무의 난이도와 책임에 따라 결정되는 보수이다. 　　　○ ×
2016 9급 사복

03 실적급은 공무원의 직무수행능력을 측정하여 그 능력이 우수할수록 보수를 우대하　　　○ ×
는 보수체계이다. 2021 경찰간부

01　직능급은 직무수행능력, 즉 연공서열과 직무난이도를 모두 고려해서 임금을 결정하는 보수체계임

02　직무급에 대한 내용임; 직능급이란 직무수행능력(연공급 + 직무급)을 기준으로 제공하는 보수임

03　직능급에 대한 설명임→실적급(performance based pay) 혹은 성과급은 산출물·성과에 기초한 급여체계임

Answer
01 ○　　02 ×　　03 ×

◈ 공직봉사동기

틀잡기	구분	NPM	NPS
	공무원 동기부여 방식	돈	돈 + @(공직봉사동기) ※ @: 동정심, 공익에 대한 봉사 등
	전제	공무원 = 회사원	공무원 ≠ 회사원

의의	등장배경	• NPM은 민간부문과 공공부문이 유사하다는 전제하에 성과급, 외재적 보상과 같은 외재적 동기유발에 초점을 두고 조직을 관리 • 공직봉사동기론은 공공조직과 민간조직은 다르다는 가정하에 공공조직 및 민간조직 내 구성원의 '동기, 태도'가 다름을 주장
	개념	공직봉사동기는 주로 내재적 동기에 초점을 맞춰 논의되는 개념 참고 ► 내재적 동기: 특정 행동 자체가 즐겁고 흥미로울 때 발현되는 동기 → 자발적인 동기, 활동과정에 대한 만족감, 개인의 흥미, 만족감, 성취감 등

유형	합리적 차원	공익 추구를 함으로써 자신의 이익도 극대화
	규범적 차원	공익에 대한 봉사욕구, 정부에 대한 충성심, 사회적 형평의 추구 등을 포함
	정서적 차원 (감성적 차원)	• 동정심과 희생정신 → 동정과 희생은 정책의 중요성을 인지하는 진실한 신념에서 기인하며, 이는 선의의 애국심으로 이어짐 • 사회적으로 중요한 정책에 대한 몰입을 특징으로 함

04 공직봉사동기는 공공조직과 민간조직 종사자 간 동기의 차이를 전제로 한다. ○|×

2025 행정사

05 공직봉사동기는 신공공관리론의 내적 보상 위주의 동기부여에 반발하여 공공부문 종사자의 외재적 보상을 강조한다. 2025 행정사 ○|×

---

04 공직봉사동기론에서 회사원은 돈, 공무원은 인센티브 외 다른 동기가 있음을 전제로 함

05 공직봉사동기는 신공공관리론의 외재적 보상 위주의 동기부여에 반발하여 공공부문 종사자의 내재적 보상을 강조함

Answer ◄------

04 ○   **05** ×

Chapter 06 공무원의 의무와 권리, 그리고 통제

◆ 공무원의 의무

국가 공무원법	**제58조【직장 이탈 금지】** ① 공무원은 소속 상관의 허가 또는 정당한 사유가 없으면 직장을 이탈하지 못한다. ② 수사기관이 공무원을 구속하려면 그 소속 기관의 장에게 미리 통보하여야 한다. 다만, 현행범은 그러하지 아니하다. **제60조【비밀 엄수의 의무】** 공무원은 재직 중은 물론 퇴직 후에도 직무상 알게 된 **비밀**을 엄수(嚴守)하여야 한다. **제61조【청렴의 의무】** ① 공무원은 **직무와 관련하여** 직접적이든 간접적이든 **사례·증여** 또는 **향응을 주거나 받을 수 없다.** ② 공무원은 직무상의 관계가 있든 없든 그 소속 **상관에게 증여하거나 소속 공무원으로부터 증여를 받아서는 아니 된다.** **제62조【외국 정부의 영예 등을 받을 경우】** 공무원이 외국 정부로부터 영예나 증여를 받을 경우에는 **대통령의 허가를 받아야 한다.** **제64조【영리 업무 및 겸직 금지】** ① 공무원은 공무 외에 영리를 목적으로 하는 업무에 종사하지 못하며 **소속 기관장의 허가 없이 다른 직무를 겸할 수 없다.**

01 공무원은 재직 중은 물론 퇴직 후에도 직무상 알게 된 비밀을 엄수하여야 한다.

2025 행정사

02 공무원은 직무상의 관계가 있든 없든 그 소속 상관에게 증여하거나 소속 공무원으로부터 증여를 받아서는 아니 된다. **2025 행정사**

---

01 **국가공무원법 제60조【비밀 엄수의 의무】** 공무원은 재직 중은 물론 퇴직 후에도 직무상 알게 된 비밀을 엄수(嚴守)하여야 한다.

02 **국가공무원법 제61조【청렴의 의무】** ① 공무원은 직무와 관련하여 직접적이든 간접적이든 사례·증여 또는 향응을 주거나 받을 수 없다.
② 공무원은 직무상의 관계가 있든 없든 그 소속 상관에게 증여하거나 소속 공무원으로부터 증여를 받아서는 아니 된다.

Answer

01 ○　　**02** ○

03 공무원이 외국 정부로부터 영예나 증여를 받을 경우에는 대통령의 허가를 받아야 한다. 2025 행정사 ☐○☐×

04 공무원은 공무 외에 영리를 목적으로 하는 업무에 종사하지 못하며 소속 기관장의 허가 없이 다른 직무를 겸할 수 없다. 2025 행정사 ☐○☐×

05 국가공무원법에 따르면 공무원이 외국 정부로부터 영예나 증여를 받을 경우에는 소속 기관장의 허가를 받아야 한다. 2020 7급 군무원 ☐○☐×

◆ **공직부패의 유형**

제도화 여부	제도적 부패	부패가 일상(생활)이 되면서 부패가 곧 제도가 된 상태 → 부패가 조직을 규율하는 실질적인 규범이 된 것 예 인·허가와 관련해서 급행료를 받는 것을 당연시하는 관행
	우발적 부패 (일탈형 부패)	구조화되지 않은 일시적 부패 예 무허가 업소를 단속하던 공무원이 정상적인 단속활동을 수행하다가 금품을 제공하는 특정 업소에 대해서는 단속하지 않는 것
국민의 용인 가능성	백색부패	사회에 심각한 해가 없거나 사익추구가 없는 선의의 부패 → 선의의 목적성을 띠는 바 구성원들이 어느 정도 용인하는 관례화된 부패 예 금융위기가 심각해도 국민의 불안이나 기업활동의 위축을 막기 위해 위기가 없는 것처럼 거짓말을 했다면 엄밀한 의미에서는 부패행위에 해당
	회색부패	• 백색부패와 흑색부패의 중간에 해당하는 부패 • 부패로 간주하기에 논란이 있거나 가치판단을 요구하는 유형 예 과도한 선물의 수수와 같이 공무원 윤리강령에 규정될 수는 있지만, 법률로 규정하는 것에 대해 논란이 있는 경우는 회색부패에 해당
	흑색부패	• 사회에 명백하고 심각하게 해를 끼치는 부패 • 구성원들의 용인이 없음 • 국민들이 강력한 처벌을 원하는 부패
거래의 여부	거래형 부패	타인에게 뇌물을 받고 그것의 대가로 특혜를 제공하는 행위
	사기형 부패 (비거래형 부패)	부패와 관련한 이해관계자 없이 공무원 개인이 저지르는 행동 예 공금횡령, 회계부정, 개인적 이익의 편취

06 부패의 제도화 정도에 따라 거래형 부패와 사기형 부패로 나눌 수 있다. 2019 행정사

07 부패행위로 규정될 수 있으나 사회구성원의 다수가 어느 정도 용인하는 관례화된 O X
부패는 흑색부패이다. 2017 행정사

◆ **공직부패가 발생하는 원인**

도덕적 접근	부패는 개인의 윤리의식과 자질 때문에 발생
사회문화적 접근	특정한 지배적 관습이나 경험적 습성과 같은 요인이 공무원 부패를 조장한다고 보는 접근 → 부패는 환경의 종속변수
제도적 접근	• 행정제도 혹은 법의 결함이나 운영의 미숙 등이 공무원의 부패를 조장한다는 관점 • 현실과 괴리된 법령의 이중적인 규제기준과 모호한 법규정, 적절한 통제장치 미비 등에 의해 발생
체제론적 접근	부패는 다양한 요인에 의해 발생
정경유착적 접근	정치·경제 엘리트 간의 야합으로 인해 부패가 발생

08 제도적 접근법에서 행정통제 장치의 미비는 공무원 부패의 주요 원인이다. 2019 행정사 O X

09 부패는 관료 개인의 윤리의식과 자질로 인하여 발생한다는 것은 부패의 원인에 관 O X
한 도덕적 접근방법의 입장과 가깝다. 2020 7급 지방직

---

03 국가공무원법 제62조【외국 정부의 영예 등을 받을 경우】공무원이 외국 정부로부터 영예나 증여를 받을 경우에는 대통령의 허가를 받아야 한다.

04 국가공무원법 제64조【영리 업무 및 겸직 금지】① 공무원은 공무 외에 영리를 목적으로 하는 업무에 종사하지 못하며 소속 기관장의 허가 없이 다른 직무를 겸할 수 없다.

05 국가공무원법과 지방공무원법에 따르면 공무원이 외국 정부로부터 영예나 증여를 받을 경우에는 대통령의 허가를 받아야 함

06 부패의 제도화 정도에 따른 분류는 제도적 부패와 우발적(일탈형) 부패임; 거래형 부패와 사기형 부패는 거래의 유무에 따른 분류임

07 선지는 백색부패에 대한 내용임 → 흑색부패는 국민이 용인하지 않는 부패임

08 제도적 접근은 공식적인 제도를 중심으로 공무원 부패의 원인을 탐구함

09 도덕적 접근은 부패가 공무원 개인의 윤리의식에서 비롯된다는 관점임

Answer

03 ○	04 ○	05 ×	06 ×	07 ×	08 ○	09 ○

◆ 징계의 종류

		구분	의미	승급제한	직무정지	신분보유	보수
틀잡기	경징계	견책	훈계 및 회개 유도	6개월	×	○	−
		감봉	보수의 불이익	12개월	×	○	• 1~3개월 • 보수 1/3 삭감

		구분	의미	승급제한	직무정지	신분보유	보수
	중징계	정직	직무정지 포함	18개월	1~3개월 정지	○	• 1~3개월 • 보수 전액 삭감
		강등	1계급 직급을 내림	18개월	3개월	○	• 3개월 • 보수 전액 삭감

		구분	의미	공직취임제한	퇴직급여 및 퇴직수당
		해임	공무원 신분박탈	3년	• 원칙적으로 제한× • 단, 금품수수 등의 경우 − 5년 미만 근무: 1/8 삭감 − 5년 이상 근무: 1/4 삭감 − 퇴직수당 1/4 삭감
		파면		5년	제한 ○ − 5년 미만 근무: 1/4 삭감 − 5년 이상 근무: 1/2 삭감 − 퇴직수당 1/2 삭감

10 징계는 파면·해임·강등·정직·감봉·견책으로 구분한다. 2019 행정사 ○ ✕

11 징계의 종류는 파면·해임·강등·정직·직위해제·감봉·견책으로 구분한다. 2013 행정사 ○ ✕

12 징계의 수단으로 강임이 제도적으로 인정되고 있다. 2016 행정사 ○ ✕

13 정직은 1개월 이상 3개월 이하의 기간으로 하고, 그 기간 중 보수는 3분의 2를 감한다. ☐◯☐✕

2019 행정사

14 징계로 해임처분을 받은 때부터 3년이 지나지 아니한 자는 공무원으로 임용될 수 없다. 2019 행정사 ☐◯☐✕

15 정직은 1개월 이상 3개월 이하의 기간으로 하고, 정직 처분을 받은 자는 그 기간 중 공무원의 신분은 보유하나 직무에 종사하지 못하며 보수는 전액을 감한다. ☐◯☐✕

2023 행정사

16 강등은 1계급 아래로 직급을 내리고 공무원 신분을 3개월 간 박탈한다. 2021 경정승진 ☐◯☐✕

---

10 국가공무원법 제79조 【징계의 종류】 징계는 파면·해임·강등·정직(停職)·감봉·견책(譴責)으로 구분한다.

11 「국가공무원법」상의 징계는 파면·해임·강등·정직·감봉·견책으로 구분됨 → 직위해제는 징계의 종류에 포함되지 않음

12 강임을 강등으로 수정해야 함

13 정직은 1개월 이상 3개월 이하의 기간으로 하고, 그 기간 중 보수는 전액을 감액함

14 두문자 해삼파워! → 해임은 3년, 파면은 5년 간 임용결격 사유

15 국가공무원법 제80조 【징계의 효력】 ③ 정직은 1개월 이상 3개월 이하의 기간으로 하고, 정식 저문을 받은 자는 그 기간 중 공무원의 신분은 보유하나 직무에 종사하지 못하며 보수는 전액을 감한다.

16 강등은 공무원 신분을 박탈하는 징계가 아님 → 선지를 3개월 간 직무정지로 수정해야 함

Answer◀

| 10 ○ | 11 × | 12 × | 13 × | 14 ○ | 15 ○ | 16 × |

◆ **직권면직과 직위해제**

개념	법률에 규정한 사유가 발생하면 임용권자가 직권으로 공무원의 신분을 박탈하는 제도	
국가공무원법	제70조【직권면직】① 임용권자는 공무원이 다음 각 호의 어느 하나에 해당하면 직권으로 면직시킬 수 있다. 　3. 직제와 정원의 개폐 또는 예산의 감소 등에 따라 폐직(廢職) 또는 과원(過員)이 되었을 때 　4. 휴직 기간이 끝나거나 휴직 사유가 소멸된 후에도 직무에 복귀하지 아니하거나 직무를 감당할 수 없을 때 　6. 전직시험에서 세 번 이상 불합격한 자로서 직무수행 능력이 부족하다고 인정된 때	
기타 : 직위해제	**개념**	공무원 신분은 보유하나 직위를 부여하지 않음 → 직무에서 격리
	국가공무원법	제73조의3【직위해제】① 임용권자는 다음 각 호의 어느 하나에 해당하는 자에게는 직위를 부여하지 아니할 수 있다. 　2. 직무수행 능력이 부족하거나 근무성적이 극히 나쁜 자 　3. 파면·해임·강등 또는 정직에 해당하는 징계 의결이 요구 중인 자

17 휴직 사유가 소멸된 후에도 직무에 복귀하지 않는 것은 직위해제 사유에 해당한다. ○|×
　　　　　　　　　　　　　　　　　　　　　　　　　　　　　　　　　　　　　2015 행정사

18 파면·해임에 해당하는 징계의결이 요구 중인 경우는 직위해제 사유에 해당한다. ○|×
　　　　　　　　　　　　　　　　　　　　　　　　　　　　　　　　　　　　　2015 행정사

19 직권면직은 국가공무원법상 징계의 한 종류로서, 임용권자가 특정한 사유에 해당되는 공무원을 직권으로 면직시키는 것이다. 2015 7급 국가직 ○|×

◆ 소청심사

개념	징계처분 및 기타 그의 의사에 반하는 불이익 처분을 받은 공무원이 그에 불복해 이의를 제기하는 경우 이를 심사해 구제해주는 제도
특징	소청은 처분이 위법한 경우에 한해 제기할 수 있으며, 근무평정결과나 승진탈락 등은 소청의 대상이 아님
국가공무원법	제9조【소청심사위원회의 설치】① **행정기관 소속 공무원**의 징계처분, 그 밖에 그 의사에 반하는 불리한 처분이나 부작위에 대한 소청을 심사·결정하게 하기 위하여 **인사혁신처에 소청심사위원회를 둔다.** ② 국회, 법원, 헌법재판소 및 선거관리위원회 소속 공무원의 소청에 관한 사항을 심사·결정하게 하기 위하여 국회사무처, 법원행정처, 헌법재판소사무처 및 중앙선거관리위원회사무처에 각각 해당 소청심사위원회를 둔다.

20 행정기관 소속 공무원의 징계처분 등에 대한 소청을 심사·결정하기 위하여 행정안전부에 소청심사위원회를 둔다. **2022 행정사** ○|×

21 징계에 의한 불복 시 소청심사위원회에 소청제기가 가능하나 근무성적평정결과나 승진탈락 등은 소청대상이 아니다. **2014 8급 국회직** ○|×

17 선지는 직권면직 사유에 해당함

18 중징계에 해당하는 징계의결이 요구 중인 경우는 직위해제 사유에 해당함

19 직권면직은 징계의 종류가 아님; 징계의 종류는 견책, 감봉, 정직, 강등, 해임, 파면이 있음

20 행정기관 소속 공무원의 징계처분 등에 대한 소청을 심사·결정하기 위하여 인사혁신처에 소청심사위원회를 둠

21 근무성적평정결과 및 승진탈락은 공무원의 신분 변동에 해당되지 않는 처분이므로 소청심사 대상이 아님

Answer ◀

17 ×   18 ○   19 ×   20 ×   21 ○

행정사
최욱진 행정학개론

재무행정

예산제도의 발달 과정

◈ **예산편성제도 : 품목별 예산제도**

◈ **품목별 예산의 사례(윤성식 외 2012 재구성)**

틀잡기

부서 A의 예산	
항목	**액수(원)**
인건비	8000만
건물유지비	1000만
소모품비	5000만
연료비	3500만

LIBS

투입 → 산출 → 결과

능률성　　효과성

• 인건비
• 재료비 등　　고속도로 건설　　교통량 감소

**주요
내용**
- 부서별로 지출의 대상을 품목으로 표시해 예산을 편성하는 제도
- 정부가 지출을 세부적으로 표현하도록 강제하기 때문에 의회가 행정부를 통제하는 데 용이한 제도 → 통제지향적인 예산제도
- 정치인의 지지↑ → 전문적인 지식이 부족해도 이해가 용이

01 품목별 예산제도는 예산의 유용이나 남용을 방지하는 데 도움이 된다. 2015 행정사　　○✕

02 품목별 예산제도는 기획지향적이라기보다는 통제지향적이다. 2015 행정사　　○✕

03 품목별 예산제도는 정부사업의 우선순위 파악이 용이하다. 2015 행정사　　○✕

04 품목별 예산제도는 의회의 예산심의가 용이하다. 2015 행정사　　○✕

◆ 예산편성제도 : 성과주의 예산제도

◆ 성과주의 예산제도 사례(윤성식 외 2012 재구성)

업무활동 : 소규모 사업	업무측정단위	수량	단위원가
여론조사 활동	가구	1000	가구당 2만 원

↓

업무활동 : 소규모 사업	업무량(사업량) × 단위원가	예산액수
여론조사 활동	1000가구 × 2만 원	2000만 원

예산 = 업무량(사업량) × 단위원가

틀잡기

LIBS   PBS

투입 → 산출 → 결과

능률성   효과성

• 인건비
• 재료비 등

고속도로 건설

교통량 감소

05 성과주의 예산은 업무량 또는 활동별 지출을 단위비용으로 표현하고자 한다. ○ ✕

2009 9급 국가직

06 시민이나 의원이 집행결과를 쉽게 이해할 수 있으며 정부의 예산투입과 산출을 연계시키는 예산제도는 계획예산제도이다. **2024 행정사** ○ ✕

---

01 품목별 예산제도는 통제지향적이므로 예산의 유용이나 남용을 방지하는 데 도움이 됨

02 품목별 예산제도는 입법부가 행정부를 통제하기 위해 고안된 예산편성제도임

03 품목별 예산제도는 투입 중심의 예산제도이므로 정부사업의 우선순위 파악이 어려움

04 품목별 예산제도는 비용편익분석 등 전문적인 지식을 활용하지 않는 바 의회의 예산심의가 용이함

05 성과주의 제도는 예산을 업무량 및 단위원가로 표현함

06 단위원가 × 필요시업량 = 예산액 방식으로 계산하여 예산배정을 하여 투입과 산출을 연결하는 예산세도는 성과주의 예산제도임 → 사업 또는 활동별로 예산이 편성되어 일반 국민이 정부사업을 이해하기 용이함

Answer

01 ○   02 ○   03 ✕   04 ○   05 ○   06 ✕

07 성과주의 예산제도는 산출 이후의 성과에 관심을 가지며 예산집행의 재량과 결과에 ○×
대한 책임을 강조하는 제도로서 1950년대 연방정부를 비롯해 지방정부에 확산되었다.

2022 7급 국가직

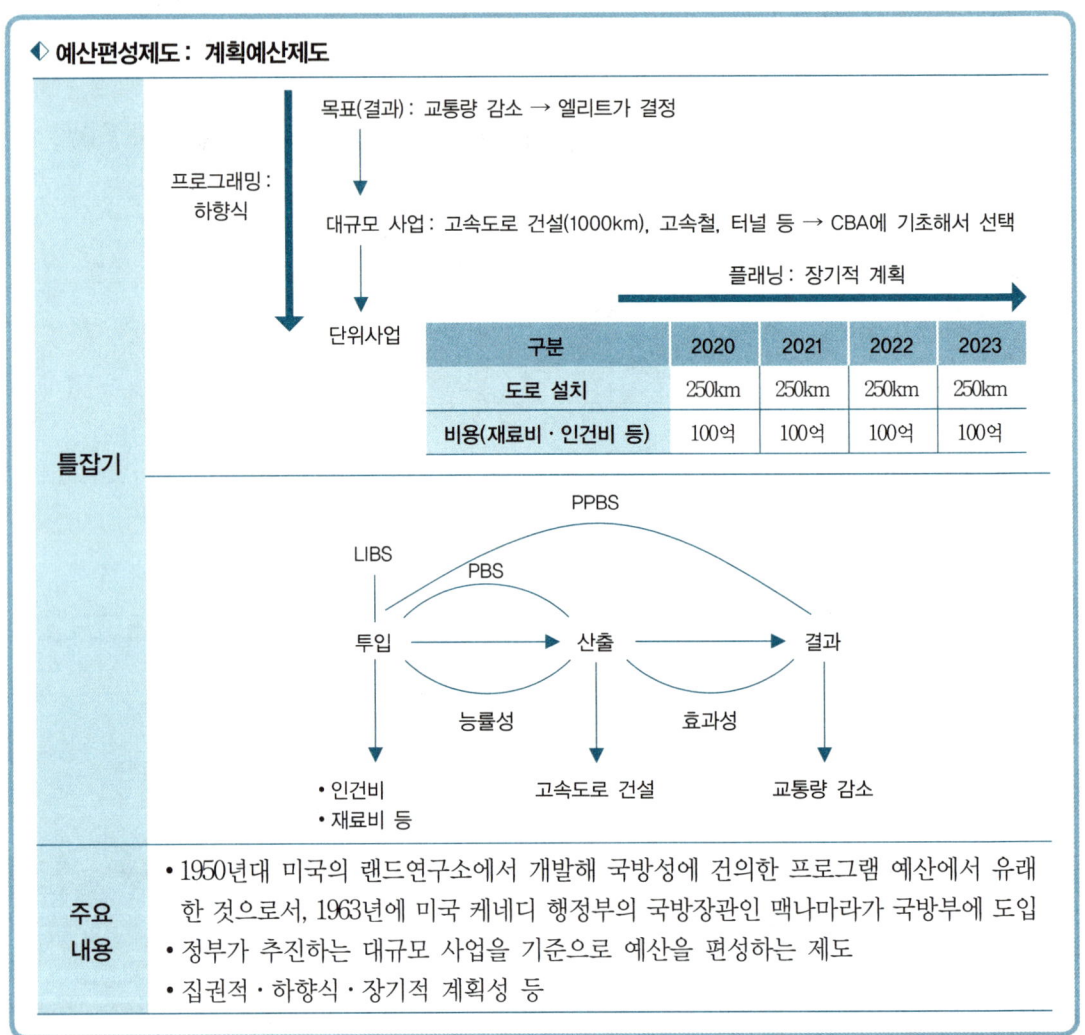

◆ **예산편성제도 : 계획예산제도**

| 틀잡기 | 프로그래밍 : 하향식 | 목표(결과) : 교통량 감소 → 엘리트가 결정
 대규모 사업 : 고속도로 건설(1000km), 고속철, 터널 등 → CBA에 기초해서 선택
 플래닝 : 장기적 계획
 단위사업 |

구분	2020	2021	2022	2023
도로 설치	250km	250km	250km	250km
비용(재료비·인건비 등)	100억	100억	100억	100억

PPBS

LIBS

PBS

투입 → 산출 → 결과

능률성　　효과성

• 인건비　　　　고속도로 건설　　　교통량 감소
• 재료비 등

**주요
내용**
• 1950년대 미국의 랜드연구소에서 개발해 국방성에 건의한 프로그램 예산에서 유래
한 것으로서, 1963년에 미국 케네디 행정부의 국방장관인 맥나마라가 국방부에 도입
• 정부가 추진하는 대규모 사업을 기준으로 예산을 편성하는 제도
• 집권적·하향식·장기적 계획성 등

08 계획예산제도는 상향식 예산편성으로 하위 구성원의 참여가 보장된다. **2021 경찰간부** ○×

09 계획예산제도는 당시 미국의 국방장관이었던 맥나마라(McNamara)에 의해 국방부 ○×
에 처음 도입되었고, 국방부의 성공적인 예산개혁에 공감한 존슨(Johnson) 대통령
이 1965년에 전 연방정부에 도입하였으며 기획 기능을 강조한다. **2020 9급 지방직**

◆ 예산편성제도 : 영기준 예산제도

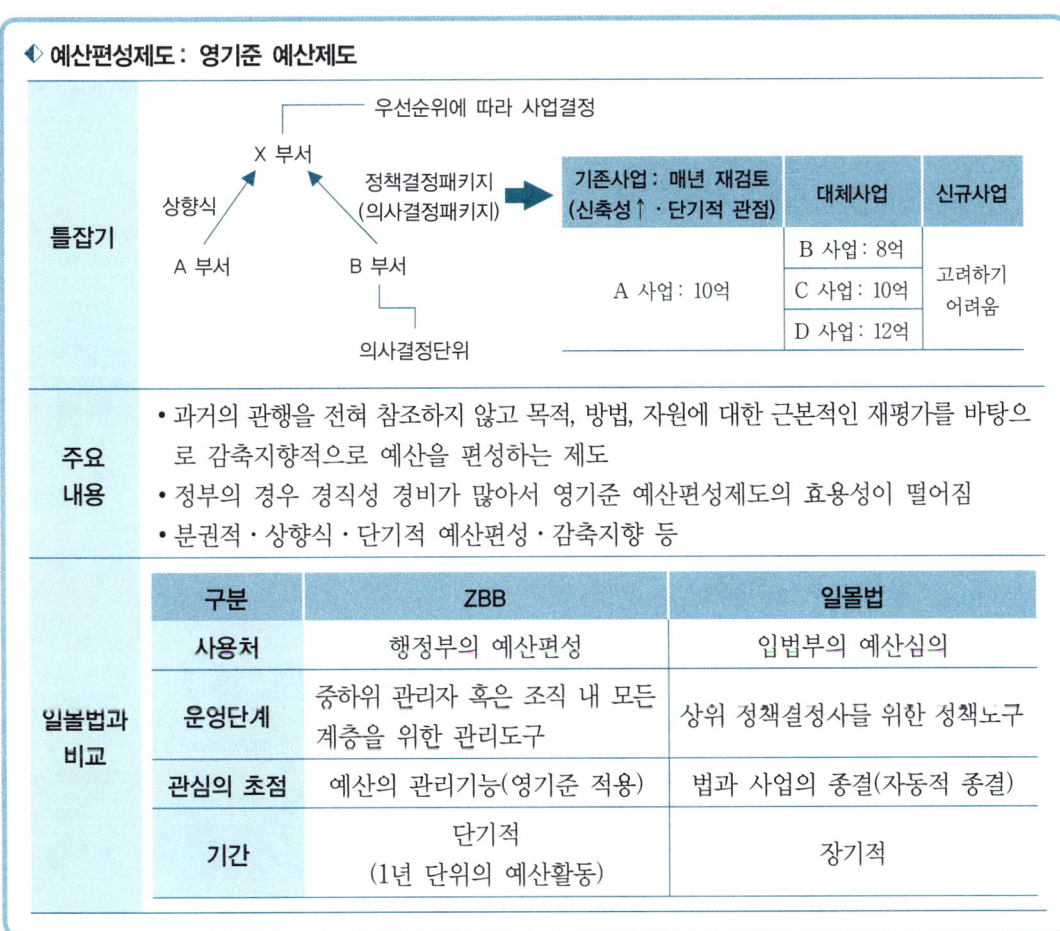

구분	ZBB	일몰법
사용처	행정부의 예산편성	입법부의 예산심의
운영단계	중하위 관리자 혹은 조직 내 모든 계층을 위한 관리도구	상위 정책결정자를 위한 정책노구
관심의 초점	예산의 관리기능(영기준 적용)	법과 사업의 종결(자동적 종결)
기간	단기적 (1년 단위의 예산활동)	장기적

주요 내용
- 과거의 관행을 전혀 참조하지 않고 목적, 방법, 자원에 대한 근본적인 재평가를 바탕으로 감축지향적으로 예산을 편성하는 제도
- 정부의 경우 경직성 경비가 많아서 영기준 예산편성제도의 효용성이 떨어짐
- 분권적·상향식·단기적 예산편성·감축지향 등

틀잡기
- 우선순위에 따라 사업결정
- 상향식 / X 부서 / A 부서 / B 부서
- 정책결정패키지(의사결정패키지) → 의사결정단위
- 기존사업 : 매년 재검토(신축성↑·단기적 관점) / A 사업 : 10억
- 대체사업 / B 사업 : 8억 / C 사업 : 10억 / D 사업 : 12억
- 신규사업 / 고려하기 어려움

일몰법과 비교

10 영기준 예산제도는 과거의 관행을 고려하지 않고 사업에 대한 근본적인 재평가를 바탕으로 예산을 편성한다. 2021 소방간부   ○ ×

07 선과주의 예산제도는 산출의 효과, 즉 결과에 대한 관심을 두지 않음

08 계획예산제도는 하향식 예산편성으로 하위 구성원의 참여가 보장되지 않는 집권적인 예산편성제도임

09 계획예산제도는 랜드연구소에서 개발 후 맥나마라가 국방부에 최초로 적용한 예산편성제도임
→ 이후 존슨이 1960년대에 연방정부에 도입함

10 영기준 예산제도는 감축지향적이므로 과거의 관행을 고려하지 않고 사업에 대한 근본적이 재평가를 바탕으로 예산을 편성함

Answer
07 ×   08 ×   09 ○   10 ○

11 국방비, 공무원의 보수, 교육비와 같은 경직성 경비가 많으면 영기준 예산제도의 효용이 커진다. 2015 9급 사복 ○ ×

12 입법기관이 따로 조치를 취하지 않는 한 정부의 사업 또는 조직이 미리 정한 기간이 지나면 자동적으로 폐지 또는 폐기되도록 하는 제도는 영기준 예산이다. 2017 행정사 ○ ×

◆ **예산편성제도 : 기타 선지**

13 예산편성제도의 등장순서는 품목별 예산제도→성과주의 예산제도→계획 예산제도→영기준 예산제도→결과지향 예산제도의 순서이다. 2020 행정사 ○ ×

---

11 국방비, 공무원의 보수, 교육비와 같은 경직성 경비가 많으면 매년 재검토를 하는 의미가 없으므로 영기준 예산제도의 효용이 떨어짐

12 입법기관이 따로 조치를 취하지 않는 한 정부의 사업 또는 조직이 미리 정한 기간이 지나면 자동적으로 폐지 또는 폐기되도록 하는 제도는 일몰제임

13

구분	입법국가	시장실패	행정국가		정부실패	탈행정국가	
예산제도	LIBS (1920s)	① 원인 ② 정부 대응	PBS (1950s)	PPBS (1960s)	① 원인 ② 정부 대응	ZBB (1970s)	NPBS (1990s)
추구하는 가치	통제		관리	계획		감축	·
예산결정모형	점증		점증	합리		합리	·
예산원칙	전통적(통제)		현대적(통제 + 신축성)				

Answer

11 ×   **12** ×   **13** ○

우리나라의 재정개혁

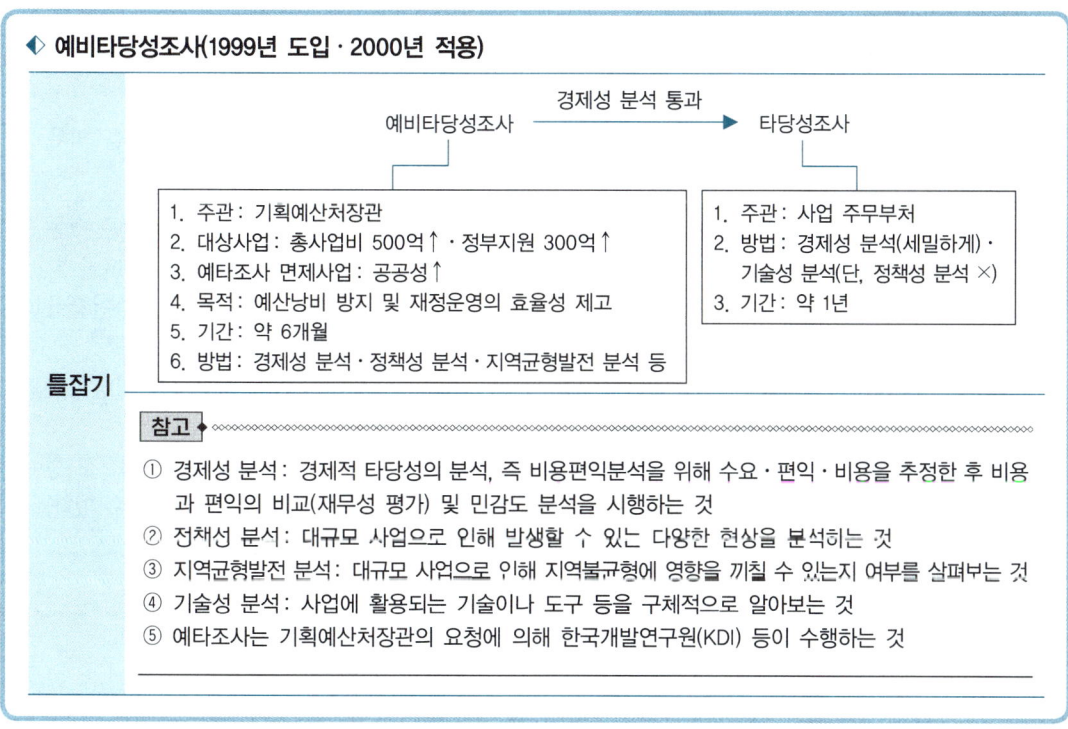

◆ **예비타당성조사(1999년 도입 · 2000년 적용)**

틀잡기

예비타당성조사 → (경제성 분석 통과) → 타당성조사

1. 주관 : 기획예산처장관
2. 대상사업 : 총사업비 500억↑ · 정부지원 300억↑
3. 예타조사 면제사업 : 공공성↑
4. 목적 : 예산낭비 방지 및 재정운영의 효율성 제고
5. 기간 : 약 6개월
6. 방법 : 경제성 분석 · 정책성 분석 · 지역균형발전 분석 등

1. 주관 : 사업 주무부처
2. 방법 : 경제성 분석(세밀하게) · 기술성 분석(단, 정책성 분석 ×)
3. 기간 : 약 1년

참고

① 경제성 분석 : 경제적 타당성의 분석, 즉 비용편익분석을 위해 수요 · 편익 · 비용을 추정한 후 비용과 편익의 비교(재무성 평가) 및 민감도 분석을 시행하는 것
② 전책성 분석 : 대규모 사업으로 인해 발생할 수 있는 다양한 현상을 분석하는 것
③ 지역균형발전 분석 : 대규모 사업으로 인해 지역불균형에 영향을 끼칠 수 있는지 여부를 살펴보는 것
④ 기술성 분석 : 사업에 활용되는 기술이나 도구 등을 구체적으로 알아보는 것
⑤ 예타조사는 기획예산처장관의 요청에 의해 한국개발연구원(KDI) 등이 수행하는 것

01 예비타당성 조사는 정책성 분석을 배제하고 경제성 분석에 집중한다. 2020 행정사 ○ ×

02 기획예산처장관은 총사업비가 300억 원 이상이고 국가의 재정지원 규모가 100억 원 이상인 신규 사업으로서 건설공사가 포함된 사업 등에 대한 예산을 편성하기 위하여 미리 예비타당성 조사를 실시하여야 한다. 2022 9급 지방직 수정 ○ ×

---

01 예비타당성 조사는 대규모 공공투자사업의 타당성을 분석하고 그 결과에 따라 재정사업의 신규투자 여부를 결정하는 통제지향적인 제도로서 경제성 분석, 정책성 분석 등을 통해 사업의 타당성을 검토함

U2 종사업비가 500억 원 이상이고, 국가의 재정지원 규모가 300억 원 이상이 신규 사업은 예비타당성 조사 대상사업임

Answer

01 ×　　**02** ×

03 예비타당성 조사는 2000회계연도 예산을 편성할 때부터 적용되었다. 2020 행정사

◆ **주민참여예산제도**

주요 내용	• 광주광역시 북구청이 전국 최초로 도입(2008)한 이래 지방재정법에 근거한 법률조항이 마련되면서 전국으로 확산 • 이후 개정된 지방재정법(2011)에서는 지방자치단체의 장이 주민참여예산제도를 의무 적으로 시행하도록 규정하고 있음
법령	지방재정법 제39조【지방예산 편성 등 예산과정의 주민참여】① **지방자치단체의 장**은 대통 령령으로 정하는 바에 따라 지방예산 편성 등 예산과정(「지방자치법」 제47조에 따른 지 방의회의 의결사항은 제외한다)에 주민이 참여할 수 있는 제도(이하 이 조에서 "**주민참여 예산제도**"라 한다)를 마련하여 **시행하여야 한다.** ③ **지방자치단체의 장**은 주민참여예산제도를 통하여 수렴한 **주민의 의견서를 지방의회 에 제출하는 예산안에 첨부하여야 한다.** ④ **행정안전부장관**은 지방자치단체의 재정적·지역적 여건 등을 고려하여 대통령령으로 정 하는 바에 따라 지방자치단체별 주민참여예산제도의 운영에 대하여 **평가를 실시할 수 있다.**

04 주민참여예산제도는 지방재정법에 근거조항이 마련되어 있다. 2020 7급 군무원

05 지방자치단체의 장은 주민참여예산제도를 마련하여 시행해야 할 법적 의무가 있다.
2021 7급 국가직

06 지방자치단체의 장은 주민참여예산제도를 통하여 수렴한 주민의 의견서를 지방의
회에 제출하는 예산안에 첨부하여야 한다. 2020 7급 군무원

---

03 예비타당성 조사는 기존에 유지된 타당성조사의 문제점을 보완하기 위해 1999년부터 도입되어 2000년 예산편
성 때부터 적용하고 있음

04 **지방재정법 제39조【지방예산 편성 등 예산과정의 주민 참여】** ① 지방자치단체의 장은 대통령령으로 정하는
바에 따라 지방예산 편성 등 예산과정(「지방자치법」 제39조에 따른 지방의회의 의결사항은 제외한다. 이하 이 조에
서 같다)에 주민이 참여할 수 있는 제도(이하 이 조에서 "주민참여예산제도"라 한다)를 마련하여 시행하여야 한다.

05 우리나라 지방재정법은 주민참여제도를 의무사항으로 명시하고 있음

06 **지방재정법 제39조【지방예산 편성 등 예산과정의 주민 참여】** ③ 지방자치단체의 장은 주민참여예산제도를
통하여 수렴한 주민의 의견서를 지방의회에 제출하는 예산안에 첨부하여야 한다.

Answer
03 ○   **04** ○   **05** ○   **06** ○

Chapter

03 예산의 기초

◆ **예산의 의의 및 구분**

의의			1회계연도에 있어서 국가의 수입(세입) 및 지출(세출)의 예정액 또는 계획안(예정적인 수치)	
예산의 구분	세입 예산	정의	1회계연도에 있어서 국가 혹은 지방자치단체로 유입되는 모든 수입	
		수입원	조세	• 국가가 재정권에 기초해 추출하는 공공재원 • 벌금 과태료 포함 ×
			수익자 부담금	공공서비스 이용의 대가로 징수하는 재원
			국·공채	• 공공지출 경비의 재원을 조달하고자 발행한 채권 • 세대 간 공평성
	세출 예산		1회계연도에 있어서 국가 또는 지방자치단체가 그 목적을 수행하기 위한 모든 지출	

01 조세는 국가가 재정권에 기초해 동원하는 공공재원으로 벌금과 과태료를 포함한다. ◯ ✕

2019 행정사

02 국·공채는 세대 간 공평성을 갖는다. 2019 행정사 ◯ ✕

03 예산은 재원 조달 및 배분이라는 관점에서 세입예산과 세출예산으로 구분된다. ◯ ✕

2018 행정사

01 벌금이나 과태료는 조세가 아니라 세외수입에 해당함
02 국·공채는 국가나 공공지출 경비의 재원을 조달하기 위해 부담하는 채무임→국·공채를 활용한 사업이나 시설로 인해 편익을 얻을 후세대도 재부에 대한 부남을 분남하는 바 국·공채는 세대 간 형평성을 높일 수 있음
03 예산은 재원 소날(소세, 수익사 부딤금, 국·공재 등으로 충딩) 및 배분이라는 관점에시 시입예신과 시출예산으로 구분됨

Answer

01 ✕   02 ◯   03 ◯

◆ **예산법률주의와 예산의결주의**

틀잡기	구분	예산법률주의	예산의결주의(예산주의)
	예산편성	입법부	행정부
	예산승인		입법부

내용	구분	예산법률주의	예산의결주의(예산주의)
	정의	• 의회가 의결한 예산을 법률의 형식으로 만들어서 대통령에게 제출 • 세입법, 세출법으로 명명	• 의회가 예산을 의결로 확정 • 세입예산, 세출예산으로 명명
	채택국가	영국, 미국, 프랑스, 독일 등	한국, 일본 등
	특징	• 세입과 세출예산 모두 매년 국회가 법률로 확정 • 세입과 세출이 모두 법적 구속력 지님	• 행정부가 편성한 예산을 매년 국회가 의결 • 세출은 대정부 구속력 ○, 세입은 참고자료
	대통령의 거부권 및 공포권	재의요구권·거부권 및 공포권 행사 가능	재의요구권·거부권 및 공포권 행사 불가능
	조세에 대한 시각	1년세주의	영구세주의: 예산이 확정되어도 세법에 영향×

◆ **예산과 법률**

구분	예산	법률
제출권자	정부	국회, 정부
제출기한	회계연도 개시 120일 전	제한 없음
심의기한	회계연도 개시 30일 전	제한 없음
대통령 거부권	거부권 행사 불가능	거부권 행사 가능
국회심의 범위	• 예산의 증액 및 새로운 비목 설치 불가능 • 정부의 동의가 있으면 가능	자유롭게 수정 가능
대인적 효력	국가기관을 구속	국가기관 및 국민 모두를 구속
시간적 효력	회계연도에 국한	폐지까지 계속적인 효력

참고 ◆

우리나라에서는 예산으로 법률을 변경할 수 없고, 법률로 예산을 변경할 수 없음

04 대통령은 국회가 의결한 예산에 대해 재의를 요구할 수 없다. 2016 행정사 ☐○☐☒

05 법률안과 예산안은 국회에서 의결된 후 공포절차를 거쳐야 효력이 발생한다. ☐○☐☒

2016 행정사

06 우리나라는 예산법률주의를 채택하고 있다. 2025 행정사 ☐○☐☒

04 우리나라는 대통령의 법률안 거부권이 인정되지만 예산은 법률이 아니므로 거부권을 행사할 수 없음

05 법률안은 공포하여야 효력이 발생하지만, 예산은 국회의결로 성립함

06 우리나라는 예산의결주의를 채택하고 있음 → 예산의결주의에서 예산편성권은 공식적으로 행정부에게 있음

Answer

04 ○   **05** ×   **06** ×

◆ 전통적 예산원칙(통제지향)과 예외사항

구분	개념	예외	
엄밀성(정확성) 원칙	예산과 결산의 일치	적자, 불용액(예 세계잉여금 : 결산 후 남은 돈)	
단일성 원칙	• 단일한 회계장부에 기록 • 예산은 가능한 한 모든 재정활동을 포괄하는 단일한 예산 내에서 정리 • 가급적 일반회계예산으로 국가의 모든 활동을 집행	두문자 단추특기 • 예외 : 특별회계예산, 추가경정예산, 기금	
공개성 원칙	• 예산과정의 공개 • 투명성 강조	국방비, 외교활동비, 국가정보원 예산 등	
사전승인 원칙	행정부가 집행하는 돈은 국회의 사전 심의·의결을 거쳐야 함	사고이월, 전용, 준예산, 긴급재정명령, 선결처분, 예비비 지출 등	
통일성 원칙	세입은 국고를 거쳐 세출되어야 함	두문자 통목수특기 • 예외 : 목적세, 수입대체경비, 특별회계, 기금	
완전성(포괄성) 원칙 (예산총계주의)	예산에 모든 세입과 세출이 명시적으로 나열되어 빠짐없이 계상(총계예산) 예 세금 징수비용 등을 제외한 순수입만을 세입예산에 반영시켜서는 안 된다는 원칙	두문자 완전차감고 순수해서 현기증나 • 예외 : 전대차관, 차관물자대, 순계예산, 수입대체경비, 현물출자, 기금	
명료성 원칙	예산의 내역과 용도는 국민이 이해할 수 있도록 구체적이고 단순해야 함 → 수입 및 지출 용도 구분	총괄예산 등	
한정성 원칙	의회가 지정한 목적·금액·시기 내에서 예산 집행	목적(질적) 한정성 예외	이용, 전용
		규모(양적) 한정성 예외	예비비, 추가경정예산
		시간(시기) 한정성 예외 (회계연도 독립원칙 예외)	이월, 계속비, 국고채무부담행위 등

07 세입과 세출은 모두 예산에 계상하여야 한다는 것은 '완전성 원칙'을 의미한다. 2017 행정사 ☐◯☐✕

08 전대차관은 완전성 원칙의 예외에 해당한다. 2019 행정사 ☐◯☐✕

09 사전승인의 원칙은 '현대적 예산원칙'에 포함된다. 2014 행정사 ☐◯☐✕

10 예산의 원칙 중 특정 수입과 특정 지출이 연계되어서는 안 된다는 것은 '단일성의 원칙'이다. 2015 9급 지방직 ☐◯☐✕

11 통일성의 원칙은 회계장부가 하나여야 한다는 원칙이다. 2013 9급 서울시 ☐◯☐✕

12 예산은 주어진 목적, 규모, 그리고 시간에 따라 집행되어야 한다는 원칙은 '예산총계주의'이다. 2015 9급 지방직 ☐◯☐✕

13 통일성 원칙의 예외에는 교육세, 예산총계주의 원칙의 예외로는 기금이 있다 ☐◯☐✕
2024 행정사

14 예산구조나 과목은 국민들이 이해하기 쉽게 단순해야 한다는 것은 현대적 예산원칙에 해당한다. 2023 행정사 ☐◯☐✕

---

07 선지는 '예산총계주의 원칙', 즉 완전성의 원칙을 뜻함

08 두문자 완전차감고 순수해서 현기증나
 ※ 완전성 원칙의 예외: 전대차관, 차관물자대, 예산순계, 수입대체경비, 현물출자, 기금

09 사전승인의 원칙은 '전통적 예산원칙'에 포함됨

10 예산의 원칙 중 특정 수입과 특정 지출이 연계되어서는 안 된다는 것은 '통일성의 원칙'임
 ※ 단일성의 원칙: 예산은 하나만 존재하거니 예산은 단일의 회계 내에서 성리되어야 한다는 원칙

11 단일성의 원칙은 회계장부가 하나여야 한다는 원칙임
 ※ 통일성의 원칙: 국가의 모든 수입은 국고에 들어온 후 국고에서 지출이 이루어져야 함

12 예산은 주어진 목적, 규모, 그리고 시간에 따라 집행되어야 한다는 것은 한정성의 원칙에 해당함
 ※ 예산총계주의: 모든 세입과 세출은 예산에 명시적으로 게상(게산하여 올림)해야 함

13 교육세는 목직세이며(통일성 원칙 예외), 기금은 예산이 아님(완전성 원칙 예외)

14 선지는 명확성의 원칙이며, 이는 전통직 예산원칙에 해당함

Answer◀
07 ○   08 ○   09 ×   10 ×   11 ×   12 ×   13 ○   14 ×

예산의 종류 및 분류

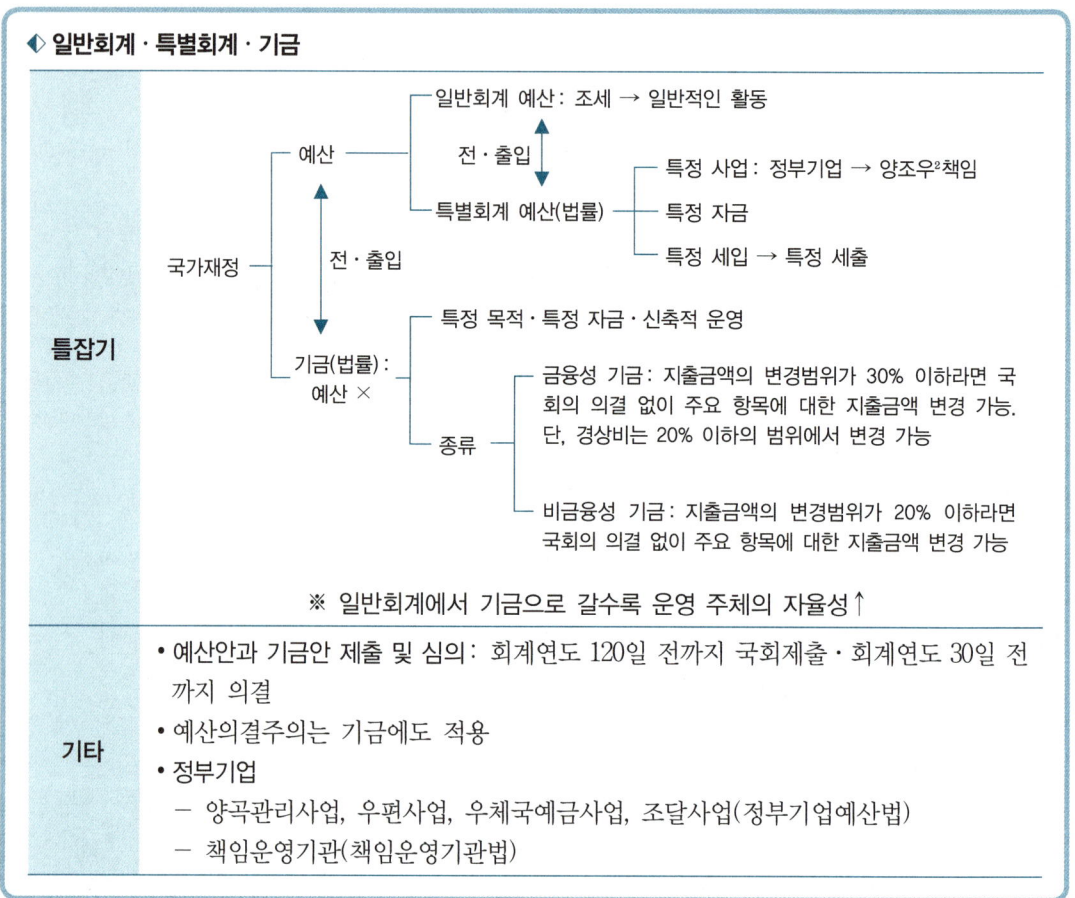

◆ **일반회계 · 특별회계 · 기금**

틀잡기

국가재정

예산
─ 일반회계 예산 : 조세 → 일반적인 활동
전 · 출입
─ 특별회계 예산(법률)
  ─ 특정 사업 : 정부기업 → 양조우[2]책임
  ─ 특정 자금
  ─ 특정 세입 → 특정 세출

전 · 출입

기금(법률) : 예산 ✕
─ 특정 목적 · 특정 자금 · 신축적 운영
─ 종류
  ─ 금융성 기금 : 지출금액의 변경범위가 30% 이하라면 국회의 의결 없이 주요 항목에 대한 지출금액 변경 가능. 단, 경상비는 20% 이하의 범위에서 변경 가능
  ─ 비금융성 기금 : 지출금액의 변경범위가 20% 이하라면 국회의 의결 없이 주요 항목에 대한 지출금액 변경 가능

※ 일반회계에서 기금으로 갈수록 운영 주체의 자율성↑

기타

- 예산안과 기금안 제출 및 심의 : 회계연도 120일 전까지 국회제출 · 회계연도 30일 전까지 의결
- 예산의결주의는 기금에도 적용
- 정부기업
  - 양곡관리사업, 우편사업, 우체국예금사업, 조달사업(정부기업예산법)
  - 책임운영기관(책임운영기관법)

01 특별회계는 예산집행부서의 재량을 억제하여 책임성을 제고시킨다. 2021 행정사 〔○〕〔✕〕

02 특별회계는 행정각부의 명령으로 설치할 수 있다. 2017 행정사 〔○〕〔✕〕

03 기금은 국가가 특정한 목적을 위하여 특정한 자금을 신축적으로 운용할 필요가 있을 때 대통령령으로 설치한다. 2015 행정사 〔○〕〔✕〕

04 정부는 주요 항목 단위로 마련된 기금운용계획안을 회계연도 90일 전까지 국회에 제출하여야 한다. 2015 행정사 〔○〕〔✕〕

05 국회는 정부가 제출한 기금운용계획안의 주요항목 지출금액을 증액하고자 하는 때 ○×
에는 미리 정부의 동의를 얻어야 한다. **2025 행정사**

◆ **예산불성립시 집행장치**

	종류	국회의 의결	지출항목	채택국가	기간
틀잡기	준예산	불필요	한정적	한국, 독일	제한 없음
	잠정예산	필요	전반적	영국, 미국, 일본, 캐나다	제한 없음
	가예산	필요	전반적	프랑스, 한국의 제1공화국	최초 1개월

◆ **용어설명**
① 준예산 : 국회에서 예산안이 의결될 때까지 특정 경비에 대해 전 회계연도의 예산에 준해 집행하는 제도
② 잠정예산 : 일정 금액의 예산의 국고지출을 잠정적으로 허가하는 제도
③ 가예산 : 회계연도 개시 전까지 예산이 의결되지 못했을 때 의회가 미리 1개월분 예산만 의결해 정부가 집행할 수 있도록 하는 예산

준예산
• 국가 재정활동의 단절 방지를 위해 우리나라는 1960년도 이후부터 준예산제도를 채택
• 준예산은 헌법에 명시되어 있는 제도

대한민국헌법 제54조 ③ 새로운 회계연도가 개시될 때까지 예산안이 의결되지 못한 때에는 정부는 국회에서 예산안이 의결될 때까지 다음의 목적을 위한 경비는 전년도 예산에 준하여 집행할 수 있다.
1. 헌법이나 법률에 의하여 설치된 기관 또는 시설의 유지·운영
2. 법률상 지출의무의 이행
3. 이미 예산으로 승인된 사업의 계속

01 특별회계는 예산집행부서의 재량을 증대하여 책임성을 제고시킬
02 특별회계는 법률로 설치함
03 기금은 법률로 설치함
04 90일을 120일로 수정해야 함
05 국가재정법 제69조【증액 동의】국회는 정부가 제출한 기금운용계획안의 주요항목 지출금액을 증액하거나 새로운 과목을 설치하고자 하는 때에는 미리 정부의 동의를 얻어야 한다.

Answer
01 × 02 × 03 × 04 × 05 ○

06 우리나라는 1960년도 이후부터 준예산제도를 채택하고 있다. **2017 행정사** ○×

07 우리나라는 회계연도 개시 30일 전까지 국회에서 예산안이 의결되지 못하는 경우 준예산을 사용할 수 있다. **2017 행정사** ○×

08 준예산은 새로운 회계연도가 시작되는 날로부터 최초 수개월분의 일정한 금액의 예산을 정부가 집행할 수 있게 허가하는 제도이다. **2013 행정사** ○×

09 준예산은 국회의 의결을 필요로 한다. **2021 7급 국가직** ○×

10 정부는 회계연도 개시 전까지 예산안이 의결되지 못한 때에는 전년도 예산에 준해 모든 예산을 편성해 운영할 수 있다. **2021 9급 국가직** ○×

◈ 성립 시기에 따른 예산 구분

틀잡기	전 ← 본예산 → 후 수정예산 ←——— 본예산 ———→ 추가경정예산 1. FY − 30일에 의결을 통해 확정된 예산 2. 당초예산이라고 불리기도 함 1. 예산확정 후 사유에 의해 추가편성한 예산 2. 편성사유 : 전경법 3. 편성횟수 : 제한 없음 4. 거의 매년 편성 5. 의회의결 필요	
추가 경정 예산	**주요 내용**	• 추경예산은 본예산과 별개로 성립하지만, 일단 성립하면 본예산과 통합해 운용 • 우리나라 정부는 1990년 이후 1993년과 2007년을 제외하고는 매년 1~2회의 추경예산을 편성했음 → 따라서 과거에 추가경정예산이 편성되지 않은 연도가 있었음(1993년, 2007년)
	법령	제89조 【추가경정예산안의 편성】 ① 정부는 다음 각 호의 어느 하나에 해당하게 되어 이미 확정된 예산에 변경을 가할 필요가 있는 경우에는 추가경정예산안을 편성할 수 있다. 　1. **전쟁**이나 대규모 재해가 발생한 경우 　2. **경기침체**, 대량실업, 남북관계의 변화, 경제협력과 같은 대내·외 여건에 **중대한 변화**가 발생하였거나 발생할 **우려**가 있는 경우 　3. **법령**에 따라 국가가 지급하여야 하는 지출이 발생하거나 증가하는 경우 ② 정부는 국회에서 추가경정예산안이 확정되기 전에 이를 미리 배정하거나 집행할 수 없다.
수정 예산		• 수정예산안을 편성하는 것은 드문 일임 → 우리나라에서는 1970년, 1981년, 2009년에 편성한 바 있음 • 수정예산은 국무회의 심의와 대통령의 승인을 거쳐 국회에 제출

11 수정예산은 예산이 국회를 통과한 이후 예산집행과정에서 다시 제출되는 예산이다. ○☒
2013 행정사

12 본예산은 정기국회의 심의를 거쳐 확정된 최초의 예산으로 당초예산이라고도 한다. ○☒
2013 행정사

13 국회는 회계연도 개시 30일 전까지 예산안을 의결하여야 한다. **2016 행정사** ○☒

14 추가경정예산은 예산의 신축성 확보를 위한 제도로서, 최소 1회의 추가경정예산을 ○☒
편성하도록 국가재정법에 규정되어 있다. **2018 9급 국가직**

15 「국가재정법」에 따르면 법령에 따라 국가가 지급하여야 하는 지출이 발생하거나 증 ○☒
가하여 이미 확정된 예산에 변경을 가할 필요가 있는 경우에 추가경정예산을 편성
할 수 있다. **2020 7급 지방직**

---

06 준예산제도는 우리나라에서 현재 활용하고 있는 예산불성립시 집행장치임

07 준예산제도는 회계연도 개시일까지 예산이 성립하지 않은 경우에 사용할 수 있음→아래의 조항 참고
헌법 제54조 ③ 새로운 회계연도가 개시될 때까지 예산안이 의결되지 못한 때에는 정부는 국회에서 예산안이
의결될 때까지 다음의 목적을 위한 경비는 전년도 예산에 준하여 집행할 수 있다.

08 선지는 잠정예산에 대한 내용임→준예산제도는 국회의 승인이 필요 없음

09 우리나라 준예산은 국회의 의결이 필요 없음

10 정부는 회계연도 개시 전까지 예산안이 의결되지 못한 때에는 일부 예산을 전년도 예산에 준하여 운영할 수 있음

11 선지는 추가경정예산에 대한 내용임
※ 수정예산 : 예산안이 제출된 이후 국회의결 이전에 기존안의 일부를 수정해 제출한 예산

12 본예산은 의회의 의결을 거쳐 성립한 최초의 예산임

13 **헌법 제54조** ② 정부는 회계연도마다 예산안을 편성하여 회계연도 개시 90일전까지 국회에 제출하고, 국회는
회계연도 개시 30일 전(12월 2일)까지 이를 의결하여야 한다.

14 추가경정예산은 예산의 신축성 확보를 위한 제도이며, 편성 횟수의 제한을 두지 않고 있음

15 **국가재정법 제89조 【추가경정예산안의 편성】** ① 정부는 다음 각 호의 어느 하나에 해당하게 되어 이미 확정
된 예산에 변경을 가할 필요가 있는 경우에는 추가경정예산안을 편성할 수 있다.
3. 법령에 따라 국가가 지급하여야 하는 지출이 발생하거나 증가하는 경우

Answer
06 ○   **07** ×   **08** ×   **09** ×   **10** ×   **11** ×   **12** ○   **13** ○   **14** ×   **15** ○

16 경제협력, 해외원조를 위한 지출을 예비비로 충당해야 할 우려가 있는 경우는 국가 ☐O☐X 재정법상 추가경정예산안 편성이 가능한 사유에 해당한다. 2021 9급 국가직

◆ **성인지예산제도**

의의	개념	• 예산편성과 집행과정에서 남녀별로 미치는 효과를 고려해 성차별 없이 평등하게 혜택을 누릴 수 있도록 예산을 편성하는 제도 • **성인지적 = 성주류화 ↔ 성중립적 = 몰성인지적** • 성중립적 관점은 남녀 간의 획일적인 평등을 강조하는 소극적 기회의 공평을 전제하는 반면, 성인지적 관점은 남녀 간의 적극적인 공평을 구현하려는 적극적 결과의 공평을 전제 예 성중립적 관점에 따르면 남녀 공중화장실을 1:1로 설치해야 하나, 성인지적 관점에 따르면 1:1.5로 설치해야 함
	등장 배경	• 1984년 호주에서 세계 최초로 도입 • 1995년 베이징에서 개최한 유엔 세계여성대회에서 성주류화 전략을 주요 의제로 채택하면서 세계 각국에서 시행 • 국가재정법과 지방재정법에서 정부와 지방자치단체에 대해서 성인지 예산서와 결산서 작성을 의무화 • 중앙정부는 2010회계연도부터, 지방정부는 2013회계연도부터 도입

	구분	중앙정부	지방자치단체
기타	성인지예산서 및 결산서	O	O
	성인지기금운용계획서 및 성인지기금결산서	O	×

17 정부는 예산이 여성과 남성에게 미치는 효과를 평가하고, 그 결과를 정부의 예산편 ☐O☐X 성에 반영하기 위하여 노력하여야 한다. 2018 행정사

18 성인지예산제도는 예산이 남성이 아니라 여성에게 미치는 효과를 분석하여 양성평 ☐O☐X 등을 위한 예산집행을 추구한다. 2020 행정사

19 성인지예산제도는 예산과정에 대한 성 주류화의 적용으로 양성평등을 위한 실질적 ☐O☐X 인 예산배분의 변화를 추구한다. 2020 행정사

◆ **기타**

조세 지출 예산 제도	조세지출	• 합법적인 세금감면(정부의 간접적 지출) → 비가시적·경직적 지출 • 즉, 정부가 받아야 할 세금을 비과세, 감면, 공제 등의 세제혜택을 통해 받지 않는 것
	조세지출 예산제도	• 합법적인 세금감면 통제 by 의회 • 과세에 대한 형평성 제고 • 불공정한 조세지출 방지를 목적
예산총계· 예산순계	예산총계	회계 간 중복거래금액을 포함하는 예산
	예산순계	회계 간 중복거래금액을 포함하지 않는 예산

예산 분류 (예산 규모)	틀잡기	지출단위↓ 장 (분야) — 관 (부문) — 항 (프로그램) — 세항 (단위사업) — 목 (품목) 복지 — 노인복지 — 노인건강개선사업 — 무상진료사업 — • 인건비 • 재료비 등 기능별 분류　　사업·활동별 분류　　품목별 분류
	주요 내용	
	조직별 분류	• 조직단위를 기준으로 예산을 분류 • 사업별 분류방식에 비해 독립된 행정부서의 예산 상황을 쉽게 이해 • 지출주체의 명료함 → 회계책임 확보가 쉬움
	기능별 분류	• **국민을 위한 분류**: 국민의 관점에서 정부가 무슨 일을 하는지 알 수 있음 • 세출예산의 분류에 적합 • 회계책임이 명백하지 못할 수 있음
	경제성질별 분류	• 국민경제에 미치는 영향을 파악하기 위한 분류 • 즉, 다양한 재정지표를 나열해 우리나라의 재정상태를 표현

16　선지는 추경예산 편성 사유에 해당하지 않음
　　※ 추경예산 편성사유: 두문자 전경법

17　성인지적 관점은 실질적인 남녀평등을 고려함

18　성인지예산제도는 예산과정에 대한 성 주류화의 적용으로 양성평등을 위한 실질적인 예산배분의 변화를 추구하는 바 예산이 남성과 여성에게 미치는 효과를 분석하여 양성평등을 위한 예산집행을 추구함

19　성인지예산제도는 예산과정에 대한 성 주류화의 적용, 즉 양성평등을 위한 실질적인 예산배분을 추구함

Answer ◂--

16　×　　17　○　　18　×　　19　○

20 조세지출예산은 조세감면의 구체적인 내역을 예산구조로써 밝히는 것이다. 2013 행정사 ☐O☐X

21 예산은 회계 간 중복 거래 금액의 포함 여부에 따라 세입예산과 세출예산으로 구분된다. 2018 행정사 ☐O☐X

22 사업별 분류방식이 조직별 분류방식보다 독립된 행정부서의 예산 상황을 이해하는 데 더 유용하다. 2018 행정사 ☐O☐X

---

20 조세지출예산은 조세감면제도를 예산제도로 운영함으로써 국회의 재정통제를 강화하기 위한 제도임 → 그러므로 정부는 조세감면의 구체적인 내역을 국회에 제출하여 심의 받아야 함

21 예산은 회계 간 중복 거래 금액의 포함 여부에 따라 예산총계와 예산순계로 구분됨

22 조직별 분류방식이 사업별 분류방식보다 독립된 행정부서의 예산 상황을 이해하는 데 더 유용함

Answer
20 ○   **21** ×   **22** ×

예산과정

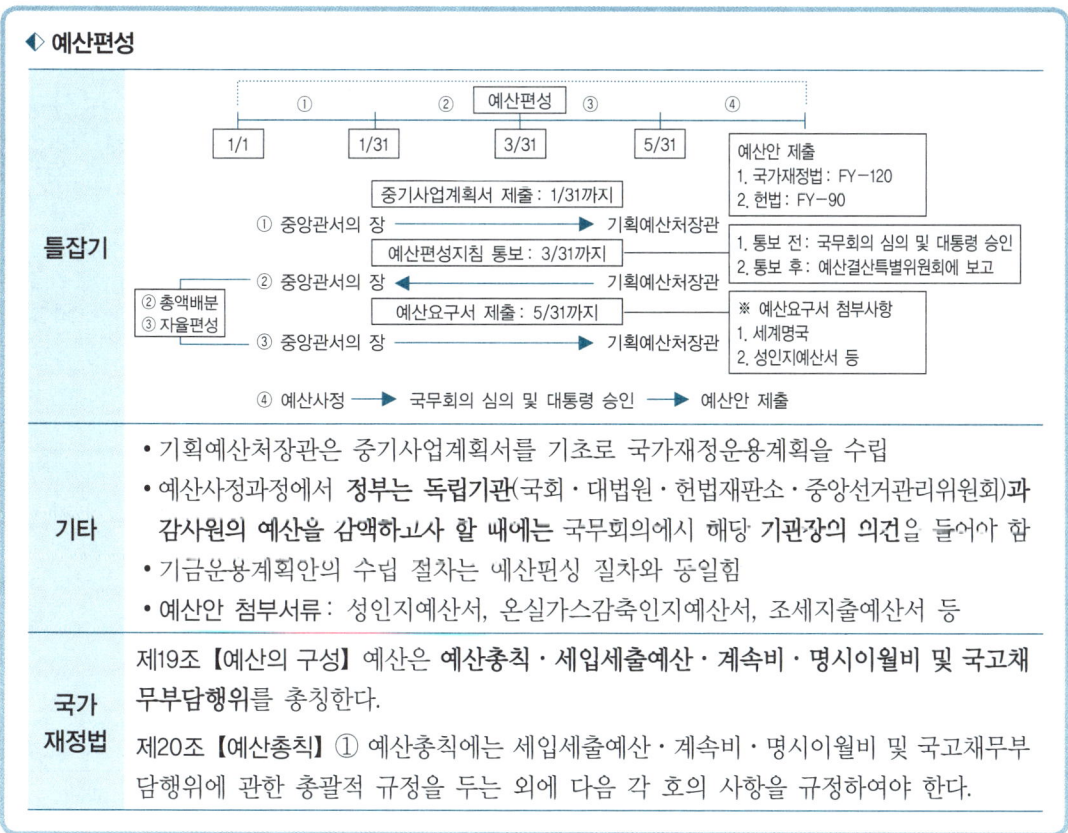

◆ 예산편성

틀잡기	① 1/1 ② 예산편성 ③ 3/31 ④ 5/31 예산안 제출 1. 국가재정법: FY−120 2. 헌법: FY−90

중기사업계획서 제출: 1/31까지
① 중앙관서의 장 ──────→ 기획예산처장관
예산편성지침 통보: 3/31까지
1. 통보 전: 국무회의 심의 및 대통령 승인
2. 통보 후: 예산결산특별위원회에 보고

② 총액배분 ③ 자율편성
② 중앙관서의 장 ←────── 기획예산처장관
예산요구서 제출: 5/31까지
③ 중앙관서의 장 ──────→ 기획예산처장관
※ 예산요구서 첨부사항
1. 세계명국
2. 성인지예산서 등

④ 예산사정 ──→ 국무회의 심의 및 대통령 승인 ──→ 예산안 제출

기타	• 기획예산처장관은 중기사업계획서를 기초로 국가재정운용계획을 수립 • 예산사정과정에서 **정부는 독립기관**(국회·대법원·헌법재판소·중앙선거관리위원회)**과 감사원의 예산을 삭감하고자 할 때에는** 국무회의에서 해당 **기관장의 의견**을 들어야 함 • 기금운용계획안의 수립 절차는 예산편성 절차와 동일함 • 예산안 첨부서류: 성인지예산서, 온실가스감축인지예산서, 조세지출예산서 등
국가 재정법	제19조 【예산의 구성】 예산은 **예산총칙·세입세출예산·계속비·명시이월비 및 국고채무부담행위**를 총칭한다. 제20조 【예산총칙】 ① 예산총칙에는 세입세출예산·계속비·명시이월비 및 국고채무부담행위에 관한 총괄적 규정을 두는 외에 다음 각 호의 사항을 규정하여야 한다.

---

01 예산편성은 기획예산처가 예산안편성지침을 작성하고 각 중앙행정기관의 장에게 ◯✕
시달하여 중기사업계획서를 제출받으면서 시작한다. **2021 행정사 수정**

---

01 예산편성은 각 중앙관서의 장이 중기사업계획서를 기재부장관에게 제출하고, 기획예산처장관이 예산안편성지침을 중앙관서의 장에게 통보하면서 시작됨

Answer

01 ✕

02 정부예산안은 국무회의의 심의와 대통령의 재가로 확정되고 회계연도 개시 120일 ◯✕
전까지 국회에 제출하여야 한다. 2021 행정사

03 우리나라 「국가재정법」에서 총괄적으로 규정하고 있는 예산총칙의 사항은 계속비, ◯✕
세입세출예산, 명시이월비, 국고채무부담행위이다. 2018 행정사

04 정부가 감사원의 세출예산요구액을 감액하고자 할 때에는 재정정책자문회의에서 ◯✕
감사원장의 의견을 들어야 한다. 2025 행정사

05 국가결산보고서는 정부가 회계연도 개시 120일 전까지 국회에 제출하는 예산안의 ◯✕
구성요소에 포함된다. 2022 행정사

◆ **예산심의·의결**

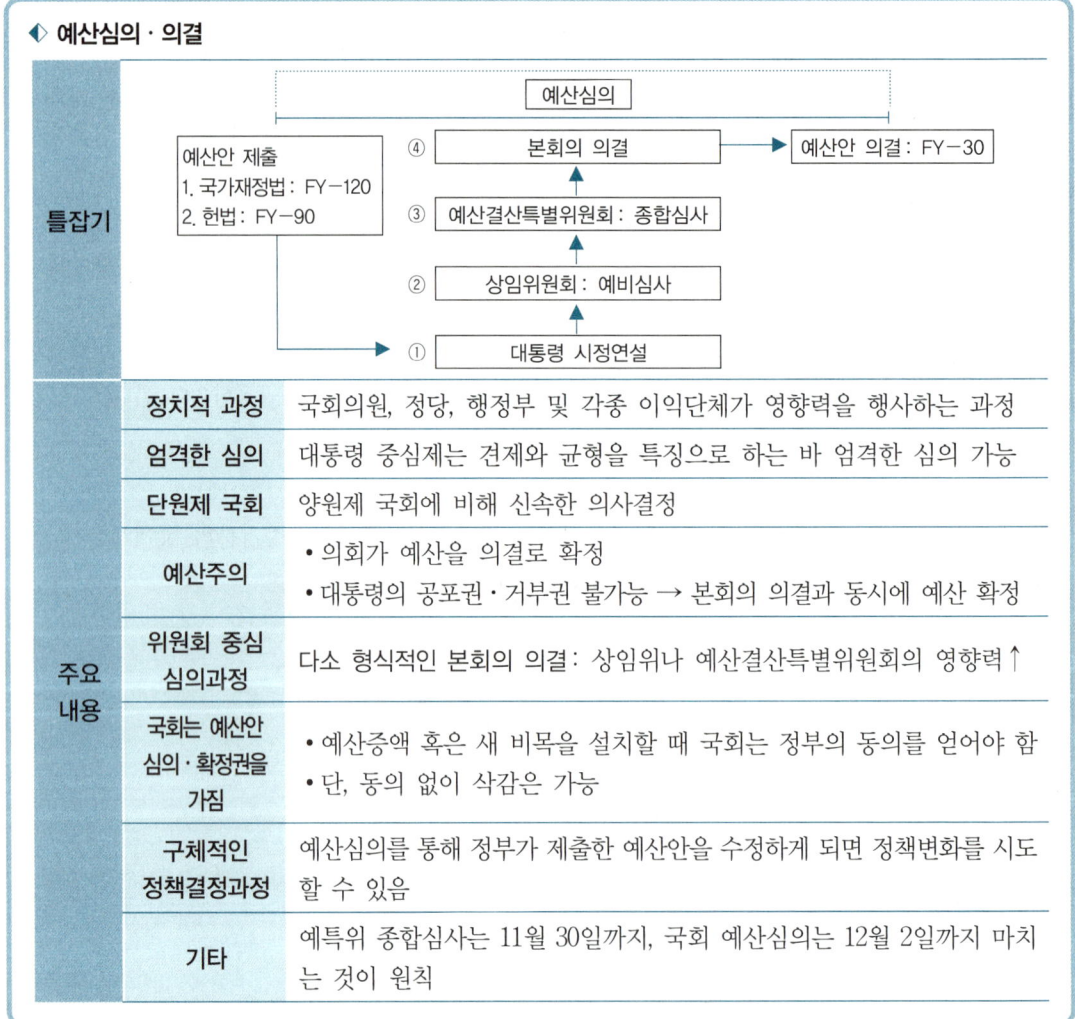

틀잡기		예산심의 과정 도표
주요 내용	정치적 과정	국회의원, 정당, 행정부 및 각종 이익단체가 영향력을 행사하는 과정
	엄격한 심의	대통령 중심제는 견제와 균형을 특징으로 하는 바 엄격한 심의 가능
	단원제 국회	양원제 국회에 비해 신속한 의사결정
	예산주의	• 의회가 예산을 의결로 확정 • 대통령의 공포권·거부권 불가능 → 본회의 의결과 동시에 예산 확정
	위원회 중심 심의과정	다소 형식적인 본회의 의결: 상임위나 예산결산특별위원회의 영향력↑
	국회는 예산안 심의·확정권을 가짐	• 예산증액 혹은 새 비목을 설치할 때 국회는 정부의 동의를 얻어야 함 • 단, 동의 없이 삭감은 가능
	구체적인 정책결정과정	예산심의를 통해 정부가 제출한 예산안을 수정하게 되면 정책변화를 시도할 수 있음
	기타	예특위 종합심사는 11월 30일까지, 국회 예산심의는 12월 2일까지 마치는 것이 원칙

06 국회 예산결산특별위원회가 11월 30일까지 예산안 심사를 마치지 않으면 원칙적으로 ☐O☐X 그 다음 날에 위원회에서 심사를 마치고 바로 본회의에 부의된 것으로 본다. 2021 행정사

07 국회는 정부예산에 대한 통제권을 가지므로 정부의 동의 없이 지출예산 각 항의 금 ☐O☐X 액을 증가할 수 있다. 2016 행정사

08 국회에 제출된 예산안은 소관 상임위원회의 예비심사를 거친다. 2016 행정사 ☐O☐X

09 예산결산특별위원회의 예비심사 후 상임위원회의 종합심사와 본회의 의결을 거쳐 ☐O☐X 예산안을 확정한다. 2009 9급 국가직

10 우리나라의 예산과정은 국회 본회의 중심이 아니라 국회 상임위원회와 예산결산 특 ☐O☐X 별위원회 중심으로 예산이 심의된다. 2017 7급 국가직 추가

02 **국가재정법 제32조【예산안의 편성】** 기획예산처장관은 제31조 제1항의 규정에 따른 예산요구서에 따라 예산 안을 편성하여 국무회의의 심의를 거친 후 대통령의 승인을 얻어야 한다.
동법 제33조【예산안의 국회제출】 정부는 제32조의 규정에 따라 대통령의 승인을 얻은 예산안을 회계연도 개 시 120일 전까지 국회에 제출하여야 한다.

03 **국가재정법 제20조【예산총칙】** ① 예산총칙에는 세입세출예산·계속비·명시이월비 및 국고채무부담행위에 관한 총괄적 규정을 두는 외에 다음 각 호의 사항을 규정하여야 한다.

04 예산사정과정에서 정부는 독립기관(국회·대법원·헌법재판소·중앙선거관리위원회)과 감사원의 예산을 감액 하고자 할 때에는 국무회의에서 해당 기관장의 의견을 들어야 함

05 결산보고서는 예산편성과정이 아니라 결산과정에서 제출됨

06 국회 예산결산특별위원회가 11월 30일까지 예산안 심사를 마치지 않으면 원칙적으로 그 다음 날에 위원회에서 심사를 마치고 바로 본회의에 부의된 것으로 봄 → 아래의 조항 참고
국회법 제85조의3【예산안 등의 본회의 자동 부의 등】 ① 위원회는 예산안, 기금운용계획안, 임대형 민자사 업 한도액안(이하 "예산안등"이라 한다)과 제4항에 따라 지정된 세입예산안 부수 법률안의 심사를 매년 11월30 일까지 마쳐야 한다.

07 국회는 정부예산에 대한 통제권을 가지고 있으나, 예산편성권은 행정부에게 있는 바 정부의 동의 없이 지출예산 각 항의 금액을 증가할 수 없음

08 **국회법 제84조【예산안·결산의 회부 및 심사】** ① 예산안과 결산은 소관 상임위원회에 회부하고, 소관 상임위 원회는 예비심사를 하여 그 결과를 의장에게 보고한다. 이 경우 예산안에 대해서는 본회의에서 정부의 시정연설 을 듣는다.

09 상임위원회의 예비심사 후 예산결산특별위원회의 종합심사와 본회의 의결을 거쳐 예산안을 확정함

10 우리나라에서 본회의 의결은 형식적·상징적 의미를 지님

Answer

02 O　　03 O　　04 ✕　　05 ✕　　06 O　　07 ✕　　08 O　　09 ✕　　10 O

◆ **예산집행**

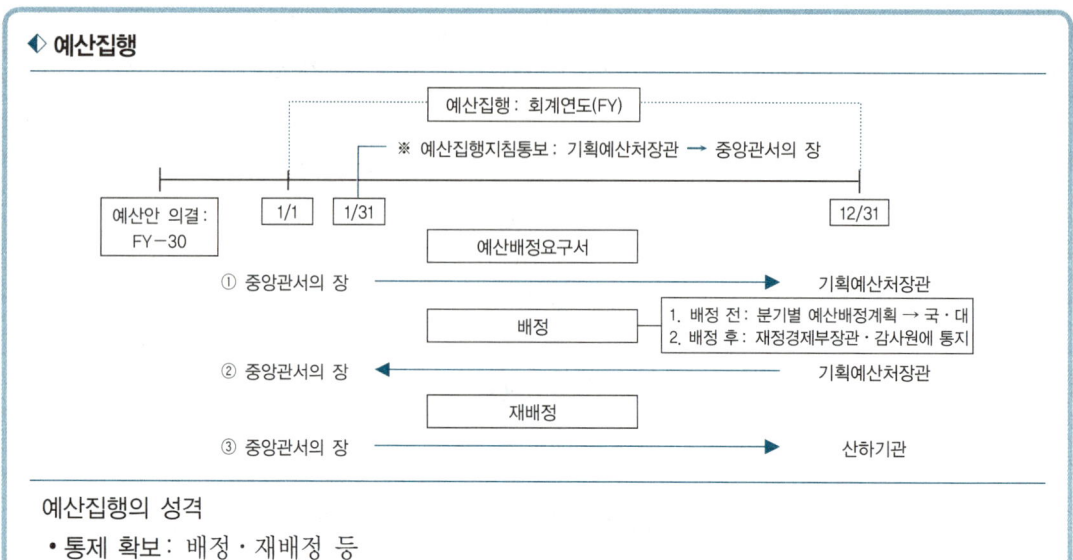

예산집행의 성격
• 통제 확보 : 배정·재배정 등
• 신축성 확보 : 이용·전용, 이체, 이월, 예비비, 계속비, 국고채무부담행위, 수입대체경비, 총액
계상예산제도(총괄예산제도), 준예산, 추가경정예산 등

◆ **신축성 확보수단 : 국가재정법을 중심으로**

총액계상 예산	제37조【총액계상】① 기획예산처장관은 대통령령으로 정하는 사업으로서 **세부내용을 미리 확정하기 곤란한 사업**(도로보수·국가유산보수 사업 등)의 경우에는 이를 총액으로 예산에 계상할 수 있다.
계속비	제23조【계속비】① 완성에 수년이 필요한 공사나 제조 및 연구개발사업은 그 경비의 **총액과 연부액(年賦額)**을 정하여 미리 **국회의 의결**을 얻은 범위 안에서 수년도에 걸쳐서 지출할 수 있다. ② 제1항의 규정에 따라 국가가 지출할 수 있는 연한은 그 회계연도부터 **5년 이내**로 한다. 다만, 사업규모 및 국가재원 여건을 고려하여 필요한 경우에는 예외적으로 10년 이내로 할 수 있다. ③ 기획예산처장관은 필요하다고 인정하는 때에는 **국회의 의결을 거쳐 제2항의 지출 연한을 연장**할 수 있다.
수입대체 경비	제53조【예산총계주의 원칙의 예외】① 각 중앙관서의 장은 용역 또는 시설을 제공하여 발생하는 수입과 관련되는 경비로서 대통령령으로 정하는 경비의 경우 **수입이 예산을 초과하거나 초과할 것이 예상**되는 때에는 그 초과수입을 대통령령이 정하는 바에 따라 그 초과수입에 직접 관련되는 경비 및 이에 수반되는 경비에 초과지출할 수 있다.
이용과 전용	**이용** • 입법과목 간의 융통 → 일반적으로 장·관·항 간의 융통 • 국회의 사전의결이 필요하며 기획예산처장관 승인을 얻어야 가능
	전용 • 행정과목 간의 융통 → 세항·목 간의 융통 • 행정과목에 대한 변경이므로 기획예산처장관 승인만 있으면 가능

이체	• 정부조직 등에 관한 법령의 제정·개정 또는 폐지로 인해 중앙관서의 직무와 권한에 변동이 있을 때 예산의 책임소관을 변경 • 국회의 승인이 필요 없음
예비비	제22조【예비비】① 정부는 **예측할 수 없는 예산 외의 지출 또는 예산초과지출에 충당하기 위하여 일반회계 예산총액의 100분의 1 이내의 금액을 예비비로 세입세출예산에 계상할 수 있다.** 다만, 예산총칙 등에 따라 미리 사용목적을 지정해 놓은 예비비(목적예비비)는 본문에도 불구하고 별도로 세입세출예산에 계상할 수 있다. ② 제1항 단서에도 불구하고 공무원의 보수 인상을 위한 인건비 충당을 위하여는 예비비의 사용목적을 지정할 수 없다.

이월	구분	예측	국회 사전승인	재이월
	명시이월	○	○	○
	사고이월	×	×	×

국고 채무부담 행위	개념	외상계약 : 국가의 재정사업·공사 등에 대한 발주계약 체결은 당해연도에 할 필요가 있으나 지출은 다음 연도 이후에 행해지는 경우에 활용
	법령	제25조【국고채무부담행위】① 국가는 법률에 따른 것과 세출예산금액 또는 계속비의 총액의 범위 안의 것 외에 채무를 부담하는 행위를 하는 때에는 미리 예산으로써 국회의 의결을 얻어야 한다. ② 국가는 제1항에 규정된 것 외에 재해복구를 위하여 필요한 때에는 회계연도마다 국회의 의결을 얻은 범위 안에서 채무를 부담하는 행위를 할 수 있다. ③ 국고채무부담행위는 사항마다 그 필요한 이유를 명백히 하고 그 행위를 할 연도 및 상환연도와 채무부담의 금액을 표시하여야 한다.
	기타	• 예산총칙, 세입세출예산, 계속비 및 명시이월비와 함께 예산의 한 부분을 구성하며, 국회의 사전의결을 얻어야 함 • 회계연도 독립의 원칙에 대한 예외 • 채무를 부담할 권한만을 부여하는 것이므로 채무부담과 관련한 지출에 대해서는 다시 국회의 의결을 얻어야 함

PART

05

11 국회에서 예산안이 통과되는 즉시 각 중앙행정기관장은 원칙적으로 기관의 전체 예산을 배정받아 관련 집행 부서에서 바로 집행할 수 있다. 2021 행정사 ○×

12 예산의 정기배정은 예산집행의 신축성을 유지하기 위한 제도적 장치에 해당한다. 2016 행정사 ○×

13 예산의 재배정은 예산집행의 신축성을 확보하기 위한 제도이다. 2020 군무원 ○×

14 예산의 전용을 위해서 정부 부처는 미리 국회의 승인을 얻어야 한다. 2019 9급 국가직 ○×

15 예산의 이용과 이체는 예산집행의 신축성을 유지하기 위한 제도적 장치에 해당한다. 2016 행정사 ○×

16 이체(移替)란 폐지되거나 기능이 이관된 기관의 예산을 신설된 기관의 예산으로 재분배하는 것이다. 2024 행정사 ○×

17 이용(移用)이란 세항·목 등 행정과목 간의 예산을 상호 융통하는 것이다. 2024 행정사 ○×

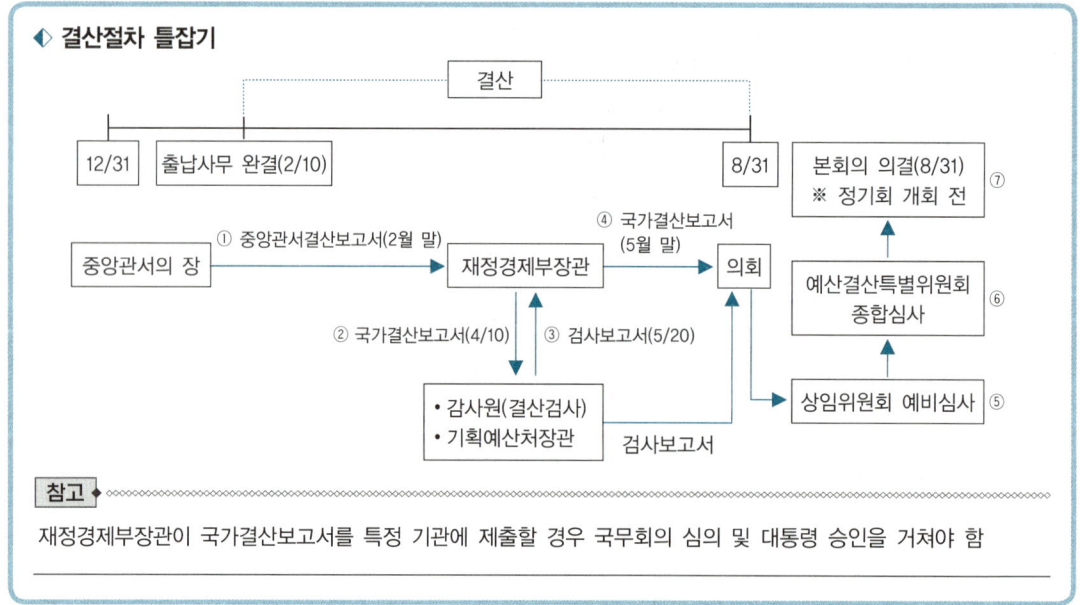

◆ **결산절차 틀잡기**

参考 ◆

재정경제부장관이 국가결산보고서를 특정 기관에 제출할 경우 국무회의 심의 및 대통령 승인을 거쳐야 함

18 재정경제부장관은 회계연도마다 작성하여 대통령의 승인을 받은 국가결산보고서를 다음 연도 4월 20일까지 기획예산처장관과 감사원에 각각 제출하여야 한다.

2021 8급 국회직 수정

19 국회는 결산과정에서 행정부의 부당한 지출이 발견된 경우 그 책임을 요구하고 무 효화할 수 있다. **2022 행정사**

20 결산은 회계연도에서 국가의 수입과 지출 실적을 확정적 계수로 표시하는 행위이다.

2022 9급 지방직

11 국회에서 예산안이 통과되면, 각 중앙관서의 장은 일정한 절차를 거친 뒤에 예산을 배정받을 수 있음
국가재정법 제42조【예산배정요구서의 제출】 각 중앙관서의 장은 예산이 확정된 후 사업운영계획 및 이에 따른 세입세출예산·계속비와 국고채무부담행위를 포함한 예산배정요구서를 기획예산처장관에게 제출하여야 한다.
동법 제43조【예산의 배정】 ① 기획예산처장관은 제42조의 규정에 따른 예산배정요구서에 따라 분기별 예산 배정계획을 작성하여 국무회의의 심의를 거친 후 대통령의 승인을 얻어야 한다.
② 기획예산처장관은 각 중앙관서의 장에게 예산을 배정한 때에는 재정경제부장관과 감사원에 각각 통지하여야 한다.

12 예산의 정기배정은 예산집행의 통제를 확보하기 위한 제도적 장치에 해당함

13 예산의 배정과 재배정은 확정된 예산을 예산집행기관이 계획대로 집행(의회가 결정한 대로 집행)할 수 있도록 허용하는 일종의 승인이기 때문에 집행과정의 통제확보 수단임

14 예산의 전용을 위해서는 국회의 승인이 필요 없으며, 기획예산처장관의 승인만 있으면 됨

15 예산의 이용은 자금의 융통이며, 이체는 자금의 책임소관을 변경하는 것이므로 양자는 예산집행의 신축성을 유 지시키기 위한 제도적 장치에 해당함

16 예산의 이체란 정부조직 등에 관한 법령의 제정, 개정 또는 폐지로 인해 그 직무와 권한에 변동이 있을 때에 예산도 이에 따라 변경시키는 것임

17 선지는 전용에 대한 내용임 → 이용이란 장·관·항 등 입법과목 간의 예산을 상호 융통하는 것임

18 4월 20일을 4월 10일로 고쳐야 함

19 결산은 집행 후의 과정이므로 부당한 지출이 발견될 경우 그 책임을 요구할 수 있으나 무효화할 수는 없음

20 결산은 집행 실적을 검증하는 과정(확정적 계수로 표시)임

Answer ┄┄

| 11 × | 12 × | 13 × | 14 × | 15 ○ | 16 ○ | 17 × | 18 × | 19 × | 20 ○ |

정부회계

◆ **우리나라의 회계검사기관 : 감사원**

틀잡기 (감사원법)	
헌법	제97조 국가의 세입·세출의 결산, 국가 및 법률이 정한 단체의 회계검사와 행정기관 및 공무원의 직무에 관한 감찰을 하기 위하여 대통령 소속하에 감사원을 둔다. 제98조 ① 감사원은 원장을 포함한 5인 이상 11인 이하의 감사위원으로 구성한다. ② 원장은 국회의 동의를 얻어 대통령이 임명하고, 그 임기는 4년으로 하며, 1차에 한하여 중임할 수 있다. ③ 감사위원은 원장의 제청으로 대통령이 임명하고, 그 임기는 4년으로 하며, 1차에 한하여 중임할 수 있다.
감사원법	제2조 【지위】 ① 감사원은 대통령에 소속하되, 직무에 관하여는 독립의 지위를 가진다. 제3조 【구성】 감사원은 감사원장을 포함한 7명의 감사위원으로 구성한다. 제4조 【원장】 ① 원장은 국회의 동의를 받아 대통령이 임명한다. 제5조 【임명 및 보수】 ① 감사위원은 원장의 제청으로 대통령이 임명한다. 제19조 【사무총장 및 사무차장】 ① 사무총장은 정무직으로, 사무차장은 일반직으로 한다. ② 사무총장은 원장의 명을 받아 사무처의 사무를 관장하며 소속 직원을 지휘하고 감독한다.

---

01 감사원장의 임기는 4년이며, 감사원법에 따르면 감사원은 원장을 포함해 9인의 감사위원으로 구성된다. 2013 행정사 ☐○☐✕

02 감사원은 국가의 세입·세출의 결산과 공무원직무에 관한 감찰을 위해 대통령 소속하에 설치된 기관이다. 2013 행정사 ☐○☐✕

◆ 우리나라의 정부회계

틀잡기	구분		기록 시점(현금 혹은 거래)	
			현금주의	발생주의
	기록 방법 (한 번 혹은 두 번)	단식부기	○	×
		복식부기	○	○ : 우리나라

의의	• 원래 공공부문에는 현금주의·단식부기가 적용되어 왔으나, 최근 성과중심의 행정 관리체제를 강조하면서 발생주의·복식부기를 도입 • 중앙정부는 2007년 제정한 국가회계법에 따라 2009년부터 발생주의·복식부기 방식을 적용(지방자치단체는 2007년 적용)

재정상태표 · 재정운영표	차변(돈의 용도)	대변(돈의 출처)	작성 서류
	자산의 증가	자산의 감소	재정상태표 : 특정 시점의 재정상태 점검
	부채의 감소	부채(남의 돈)의 증가	
	자본의 감소	자본(나의 돈)의 증가	
	비용(투지) 발생	수익 발생	재정운영표(손익계산서) : 특정 기간의 성과 파악

> **참고 ◆**
> ① 발생주의 및 복식부기에 기초하여 정부는 재정상태와 재정운영표를 작성 → 성과관리
> ② 재정상태표와 재정운영표는 재무제표에 포함되는 서류

03 현금주의 회계방식은 경영성과 파악이 용이하며, 발생주의 회계방식은 절차와 운용이 간편하다. 2014 행정사

---

01 감사원장의 임기는 4년이며, 감사원법에 따르면 감사원은 원장을 포함해 7인의 감사위원으로 구성됨

02 간사원은 결산검사, 회계검사, 직무감찰 기능을 수행하며, 대통령 소속으로 설치된 기관임

03 현금주의 회계방식은 발생주의 방식에 비해 절차와 운용이 간편하지만, 경영성과 파악이 곤란함

Answer ◆

01 ×   02 ○   03 ×

04 우리나라의 현행 정부회계는 발생주의·복식부기 방식을 채택하여 재무제표를 작 성한다. 2019 행정사　　□○□×

05 국가회계법상 중앙정부의 대표적 재무제표는 재정상태보고서, 재정운영보고서, 현 금흐름보고서, 순자산변동보고서로 구성된다. 2019 행정사　　□○□×

---

04 재무제표는 복식부기·발생주의로 작성됨→ **예** 재정운영표 및 재정상태표

05 국가회계법에 따르면 재무제표는 재정상태표, 재정운영표, 순자산변동표, 현금흐름표로 구성됨

Answer ┄┄┄

04 ○　　　**05** ○

행정사
최욱진 행정학개론

행정환류

행정책임과 행정통제

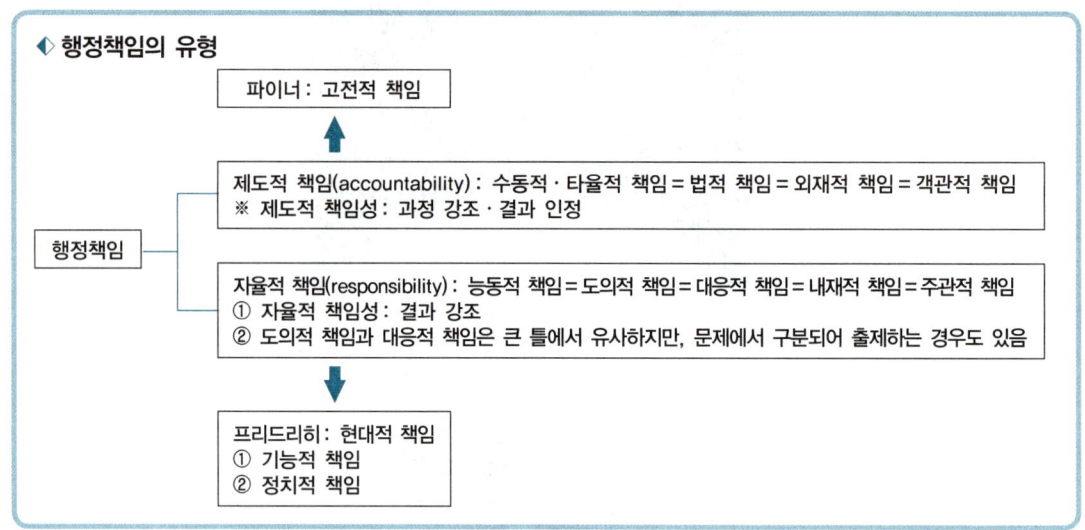

◈ **행정책임의 유형**

파이너 : 고전적 책임

제도적 책임(accountability) : 수동적 · 타율적 책임 = 법적 책임 = 외재적 책임 = 객관적 책임
※ 제도적 책임성 : 과정 강조 · 결과 인정

행정책임

자율적 책임(responsibility) : 능동적 책임 = 도의적 책임 = 대응적 책임 = 내재적 책임 = 주관적 책임
① 자율적 책임성 : 결과 강조
② 도의적 책임과 대응적 책임은 큰 틀에서 유사하지만, 문제에서 구분되어 출제하는 경우도 있음

프리드리히 : 현대적 책임
① 기능적 책임
② 정치적 책임

01 파이너(Finer)는 행정의 적극적 이미지를 전제로 전문가로서의 관료의 기능적 책임을 강조하는 책임론을 제시하였다. **2020 7급 지방직** ○×

02 프리드리히(Friedrich)는 개인적인 도덕적 의무감에 호소하는 책임보다 외재적 · 민주적 책임의 중요성을 강조하였다. **2020 7급 지방직** ○×

03 파이너(Finer)는 법적 · 제도적 외부통제를 강조한다. **2021 9급 지방직** ○×

04 프리드리히(Friedrich)는 내재적 통제보다 객관적 · 외재적 책임을 강조한다.
2021 9급 지방직 ○×

◈ 길버트 행정통제의 유형

구분	외부	내부
공식적	• 입법부 • 사법부 • 옴부즈만 • 헌법재판소 • 국가인권위원회	• 계층제(명령체계) 및 인사행정제도 • 감사원 • 국민권익위원회 • 국무총리실, 국무조정실, 대통령 • 중앙행정부처 • 교차기능조직 및 독립통제기관 • 기타 제도 　－ 예산통제 　－ 인력의 정원통제 　－ 정부업무평가 등
비공식적	• 민중통제 　－ 시민(국민) 　－ 시민단체 및 이익집단 　－ 여론, 메스컴(언론), 정당 등	• 동료집단 • 직업윤리 • 대표관료제 • 공무원 노동조합

05　감사원은 길버트의 통제유형 중 내부통제 수단에 해당한다. 2020 행정사　

06　감사원, 계층제, 국무총리실을 통한 통제, 공익가치를 통한 통제는 공식적 행정통제 방법이다. 2024 행정사　

01　프리드리히는 핵적의 적극적 이미지를 전제로 전문가로서의 관료의 기능적 책임을 강조하는 책임론을 제시하였음

02　파이너는 개인적인 도덕적 의무감에 호소하는 책임보나 외재적·민주적 책임의 중요성을 강조하였음

03　파이너는 고전적 행정책임을 강조한 사람이므로 법적·제도적 외부통제에 의한 수동적 책임을 주장함

04　프리드리히는 현대적 행정책임을 강조한 학자이므로 내재적 통제를 통한 자율적 책임을 주장함

05　감시원은 내부　공식적 통제 수단에 해당함

06　공익가치를 통한 통제는 비공식적 통제수단임

Answer

01　×　　02　×　　03　○　　04　×　　05　○　　06　×

07 계층제 및 인사관리제도를 통한 통제는 행정통제의 유형 중 외부통제에 해당한다. ☐◯☒
2021 행정사

08 공익가치에 의한 통제는 공식적 통제수단이다. 2016 행정사 ☐◯☒

09 의회 옴부즈만에 의한 통제는 내부통제 수단에 해당한다. 2014 행정사 ☐◯☒

10 사법부에 의한 통제는 행정통제 유형 중 외부통제에 해당한다. 2022 행정사 ☐◯☒

◆ 옴부즈만	
등장배경	• 행정기능 확대로 인한 외부통제의 한계 • 1809년 스웨덴에서 도입 • 옴부즈만은 스웨덴어로 대리자·대표자를 의미하며, 영국과 미국에서는 민정관 또는 호민관이라는 뜻으로 사용 → 행정감찰관
주요 내용	• 입법부를 통해 임명된 조사관이 국민의 요청에 따라 필요한 부분을 조사해 시정을 촉구·건의함으로써 국민의 권리를 구제하는 행정통제제도 → 시정조치 권고 기능 • 사법부에 비해 신속한 업무처리 가능 • 의회 소속인 경우가 일반적이지만, 우리나라의 국민권익위원회처럼 행정부 소속인 경우도 있음 • 직권조사 가능, 의회소속형, 개인적 신망에 의존, 자율적인 독립성, 광범위한 업무관할 (합법성·합목적성 등)

11 옴부즈만제도는 국민의 이익을 보호하려는 취지에서 1809년 스웨덴에서 시작된 행 ☐◯☒
정감찰관제도이다. 2020 행정사

12 옴부즈만은 문제해결을 위한 처리과정에 시간이 많이 걸린다. 2015 행정사 ☐◯☒

13 일반적인 옴부즈만은 시민의 고발에 의하여 활동을 개시하지만 자기직권으로 조사 ☐◯☒
활동을 하기도 한다. 2015 행정사

07 계층제 및 인사관리제도를 통한 통제는 행정통제의 유형 중 내부통제에 해당함

08 공익가치에 의한 통제는 행정통제 중 비공식적 통제수단임

09 의회 옴부즈만에 의한 통제는 외부통제 수단임

10 사법부는 행정부의 밖에서 행정부를 통제할 수 있는 수단임

11 일반적인 옴부즈만제도(의회소속형)는 국민의 이익을 보호하려는 취지에서 1809년 스웨덴에서 시작된 행정감찰관제도임

12 옴부즈만제도는 사법절차에 비하여 문제해결과정에서 시간과 비용을 절약할 수 있음

13 일반적인 옴부즈만은 대개 시민의 고발에 의하여 활동을 개시하지만 경우에 따라 자기직권으로 조사함 → 참고로 국민권익위원회는 직권조사를 할 수 없음

Answer

07 ✕   08 ✕   09 ✕   10 ○   11 ○   12 ✕   13 ○

◆ 우리나라의 옴부즈만(행정부 소속형) : 국민권익위원회

틀잡기		우리나라의 국민권익위원회는 국무총리 소속의 중앙행정기관이며, 옴부즈만의 역할을 수행
주요 내용	부족한 조직 안정성	국민권익위원회는 헌법이 아니라 법률에 설치 근거를 두고 있음
	직권조사 불가능	• 국민권익위원회는 신청에 의한 조사만 가능 • 따라서 사전심사권이 없고, 사후심사에 그치는 경향
	시정권고 기능	국민권익위원회는 위법·부당한 행정행위에 대해 직접 취소하거나 무효로 하지는 못하고 시정을 요구 → 즉, 권고·의견표명·감사 의뢰 등이 가능
	부족한 독립성	행정부 소속(국무총리 소속)인 까닭에 독립성이 다소 부족하다는 비판
	고충민원 각하(제외)	국민권익위원회는 헌법상 독립기관(국회, 법원, 헌법재판소, 선거관리위원회, 감사원, 지방의회에 관한 것 등)에 대한 고충민원을 각하(제외)하거나 관계 기관에 이송

기타		부패방지권익위법 제13조【위원회의 구성】① 위원회는 **위원장 1명**을 포함한 15명의 위원(**부위원장 3명**과 상임위원 3명을 포함한다)으로 구성한다. 이 경우 부위원장은 각각 고충민원, 부패방지 업무 및 중앙행정심판위원회의 운영업무로 분장하여 위원장을 보좌한다.
		③ **위원장 및 부위원장은 국무총리의 제청으로 대통령이 임명**하고, 상임위원은 위원장의 제청으로 대통령이 임명하며, 상임이 아닌 위원은 대통령이 임명 또는 위촉한다.
		④ **위원장과 부위원장은 각각 정무직**으로 보하고, 상임위원은 고위공무원단에 속하는 일반직공무원으로서 「국가공무원법」 제26조의5에 따른 임기제공무원으로 보한다.
		
		동법 제16조【직무상 독립과 신분보장】① 위원회는 그 권한에 속하는 업무를 독립적으로 수행한다.
		② 위원장과 위원의 임기는 각각 3년으로 하되 1차에 한하여 연임할 수 있다.
		
		동법 제32조【시민고충처리위원회의 설치】① 지방자치단체 및 그 소속 기관에 관한 고충민원의 처리와 행정제도의 개선 등을 위하여 각 지방자치단체에 시민고충처리위원회를 둘 수 있다.
		② 시민고충처리위원회는 다음 각 호의 업무를 수행한다.
		  1. 지방자치단체 및 그 소속 기관에 관한 고충민원의 조사와 처리
		  2. 고충민원과 관련된 시정권고 또는 의견표명 등
		
		요점정리 ✎
		시민고충처리위원회
		• 시민고충처리위원회는 부패방지권익위법에 명시된 시민고충처리를 위한 제도 → 지자체 내의 주민 옴부즈만
		• 시민고충처리위원회는 의무기구가 아닌 임의기구로서 자율성이 높지 못하다는 한계

14 국민권익위원회는 국무총리 소속으로 설치되어 있으며, 옴부즈만의 일종으로 간주 ○✕
되기도 한다. 2018 행정사

15 옴부즈만과 유사한 국민권익위원회는 법원이 내린 결정 처분에 대해 시정조치, 권 ○✕
고, 취소를 결정한다. 2020 행정사

16 국민권익위원회는 소관 업무의 원활한 수행을 위하여 직속기관으로 시민고충처리 ○✕
위원회를 둔다. 2018 행정사

17 국민권익위원회 위원의 임기는 3년이며, 연임할 수 없다. 2013 행정사 ○✕

PART
06

---

14 국민권익위원회는 국무총리 소속으로 설치되어 있으며, 행정부 소속형 옴부즈만임

15 국민권익위원회는 법원이 내린 결정 처분에 대해 시정조치를 권고할 수 있음

16 시민고충처리위원회는 국민권익위원회의 직속기관이 아니라 지방자치단체에 두는 기관임

17 **부패방지권익위법 제16조【직무상 독립과 신분보장】** ② 위원장과 위원의 임기는 각가 3년으로 하되 1차에 한
하여 연임할 수 있다.

Answer
14 ○ **15** ✕ **16** ✕ **17** ✕

◆ 행정개혁의 접근법

구조적 접근	• 행정체계의 구조적 설계를 개선함으로써 행정개혁의 목표를 달성하려는 접근방법 • 기능중복의 제거, 책임의 재규정, 조정 및 통제절차 개선, 표준절차 간소화, 의사전달체계 및 의사결정권 수정, 분권화 전략(권한의 재조정) 등 • 통솔범위의 조정, 명령계통의 수정, 작업집단 재설계 등
행태적 접근법 : **인간관계적 접근**	• 개혁의 초점을 인간의 행동에 두면서 구성원의 신념 및 가치관, 행태를 의도적으로 변화시켜 행정체제의 변화를 유도하는 접근 • 집단토론, 감수성훈련 등 조직발전과 같은 행태과학의 지식과 기법을 활용 • 조직목표와 개인목표를 일치시켜(인간관계론) 능동적으로 일하도록 행동변화 유도
과정적 접근법 : **관리 · 기술적 접근**	• 행정체제 내의 과정 또는 일의 흐름을 개선하려는 접근 → 조직 내 운영과정을 수정 • 이를 위해 BPR(리엔지니어링), TQM(총체적 품질관리) 등을 활용 • 관리과학, 즉 과학적 관리에 기초해 행정이 수행하는 절차나 과정, 행정전산망 등 기술이나 장비 및 수단의 개선으로 행정의 성과향상 유도
문화론적 접근	• 행정체제의 보다 근본적인 개혁을 성취하기 위해 행정문화를 개혁하는 접근법 • 비공식적인 제도(상징체계, 신화, 의례 등)를 개혁

01 행정개혁의 방법 중 구조적 접근방법이 갖는 관심은 통솔범위의 조정, 권한배분의 개편 등을 대상으로 한다. **2020 행정사**   ○×

02 구조적 접근방법은 행태과학의 지식과 기법을 활용한다. **2020 행정사**   ○×

03 구조적 접근은 고전적 조직이론에 입각하여 조직의 명령계통, 통솔의 범위, 기능배분, 권한과 책임의 한계 등을 주요 대상으로 하는 행정개혁의 접근방법이다. **2014 행정사**   ○×

04 행정개혁의 접근방법 중 조직의 상징체계, 신화, 의례를 바꾸고 그에 따라 조직구성원의 행동양식과 관행, 그리고 신념을 혁신하는 것은 과정적 접근에 해당한다.
2021 행정사   ○×

05 구조적 접근은 공무원의 의식개혁, 업무자세 및 태도 개선 등에 초점을 맞춘다. ○|×

2022 행정사

◆ 행정개혁의 저항 및 극복방안	
강제적 방법	• 위협, 제재 및 명령을 활용 • 단기적으로 또는 피상적으로 해결하는 방법 → 장래에 더 큰 저항을 초래 • 명령, 신분상의 불이익 부여, 긴장 고조(긴장 조성), 저항집단의 세력 약화(권력 구조 개편) 등
공리 · 기술적 방법	• 개혁이 초래할 결과를 분석해 손실에 대한 대가를 제공하거나 개혁의 시기를 조절하는 방법 • 개혁의 시기 조절(점진적인 추진), 경제적 손실에 대한 보상, 개혁이 가져오는 가치와 개인적 이득의 명확화(개혁의 공공성에 대한 홍보), 신분과 보수의 유지 및 약속(임용상 불이익 방지) 등
사회 · 규범적 방법	• 정당성 확보 → 자발적 협력과 수용을 유도 • 의사전달과 참여의 활성화, 불만 해소 기회 제공(가치갈등 해소), 사명감 고취(여합인시 강화), 자존감 충족, 교육훈련, 개혁지도자의 신망 혹은 카리스마 개선, 자기계발 기회 제공 등 • 저항을 가장 근본적으로 해결하는 방법 → 단, 시간과 노력↑

참고 → 강제적 방법에서 사회 · 규범적 방법으로 갈수록 개혁에 소요되는 시간이 길어짐

01 구조적 접근 : 조직의 공식적 구조를 개혁하는 방법이며, 그 예시는 다음과 같음
① 기능중복의 제거, 책임의 재규정, 조정 및 통제절차 개선, 표준절차 간소화, 의사전달체계 및 의사결정권 수정, 분권화 전략(권한의 재조정) 등
② 통솔범위의 조정, 명령계통의 수정, 작업집단 재설계 등

02 행태적 접근방법은 행태과학의 지식과 기법을 활용하여, 구성원의 가치관 등을 변화시키는 방법임

03 1번 해설 참고

04 지문은 문화적 접근에 해당함
※ 과정적 접근 : 행정체제 내의 과정 또는 일의 흐름을 개선하려는 접근으로써 조직 내 운영과정을 수정하는 것

05 선지는 행태적 접근에 대한 내용임

Answer

01 ○ **02** × **03** ○ **04** × **05** ×

06 행정개혁 저항에 대한 사회적·규범적 극복방안으로써 교육훈련, 의사소통과 참여 의 촉진, 경제적 보상 등이 있다. 2019 행정사 ☐○☐✕

07 행정개혁 저항에 대한 사회적·규범적 극복방안으로써 의사전달과 참여의 확대, 신 분보장과 경제적 보상, 사명감 고취와 역할인식 강화 등이 있다. 2022 행정사 ☐○☐✕

08 행태적 접근은 감수성 훈련 등을 통해 관료의 가치관, 신념, 태도의 변화를 유도하 는 행정개혁의 접근방법이다. 2023 행정사 ☐○☐✕

◆ **선진국과 대한민국의 행정개혁 : NPM 개혁을 중심으로**

미국	클린턴	• 점진적 개혁 : 경제 호황기 • NPR(국정성과평가위원회) 주도(1993) − Gore 보고서 : 관료적 형식주의(Red−Tape) 제거, 고객우선주의, 성과 산출을 위한 공무원의 권한 강화(분권화) • 정부성과평가기본법(GPRA) 제정 → 성과 중심 관리 추진
영국	대처 (보수당)	• Next Steps 프로그램(1988) : 정책기능과 집행기능을 분리해 특정 행정분야 에 대해 책임지고 경영하는 책임운영기관제도(Executive Agency) 도입 • 의무경쟁입찰제도(CCT) : 민간위탁 활용시 경쟁입찰 적용
	메이저 (보수당)	• 시민헌장제도 : 국민과의 약속을 지키지 않았을 때, 국민이 정부에게 보상 을 요구할 수 있도록 해 행정의 투명성과 대응성을 제고 → A/S • 시장성 테스트 : 일련의 기준에 따라 정부업무를 평가한 뒤 정부생산, 민간 위탁 등의 대안 중에서 하나를 선택하는 방식

09 미국의 국정성과팀에서 제안한 정부재창조의 기본원칙은 관료적 문서주의(red tape) 제거, 고객우선주의, 성과산출을 위한 권한 위임, 기본원칙으로의 복귀 등이다. ☐○☐✕

2015 행정사

10 영국은 넥스트 스텝(Next Steps)을 통해 책임운영기관 제도를 도입하고, 공공서비 스의 질향상을 위해 시민헌장제, 의무경쟁입찰제, 시장성테스트 등의 개혁 조치를 추진한 바 있다. 2023 행정사 ☐○☐✕

06 행정개혁 저항에 대한 사회적·규범적 극복방안으로써 교육훈련, 의사소통과 참여의 촉진 등이 있음 → 경제적 보상은 공리·기술적 전략에 해당함

07 신분보장과 경제적 보상은 공리·기술적 전략임

08 행태적 접근은 개혁의 초점을 인간의 행동에 두면서 구성원의 신념 및 가치관, 행태를 의도적으로 변화시켜 행정체제의 변화를 유도함

09 클린턴 정부 시절 엘 고어 부통령을 위원장으로 출범한 국정성과팀(NPR)에 대한 설명임

10 선지는 영국 보수당의 행정개혁임

Answer

06 × 07 × 08 ○ 09 ○ 10 ○

행정사
최욱진 행정학개론

지방자치론

지방자치론의 기초

◆ 주민자치와 단체자치 : 지방자치의 계보

틀잡기	

주민 ——자치권——→ 지방자치단체 ◀——자치권—— 국가

주민자치   단체자치

주민자치	지방자치단체 ◀——————— 주민
단체자치	중앙정부 ————→ 지방자치단체 ————→ 주민

	구분	주민자치 : 주민에 의한 자치	단체자치 : 지방자치단체에 의한 자치
주요 내용	발전국가	미국과 영국 등	독일과 프랑스 등 대륙계 국가
	자치권의 본질	고유권설 : 자치권은 주민의 천부적인 권리	• 전래권설 : 자치권은 국가에 의해 인정받은 실정법상의 권리 • 주로 헤겔(Hegel)의 영향을 받은 독일의 공법학자들이 주장
	재량의 정도	광범위한 자치권	협소한 자치권
	통제방식	입법통제와 사법통제	행정통제
	지방자치의 성격	내용적·본질적·실질적·정치적	형식적·법제적
	권한부여 방식	개별적 수권주의 위주	포괄적 위탁주의 위주
	기관구성	기관통합형	기관분리형
	지방정부의 사무	고유사무	• 위임사무 + 고유사무 • 고유사무와 위임사무의 명확한 구분
	중앙과 지방의 관계	기능적 협력관계	권력적 감독관계

기타	① 고유권설(지방권설) : 프랑스의 지방권 사상(뚜레가 제창)을 기초로 확립 ② 제도적 보장설 : 자치권이 국가의 통치권에서 나오는 것이라고 하면서도 헌법에 지방자치의 규정을 둠으로써 지방자치제도가 보장된다고 보는 관점 → 제도적 보장설에서의 보장은 지방자치제도의 일반적인 보장이지 개별적인 지방자치단체의 존립을 계속 보장하는 것은 아님

01 전래권설(국권설)에서 자치권은 주권적 통일국가의 통치구조 일환으로 형성된다는 의미에서 국법으로 부여된 권리로 본다. 2019 행정사 ⃞○⃞✕

02 고유권설(지방권설)은 주로 헤겔(Hegel)의 영향을 받은 독일의 공법학자들에 의하여 주장되었다. 2019 행정사 ⃞○⃞✕

03 고유권설은 자치권을 인간의 자연권과 마찬가지로 본래적이고 침해할 수 없는 고유한 권리라고 본다. 2021 행정사 ⃞○⃞✕

04 주민자치는 대의민주제를 포함한 지방자치단체의 주민대표성과 민주성을 강조한다. 2023 행정사 ⃞○⃞✕

01 전래권설은 지방정부의 자치권을 국가가 법으로 규정한다는 관점임

02 전래권설에 대한 내용임→전래권설은 19C 독일의 공법학자들의 주장으로 자치단체는 국가의 창조물이고, 자치권은 국가로부터 부여된 권리로 간주함

03 고유권설은 지방정부의 자치권을 중앙정부가 침해할 수 없는 고유한 권리로 간주함→아울러 지방전부의 자치권은 주민이 부여했다는 전제에 기초함

04 주민자치는 주민의 실질적 참여를 강조하는 지방자치의 원리임

Answer

01 ○   02 ✕   03 ○   04 ○

◆ **지방자치단체의 자치권**

자치행정권	자치재정권	헌법 제59조 조세의 종목과 세율은 법률로 정한다. → 조세법률주의
	자치조직권	지방자치법 제125조【행정기구와 공무원】① 지방자치단체는 그 사무를 분장하기 위하여 필요한 행정기구와 지방공무원을 둔다. ② 제1항에 따른 행정기구의 설치와 지방공무원의 정원은 인건비 등 대통령령으로 정하는 기준에 따라 그 지방자치단체의 조례로 정한다.
자치사법권		우리나라의 지방자치단체는 자치사법권이 없음
자치입법권		헌법 제117조 ① 지방자치단체는 주민의 복리에 관한 사무를 처리하고 재산을 관리하며, 법령의 범위 안에서 자치에 관한 규정을 제정할 수 있다. 지방자치법 제28조【조례】① 지방자치단체는 법령의 범위에서 그 사무에 관하여 조례를 제정할 수 있다. 다만, 주민의 권리 제한 또는 의무 부과에 관한 사항이나 벌칙을 정할 때에는 법률의 위임이 있어야 한다. 지방자치법 제29조【규칙】지방자치단체의 장은 법령 또는 조례의 범위에서 그 권한에 속하는 사무에 관하여 규칙을 제정할 수 있다.

05 지방자치단체는 법령의 범위 안에서 자치에 관한 규정을 제정할 수 있다. 2017 행정사 ☐O☐X

06 지방자치단체는 법률의 구체적인 위임이 없더라도 조례를 위반한 행위에 대하여 벌금을 부과하는 조례를 제정할 수 있다. 2017 행정사 ☐O☐X

◆ **지방자치단체의 기관구성**

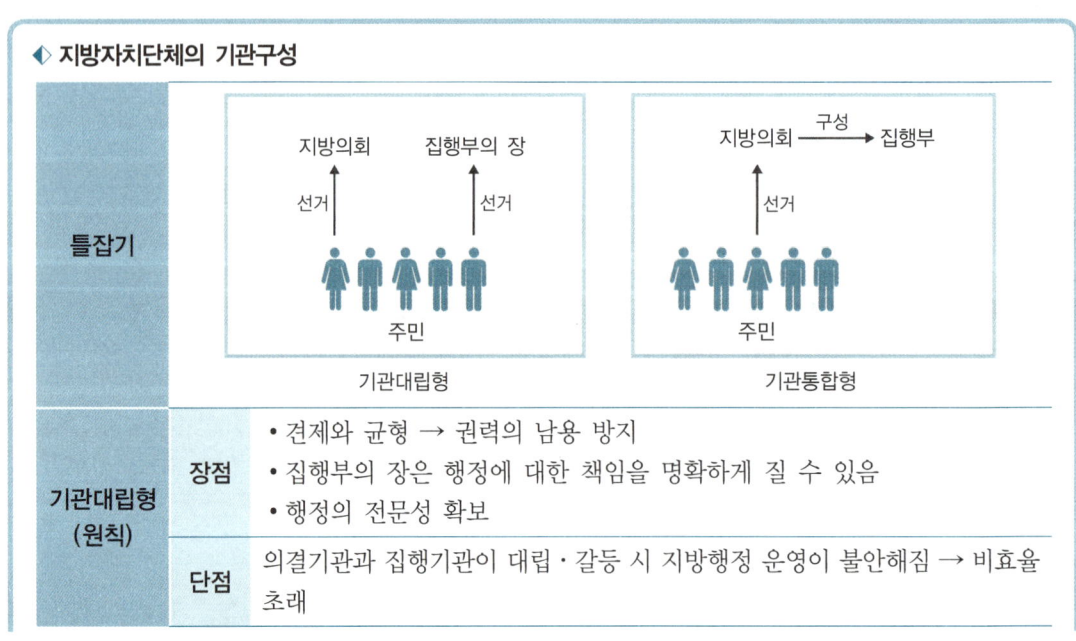

틀잡기		기관대립형 ── 지방의회 / 집행부의 장 / 선거 / 주민 ┃ 기관통합형 ── 지방의회 ─구성→ 집행부 / 선거 / 주민
기관대립형 (원칙)	장점	• 견제와 균형 → 권력의 남용 방지 • 집행부의 장은 행정에 대한 책임을 명확하게 질 수 있음 • 행정의 전문성 확보
	단점	의결기관과 집행기관이 대립·갈등 시 지방행정 운영이 불안해짐 → 비효율 초래

| 기관통합형 | 장점 | • 정책결정과 집행의 유기적 관련성(기관 간 마찰이 별로 없는 안정성 확보) 제고
• 일반적으로 소규모 자치단체에 적합 |
| | 단점 | • 권력의 남용이 나타남
• 엄격한 분업체계가 아니므로 행정의 전문성이 결여 |

07 우리나라 지방자치단체의 기관구성은 기본적으로 기관대립형을 채택하고 있다. ○✕
2016 행정사

08 기관대립형은 기관통합형에 비해 집행기관 구성에서 주민의 대표성을 확보할 수 있으나, 행정의 전문성이 결여될 수 있다. 2008 7급 지방직 ○✕

09 기관분립형은 의결기관과 집행기관 간의 견제와 균형의 원리에 의해 권력의 남용을 방지하고, 비판·감시기능을 할 수 있다. 2012 7급 지방직 ○✕

05 헌법 제117조 ① 지방자치단체는 주민의 복리에 관한 사무를 처리하고 재산을 관리하며, 법령의 범위안에서 자치에 관한 규정을 제정할 수 있다.

06 지방자치법 제28조 【조례】 ① 지방자치단체는 법령의 범위에서 그 사무에 관하여 조례를 제정할 수 있다. 다만, 주민의 권리 제한 또는 의무 부과에 관한 사항이나 벌칙을 정할 때에는 법률의 위임이 있어야 한다.

07 우리나라는 기관대립형 구조를 채택하되, 주민투표에 따라 기관통합형으로 바꿀 수 있음

08 기관대립형은 기관통합형에 비해 집행기관 구성에서 주민의 대표성을 확보할 수 있으며, 의결기관과 행정기관의 분업화를 통해 행정의 전문성이 촉진될 수 있음

09 기관분립형의 의결기관과 집행기관 간의 분업 관계는 권력남용 방지 및 상호 비판·감시기능을 수행함

Answer

05 ○ **06** ✕ **07** ○ **08** ✕ **09** ○

◆ **지방자치단체의 계층구조 : 중층제와 단층제**

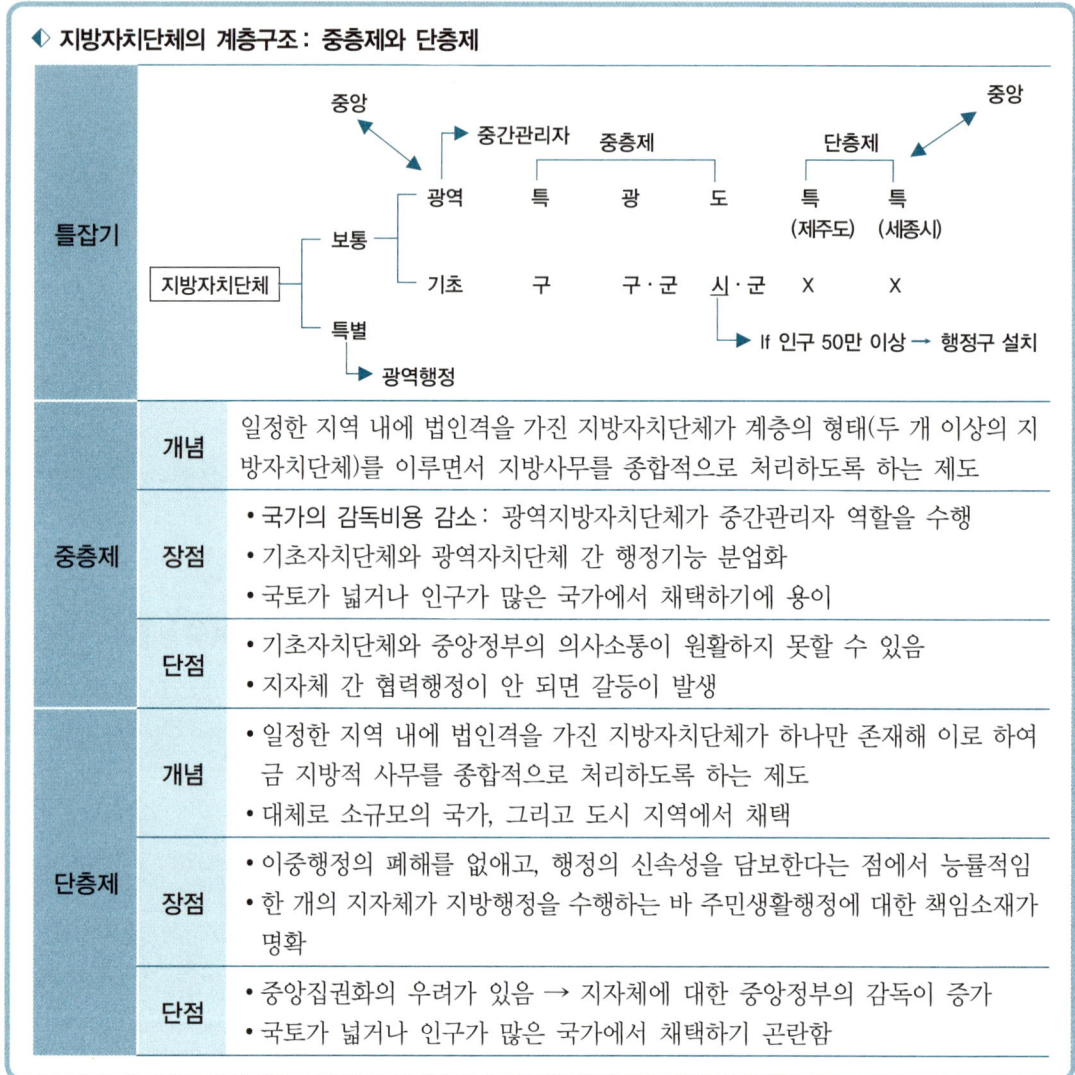

중층제	개념	일정한 지역 내에 법인격을 가진 지방자치단체가 계층의 형태(두 개 이상의 지방자치단체)를 이루면서 지방사무를 종합적으로 처리하도록 하는 제도
	장점	• 국가의 감독비용 감소 : 광역지방자치단체가 중간관리자 역할을 수행 • 기초자치단체와 광역자치단체 간 행정기능 분업화 • 국토가 넓거나 인구가 많은 국가에서 채택하기에 용이
	단점	• 기초자치단체와 중앙정부의 의사소통이 원활하지 못할 수 있음 • 지자체 간 협력행정이 안 되면 갈등이 발생
단층제	개념	• 일정한 지역 내에 법인격을 가진 지방자치단체가 하나만 존재해 이로 하여금 지방적 사무를 종합적으로 처리하도록 하는 제도 • 대체로 소규모의 국가, 그리고 도시 지역에서 채택
	장점	• 이중행정의 폐해를 없애고, 행정의 신속성을 담보한다는 점에서 능률적임 • 한 개의 지자체가 지방행정을 수행하는 바 주민생활행정에 대한 책임소재가 명확
	단점	• 중앙집권화의 우려가 있음 → 지자체에 대한 중앙정부의 감독이 증가 • 국토가 넓거나 인구가 많은 국가에서 채택하기 곤란함

10 단층제는 이중행정과 이중감독의 폐단을 방지하고 신속한 행정을 도모한다.　□○□×

2013 9급 군무원

11 중층제에서는 단층제에서보다 기초자치단체와 중앙정부의 의사소통이 원활하지 못할 수 있다. **2011 9급 국가직**　□○□×

12 우리나라 제주특별자치도에는 지방자치단체인 시와 군을 둘 수 없으며, 행정시장을 도지사가 임명한다. **2013 행정사**　□○□×

13 제주특별자치도 제주시는 법인격이 없는 행정계층에 해당한다. 2024 행정사

◆ 우리나라 지방자치단체의 종류와 특징 : 법령을 중심으로

경찰법	제18조【시·도자치경찰위원회의 설치】① 자치경찰사무를 관장하게 하기 위하여 특별시장·광역시장·특별자치시장·도지사·특별자치도지사(이하 "**시·도지사**"라 한다) 소속으로 **시·도자치경찰위원회**를 둔다. ② **시·도자치경찰위원회**는 합의제 행정기관으로서 **그 권한에 속하는 업무를 독립적으로 수행**한다.
제주특별법	제88조【자치경찰기구의 설치】① 제90조에 따른 자치경찰사무를 처리하기 위하여 「국가경찰과 자치경찰의 조직 및 운영에 관한 법률」 제18조에 따라 설치되는 **제주특별자치도자치경찰위원회**(이하 "자치경찰위원회"라 한다) 소속으로 **자치경찰단**을 둔다. 제89조【자치경찰단장의 임명】① 자치경찰단장은 도지사가 임명하며, 자치경찰위원회의 지휘·감독을 받는다.
지방자치법	제199조【설치】① 2개 이상의 지방자치단체가 공동으로 특정한 목적을 위하여 광역적으로 사무를 처리할 필요가 있을 때에는 **특별지방자치단체를 설치**할 수 있다. 이 경우 특별지방자치단체를 구성하는 지방자치단체(이하 "구성 지방지치단체"라 한다)는 상호 협의에 따른 규약을 정하여 **구성 지방자치단체의 지방의회 의결**을 거쳐 **행정안전부장관의 승인**을 받아야 한다.

14 시·도 자치경찰위원회는 시·도지사의 지휘감독을 받아 자치경찰사무를 수행한다.
2024 행정사

10 단층제는 지방정부와 중앙정부가 직접 소통하는 바 이중행정과 이중감독의 폐단을 방지하고 신속한 행정을 도모할 수 있음

11 중층제에서는 광역지방자치단체가 중간관리자 역할을 전담하므로 단층제에서보다 기초자치단체와 중앙정부의 의사소통이 원활하지 못할 수 있음

12 행정시장은 주민의 직선으로 선출하지 않는 바 도지사가 임명함 → 아래의 조항 참고
제주특별법 제10조【행정시의 폐지·설치·분리·합병 등】① 제주자치도는 「지방자치법」 제2조 제1항 및 제3조 제2항에도 불구하고 그 관할구역에 지방자치단체인 시와 군을 두지 아니한다.

13 제주도는 단층제로 운영되는 바 제주시는 행적시임

14 **경찰법 제18조【시·도자치경찰위원회의 설치】①** 자치경찰사무를 관장하게 하기 위하여 **특별시장·광역시장·특별자치시장·도지사·특별자치도지사** 소속으로 **시·도자치경찰위원회**를 둔다.
② 시·도자치경찰위원회는 합의제 행정기관으로서 그 권한에 속하는 업무를 독립적으로 수행한다.

Answer

10 ○　　**11** ○　　**12** ○　　**13** ○　　**14** ×

15 우리나라에서 자치경찰단을 두어 자치경찰제를 실시하고 있는 지방자치단체는 제 ☐O☐X
주특별자치도이다. 2015 행정사

16 2개 이상의 지방자치단체가 특별지방자치단체를 설치하는 경우 구성하는 지방자치 ☐O☐X
단체의 지방의회 의결을 거쳐 국무총리의 승인을 받아야 한다. 2023 행정사

17 두 개 이상의 지방자치단체가 특정한 목적을 위하여 법인으로서의 특별지방자치단 ☐O☐X
체를 설치할 수 있다. 2022 행정사

◆ **지방자치단체의 명칭과 구역**

구분		지방자치단체 및 행정구역	폐치 및 분합	명칭 및 구역 변경	한자명칭 변경	경계 변경
보통 지방자치단체		광역지방자치단체	지방의회 의견 혹은 주민투표 + 법률	지방의회 의견 혹은 주민투표 + 법률	지방의회 의견 혹은 주민투표 + 대통령령	대통령령
		기초지방자치단체	지방의회 의견 혹은 주민투표 + 법률	지방의회 의견 혹은 주민투표 + 법률	지방의회 의견 혹은 주민투표 + 대통령령	대통령령
행정구역		읍·면·동 (자치구가 아닌 구 포함)	• 행정안전부장관 승인 후 • 조례로 정함	• 조례로 정한 후 • 광역단체장에게 보고	–	–
		리	조례로 정함	조례로 정함	–	–
기타		가장 최근에 통합된 지자체: 청주시(청주시 + 청원군) → 충청북도 청주시 설치 및 지원특례에 관한 법률(2013. 1. 23. 시행)				

18 자치구가 아닌 행정구 읍·면·동의 명칭과 폐치·분합은 해당 지방의회의 의결로 ☐O☐X
결정한다. 2014 행정사

19 청주시, 창원시, 춘천시 중에서 가장 최근에 통합된 도시는 춘천시이다. 2024 행정사 ☐O☐X

◆ **지방자치단체의 사무**

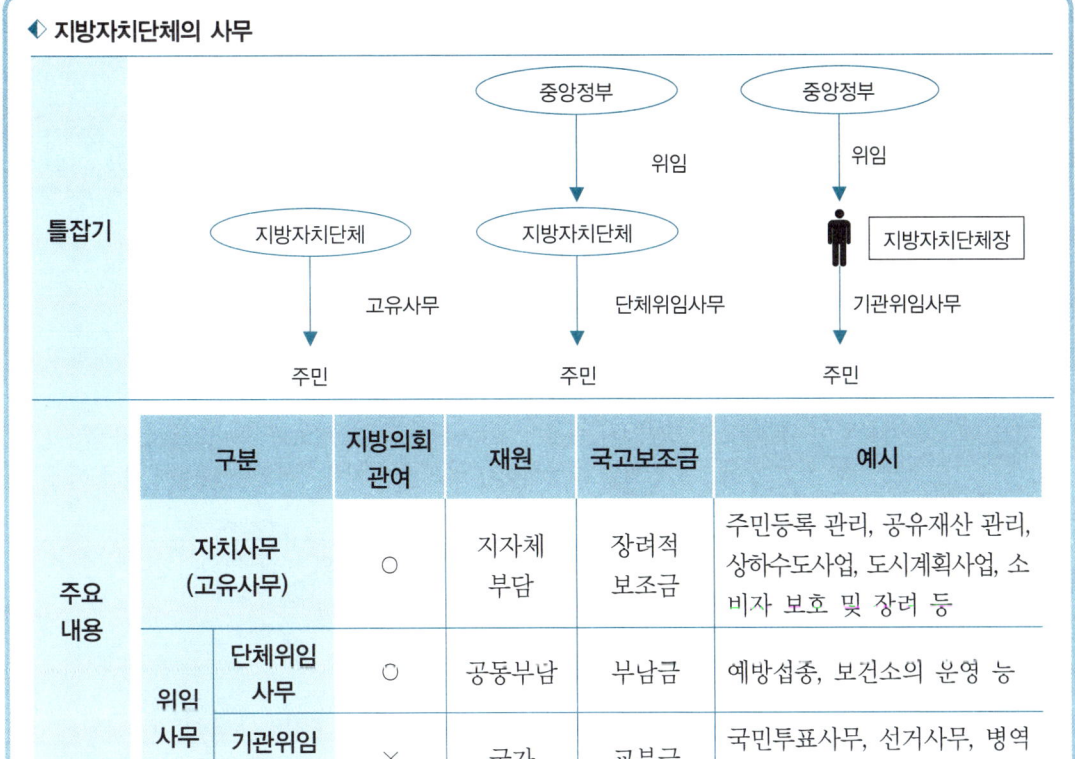

	구분	지방의회 관여	재원	국고보조금	예시
자치사무 (고유사무)		○	지자체 부담	장려적 보조금	주민등록 관리, 공유재산 관리, 상하수도사업, 도시계획사업, 소비자 보호 및 장려 등
위임 사무	단체위임 사무	○	공동부담	부담금	예방접종, 보건소의 운영 능
	기관위임 사무	×	국가	교부금	국민투표사무, 선거사무, 병역자원의 관리 등

15 **제주특별법 제88조【자치경찰기구의 설치】** ① 제90조에 따른 자치경찰사무를 처리하기 위하여 「국가경찰과 자치경찰의 조직 및 운영에 관한 법률」 제18조에 따라 설치되는 제주특별자치도자치경찰위원회(이하 "자치경찰 위원회"라 한다) 소속으로 자치경찰단을 둔다.

16 국무총리를 행정안전부장관으로 고쳐야 함

17 **지방자치법 제199조【설치】** ① 2개 이상의 지방지치단체가 공동으로 특정한 목직을 위하여 광역직으로 사무를 처리할 필요가 있을 때에는 특별지방자치단체를 설치할 수 있다. 이 경우 특별지방자치단체를 구성하는 지방자치단체(이하 "구성 지방자치단체"라 한다)는 상호 협의에 따른 규약을 정하여 구성 지방자치단체의 지방의회 의결을 거쳐 행정안전부장관의 승인을 받아야 한다.

18 자치구가 아닌 읍·면·동의 명칭변경은 조례로 정한 후 광역단체장에게 보고하며, 폐치·분합은 행정안전부장관의 승인을 받아 그 지방자치단체의 조례로 정함

19 가장 최근에 통합된 도시는 청주시임(2013년) → 창원시는 2010년, 춘천시는 1995년에 통합됨

Answer

15 ○   16 ×   17 ○   18 ×   19 ×

20 지방자치단체의 사무 중 단체위임사무는 지방자치단체의 장에게 위임하여 처리하 ⃞O⃞X
는 사무이다. 2014 행정사

21 기관위임사무는 국가가 사업비 일부를 보조하며, 지방의회의 통제를 받고 지방자치 ⃞O⃞X
단체와 국가가 공동으로 책임진다. 2013 행정사

◈ 지방자치단체장과 지방의회의 권한 : 기관대립형

지자체장	제122조【지방자치단체의 장의 선결처분】① 지방자치단체의 장은 지방의회가 지방의회의원이 구속되는 등의 사유로 제73조에 따른 의결정족수에 미달될 때와 지방의회의 의결사항 중 주민의 생명과 재산 보호를 위하여 긴급하게 필요한 사항으로서 지방의회를 소집할 시간적 여유가 없거나 지방의회에서 의결이 지체되어 의결되지 아니할 때에는 선결처분(先決處分)을 할 수 있다.
지방의회	제47조【지방의회의 의결사항】① 지방의회는 다음 각 호의 사항을 의결한다. 　1. 조례의 제정·개정 및 폐지 　2. 예산의 심의·확정 　3. 결산의 승인 　4. 법령에 규정된 것을 제외한 사용료·수수료·분담금·지방세 또는 가입금의 부과와 징수 　5. 기금의 설치·운용 　6. 대통령령으로 정하는 중요 재산의 취득·처분 　7. 대통령령으로 정하는 공공시설의 설치·처분 제49조【행정사무 감사권 및 조사권】① 지방의회는 매년 1회 그 지방자치단체의 사무에 대하여 시·도에서는 14일의 범위에서, **시·군 및 자치구**에서는 **9일의 범위에서 감사를 실시**하고, 지방자치단체의 사무 중 특정 사안에 관하여 본회의 의결로 본회의나 위원회에서 조사하게 할 수 있다. 제62조【의장·부의장 불신임의 의결】① 지방의회의 의장이나 부의장이 법령을 위반하거나 정당한 사유 없이 직무를 수행하지 아니하면 지방의회는 불신임을 의결할 수 있다. ② 제1항의 불신임 의결은 **재적의원 4분의 1 이상의 발의와 재적의원 과반수의 찬성**으로 한다. ③ 제2항의 불신임 의결이 있으면 지방의회의 의장이나 부의장은 그 직에서 해임된다. 제100조【징계의 종류와 의결】① 징계의 종류는 다음과 같다. 　1. 공개회의에서의 경고 　2. 공개회의에서의 사과 　3. 30일 이내의 출석정지 　4. **제명** ② 제1항 제4호에 따른 **제명 의결**에는 **재적의원 3분의 2 이상의 찬성**이 있어야 한다.

22 선결처분권은 지방자치단체장을 견제할 수 있는 지방의회의 강력한 권한이다. ☐○☐✕
2013 행정사

23 지방의회는 매년 1회 그 지방자치단체의 사무에 대하여 시·도에서는 14일의 범위에서, 시·군 및 자치구에서는 9일의 범위에서 감사를 실시한다. 2016 행정사 ☐○☐✕

24 지방의회는 재적의원 3분의 2 이상의 출석과 출석의원 3분의 2 이상의 찬성으로 그 자치단체장을 불신임할 수 있다. 2016 행정사 ☐○☐✕

25 지방의회는 조례의 제정·개정 및 폐지, 기금의 설치·운용 등에 관한 사항을 의결한다. 2015 행정사 ☐○☐✕

26 지방의회 의장 혹은 부의장에 대한 불신임 의결은 재적의원 3분의 1이상 발의와 재적의원 과반수의 찬성으로 행한다. 2013 8급 국회직 ☐○☐✕

27 공개회의에서의 경고, 공개회의에서의 사과, 45일 이내의 출석정지, 제명은 지방자치법상 지방의회 의원의 징계 종류에 해당한다. 2025 행정사 ☐○☐✕

20 단체위임사무는 지방자치단체에 위임하여 처리하는 사무임

21 기관위임사무는 국가가 사업비 전부를 보조하며, 지방의회의 통제를 받지 않고, 국가가 자치단체장에게 위임한 사무이므로 지방자치단체는 책임이 없음

22 선결처분권은 지방자치단체장의 권한임

23 지방자치법 제49조 【행정사무 감사권 및 조사권】 ① 지방의회는 매년 1회 그 지방자치단체의 사무에 대하여 시·도에서는 14일의 범위에서, 시·군 및 자치구에서는 9일의 범위에서 감사를 실시하고, 지방자치단체의 사무 중 특정 사안에 관하여 본회의 의결로 본회의나 위원회에서 조사하게 할 수 있다.

24 지방의회는 지방자치단체장에 대한 불신임권이 없음 → 아래의 소항 참고
지방자치법 제62조 【의장·부의장 불신임의 의결】 ① 지방의회의 의장이나 부의장이 법령을 위반하거나 정당한 사유 없이 직무를 수행하지 아니하면 지방의회는 불신임을 의결할 수 있다.
② 제1항의 불신임 의결은 재적의원 4분의 1 이상의 발의와 재적의원 과반수의 찬성으로 한다.
③ 제2항의 불신임 의결이 있으면 지방의회의 의장이나 부의장은 그 직에서 해임된다.

25 조례의 제정·개정 및 폐지, 기금의 설치·운용 등에 관한 사항은 지방의회 의결권에 해당함

26 불신임 의결은 재적의원 4분의 1 이상의 발의와 재적의원 과반수의 찬성으로 정함

27 45일 이내의 출석정지를 30일 이내로 고쳐야 함

Answer

| 20 ✕ | 21 ✕ | 22 ✕ | 23 ○ | 24 ✕ | 25 ○ | 26 ✕ | 27 ✕ |

정부 간 관계

◆ 정부 간 관계모형의 유형

라이트	의의	라이트는 지방정부의 사무내용, 즉 중앙·지방 간 재정관계와 인사관계의 차이에 따라 정부 간 관계를 포괄형·중첩형·분리형으로 구분
	유형	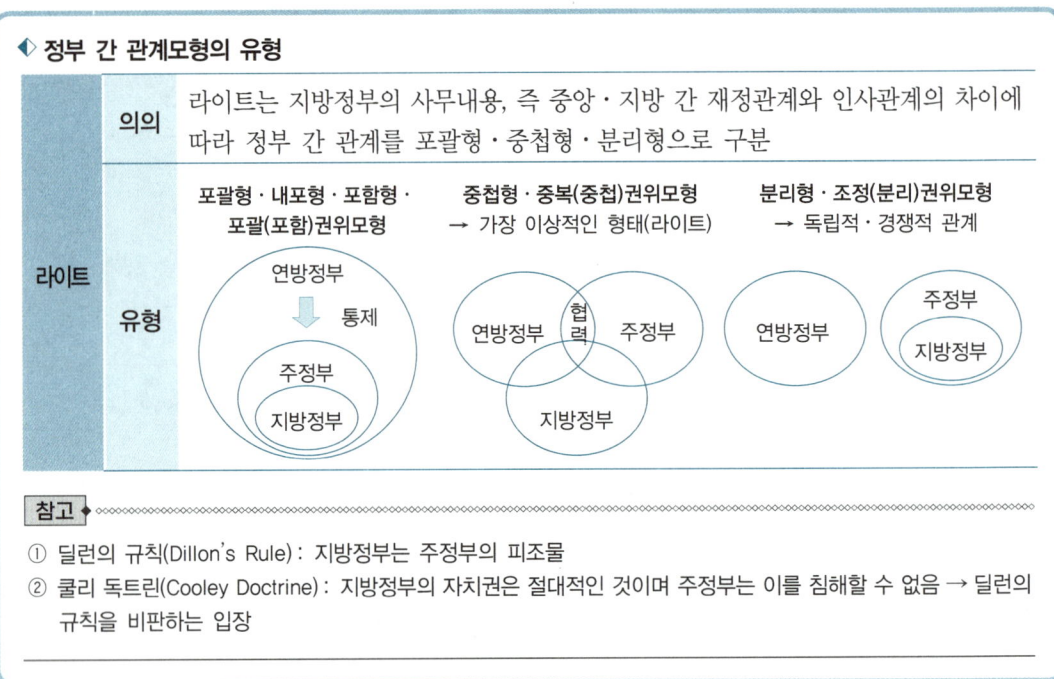

◆ 참고 ◆ ∽∽

① 딜런의 규칙(Dillon's Rule) : 지방정부는 주정부의 피조물
② 쿨리 독트린(Cooley Doctrine) : 지방정부의 자치권은 절대적인 것이며 주정부는 이를 침해할 수 없음 → 딜런의 규칙을 비판하는 입장

01 라이트(Wright)모형에서 분리형은 중앙·지방 간의 독립적인 관계를 의미한다. ○|×

2011 9급 지방직

◆ 지방자치법에 명시된 기능배분 원칙

비경합의 원칙	제11조【사무배분의 기본원칙】① 국가는 지방자치단체가 사무를 종합적·자율적으로 수행할 수 있도록 국가와 지방자치단체 간 또는 지방자치단체 상호 간의 사무를 주민의 편익증진, 집행의 효과 등을 고려하여 서로 중복되지 아니하도록 배분하여야 한다.
보충성의 원칙	제11조【사무배분의 기본원칙】② 국가는 제1항에 따라 사무를 배분하는 경우 지역주민생활과 밀접한 관련이 있는 사무는 원칙적으로 시·군 및 자치구의 사무로, 시·군 및 자치구가 처리하기 어려운 사무는 시·도의 사무로, 시·도가 처리하기 어려운 사무는 국가의 사무로 각각 배분하여야 한다.
포괄적 이양의 원칙	제11조【사무배분의 기본원칙】③ 국가가 지방자치단체에 사무를 배분하거나 지방자치단체가 사무를 다른 지방자치단체에 재배분할 때에는 사무를 배분받거나 재배분받는 지방자치단체가 그 사무를 자기의 책임하에 종합적으로 처리할 수 있도록 관련 사무를 포괄적으로 배분하여야 한다.

02 기초 지방정부가 할 수 있는 일을 상급 정부가 관여해서는 안 된다는 것, 중앙정부 ☐X
의 역할은 지방정부의 기능을 보완하는 측면에 국한해야 한다는 것은 보충성의 원
칙을 의미한다. 2021 행정사

03 보충성의 원칙은 중층의 국가공동체 조직에서 하급단위가 잘 처리할 수 있는 업무 ☐X
를 상급단위에서 직접 처리하면 안 된다는 원칙이다. 2020 행정사

04 포괄성의 원칙은 '기초자치단체가 처리하기 어려운 사무는 광역자치단체가 맡고 지 ☐X
방자치단체에서 처리하기 어려운 사무는 중앙정부의 사무로 처리해야 한다'와 관련
된 사무배분 원칙이다. 2017 행정사

01 라이트는 정부모형을 포괄형, 중첩형, 분리형으로 구분함 → 이 중에서 분리형(seperated model)은 중앙·지방
간의 독립적인 관세를 의미임

02 **지방자치법 제11조【사무배분의 원칙】** ② 국가는 제1항에 따라 사무를 배분하는 경우 지역주민생활과 밀접한
관련이 있는 사무는 원칙적으로 시·군 및 자치구(이하 "시·군·구"라 한다)의 사무로, 시·군·구가 처리하기
어려운 사무는 특별시·광역시·특별자치시·도 및 특별자치도(이하 "시·도"라 한다)의 사무로, 시·도가 처리
하기 어려운 사무는 국가의 사무로 각각 배부하여야 한다.

03 2번 해설 참고

04 선지는 보충성의 원칙에 대한 내용임
※ 포괄성의 원칙 : 단편적인 지방이양의 문제점을 보완하기 위하여 포괄적으로 사무를 이양해야 한다는 원칙

Answer

01 ○   02 ○   03 ○   04 ×

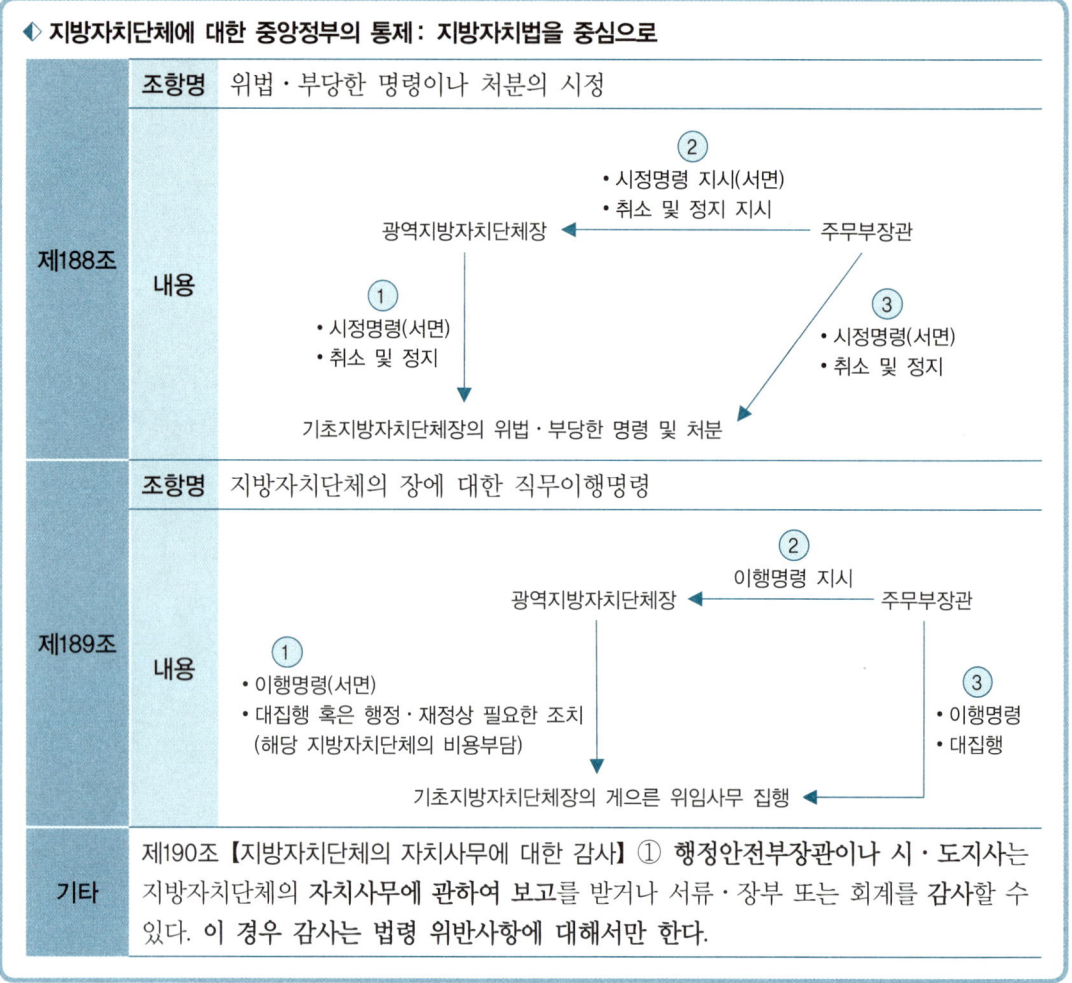

◈ **지방자치단체에 대한 중앙정부의 통제 : 지방자치법을 중심으로**

제188조	**조항명**	위법·부당한 명령이나 처분의 시정
	내용	② 광역지방자치단체장 ← 주무부장관 • 시정명령 지시(서면) • 취소 및 정지 지시 ① • 시정명령(서면) • 취소 및 정지 ③ • 시정명령(서면) • 취소 및 정지 기초지방자치단체장의 위법·부당한 명령 및 처분
제189조	**조항명**	지방자치단체의 장에 대한 직무이행명령
	내용	② 이행명령 지시 광역지방자치단체장 ← 주무부장관 ① • 이행명령(서면) • 대집행 혹은 행정·재정상 필요한 조치 (해당 지방자치단체의 비용부담) ③ • 이행명령 • 대집행 기초지방자치단체장의 게으른 위임사무 집행
기타		제190조【지방자치단체의 자치사무에 대한 감사】① **행정안전부장관이나 시·도지사는** 지방자치단체의 **자치사무에 관하여 보고**를 받거나 서류·장부 또는 회계를 **감사할 수** 있다. **이 경우 감사는 법령 위반사항에 대해서만 한다.**

05 시·군 및 자치구의 사무에 관한 그 장의 명령이나 처분이 법령에 위반되거나 현저 히 부당하여 공익을 해친다고 인정되면 주무부장관은 바로 그 시정을 직접 명할 수 있다. **2016 행정사 수정** ◯◯×

06 시·군 및 자치구의 장이 법령의 규정에 따라 그 의무에 속하는 국가위임사무의 관 리와 집행을 명백히 게을리하고 있다고 인정되면 주무부장관은 바로 그 이행을 직 접 명령할 수 있다. **2016 행정사 수정** ◯◯×

07 행정안전부장관은 지방자치단체의 자치사무에 관하여 법령 위반사항에 대해서만 서류·장부 또는 회계를 감사할 수 있다. **2025 행정사** ◯◯×

◆ 특별지방행정기관 : 중앙행정기관의 소속기관

틀잡기	
등장배경	국가업무의 효율적이고 광역적인 추진을 위해 설치
개념	중앙행정기관의 특정 업무 중 지역적 업무를 당해 관할구역 내에서 처리할 수 있도록 해당 지역에 설치한 행정기관 ⓔ 지방국세청, 지방관세청, 유역환경청, 지방환경청, 보건소, 교도소, 출입국관리사무소, 우체국, 세무서, 지방식품의약품안전청, 지방중소기업청, 지방경찰청 등
특싱	• 고유의 법인격은 물론 자치권도 가지고 있지 않음 • 특별지방행정기관에 소속된 공무원은 국가직 공무원 • 현장의 정보를 중앙정부에 전달해 중앙정부와 지자체 사이의 매개 역할을 수행
한계	• 특별지방행정기관은 관할의 범위가 자치단체보다 넓어서 광역행정에 용이하지만, 주민접근성(고객의 편리성)이 떨어질 수 있음 • 특별지방행정기관은 자치단체가 아니므로 주민들의 직접통제와 참여가 용이하지 않음 • 중앙정부의 영향력 강화 → 지방자치 저해 • 지방자치단체와의 업무 중복 • 공무원 수의 팽창

05 **지방자치법 제188조 【위법·부당한 명령이나 처분의 시정】** ① 지방자치단체의 사무에 관한 지방자치단체의 장이 명령이나 처분이 법령에 위반되거나 현저히 부당하여 공익을 해친니고 인정되면 시·도에 대해서는 주무부장관이, 시·군 및 자치구에 대해서는 시·도지사가 기간을 정하여 서면으로 시정할 것을 명하고, 그 기간에 이행하지 아니하면 이를 취소하거나 정지할 수 있다.

06 **지방자치법 제189조 【지방자치단체의 장에 대한 직무이행명령】** ① 지방자치단체의 장이 법령에 따라 그 의무에 속하는 국가위임사무나 시·도위임사무의 관리와 집행을 명백히 게을리하고 있다고 인정되면 시·도에 대해서는 주무부상관이, 시·군 및 자치구에 대해서는 시·도지사가 기간을 정하여 서면으로 이행할 사항을 명령할 수 있다.

07 **지방자치법 제190조 【지방자치단체의 자치사무에 대한 감사】** ① 행정안전부장관이나 시·도지사는 지방지치단체의 자치사무에 관하여 보고를 받거나 서류·장부 또는 회계를 감사할 수 있다. 이 경우 감사는 법령 위반 사항에 대해서만 한다.

Answer

05 ×   06 ×   07 ○

08 특별지방행정기관은 국가의 사무를 집행하기 위해 설치한 일선집행기관으로 고유 ☐◯☐✕☐
의 법인격을 가지고 있다. **2019 7급 국가직**

09 특별지방행정기관은 관할범위가 넓어 현지성이 확보됨으로써 지역주민을 위한 행 ☐◯☐✕☐
정이 가능하다. **2013 행정사**

10 특별지방행정기관을 설치할 경우 광역적인 국가업무를 효율적으로 처리할 수 있다. ☐◯☐✕☐
2013 행정사

◈ 지방자치단체 간 협력방식 : 공동처리방식을 중심으로

사무위탁 (계약방식)	168조【사무의 위탁】① 지방자치단체나 그 장은 소관 사무의 일부를 다른 지방자치단체나 그 장에게 위탁하여 처리하게 할 수 있다.
행정협의회	제169조【행정협의회의 구성】① 지방자치단체는 2개 이상의 지방자치단체에 관련된 사무의 일부를 공동으로 처리하기 위하여 관계 지방자치단체 간의 행정협의회를 구성할 수 있다. 이 경우 지방자치단체의 장은 시·도가 구성원이면 행정안전부장관과 관계 중앙행정기관의 장에게, 시·군 또는 자치구가 구성원이면 시·도지사에게 이를 보고하여야 한다. ② 지방자치단체는 협의회를 구성하려면 관계 지방자치단체 간의 협의에 따라 규약을 정하여 관계 지방의회에 각각 보고한 다음 고시하여야 한다.
조합	제176조【지방자치단체조합의 설립】① 2개 이상의 지방자치단체가 하나 또는 둘 이상의 사무를 공동으로 처리할 필요가 있을 때에는 규약을 정하여 지방의회의 의결을 거쳐 시·도는 행정안전부장관의 승인, 시·군 및 자치구는 시·도지사의 승인을 받아 지방자치단체조합을 설립할 수 있다. 다만, 지방자치단체조합의 구성원인 시·군 및 자치구가 2개 이상의 시·도에 걸쳐 있는 지방자치단체조합은 행정안전부장관의 승인을 받아야 한다. ② 지방자치단체조합은 법인으로 한다.
협의체	제182조【지방자치단체의 장 등의 협의체】① 지방자치단체의 장이나 지방의회의 의장은 상호 간의 교류와 협력을 증진하고, 공동의 문제를 협의하기 위하여 다음 각 호의 구분에 따라 각각 전국적 협의체를 설립할 수 있다. ② 제1항 각 호의 전국적 협의체는 그들 모두가 참가하는 지방자치단체 연합체를 설립할 수 있다. 참고 연합체는 협의체를 합친 것

11 광역행정의 공동처리 방식 중 사무위탁은 둘 이상의 지방자치단체가 계약에 의하여 자기 사무의 일부를 상대방에게 위탁하여 처리하는 방식이다. 2018 9급 교행직

12 시·도를 달리하는 시·군·구 간의 자치단체조합의 설치는 지방의회 의결을 거쳐 시·도지사의 승인을 받아야 한다. 2014 행정사

13 행정구(자치구가 아닌 구) 설치는 우리나라 지방자치단체 간의 공동사무를 협력·처리하는 방식에 해당한다. 2018 행정사

14 지방자치단체조합은 우리나라 지방자치단체 간의 공동사무를 협력·처리하는 방식에 해당한다. 2018 행정사

PART
07

---

08 특별지방행정기관은 국가의 사무를 집행하기 위해 설치한 일선집행기관으로 고유의 법인격을 가지고 있지 않음

09 특별지방행정기관의 관할범위는 지방자치단체에 비해 넓기 때문에 현지성 확보가 어려움

10 특별지방행정기관은 중앙정부의 소속기관이므로 특별지방행정기관을 설치할 경우 광역적인 국가업무를 효율적으로 처리할 수 있음

11 **지방자치법 168조 【사무의 위탁】** ① 지방자치단체나 그 장은 소관 사무의 일부를 다른 지방자치단체나 그 장에게 위탁하여 처리하게 할 수 있다.

12 시·도를 달리하는 시·군·구 간의 자치단체조합의 설치는 지방의회 의결을 거쳐 행정안전부장관이 승인을 받아야 함

13 행정구 설치는 지방자치단체 간 협력방식이 아니라 특정 조건을 지닌 지방자치단체에 대한 특례임

14 지방자치단체 조합은 협의체, 행정협의회, 사무위탁과 함께 공동처리 방식에 해당함

Answer

08	09	10	11	12	13	14
×	×	○	○	×	×	○

◆ 정부 간 갈등해결을 위한 제도

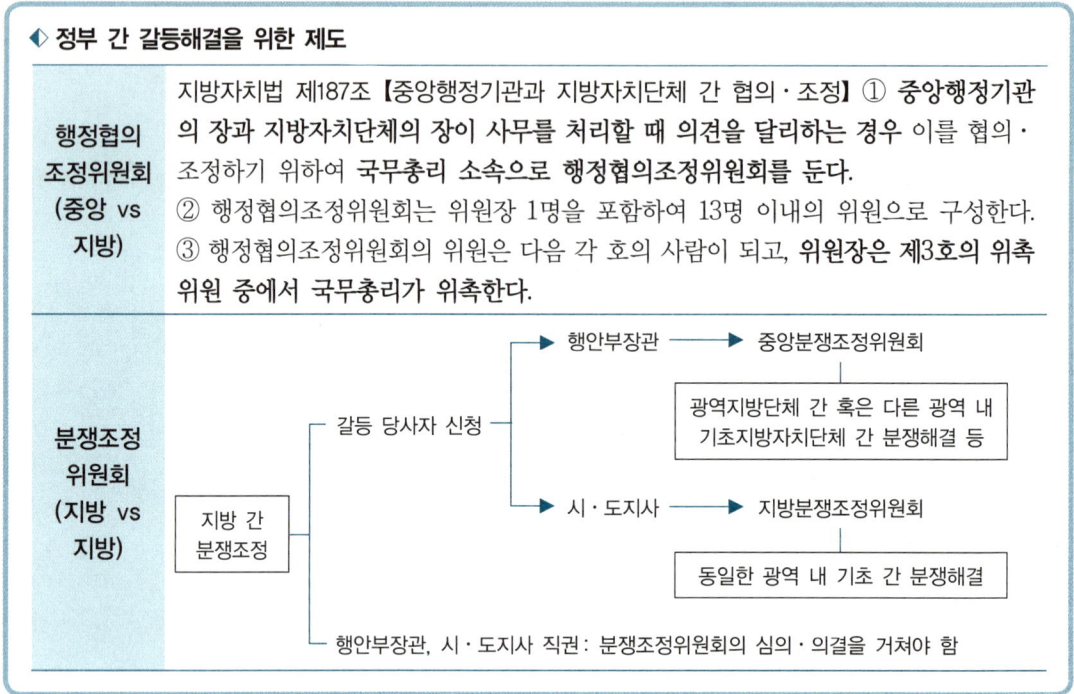

행정협의 조정위원회 (중앙 vs 지방)	지방자치법 제187조【중앙행정기관과 지방자치단체 간 협의·조정】① 중앙행정기관의 장과 지방자치단체의 장이 사무를 처리할 때 의견을 달리하는 경우 이를 협의·조정하기 위하여 **국무총리 소속으로 행정협의조정위원회를 둔다.** ② 행정협의조정위원회는 위원장 1명을 포함하여 13명 이내의 위원으로 구성한다. ③ 행정협의조정위원회의 위원은 다음 각 호의 사람이 되고, **위원장은 제3호의 위촉 위원 중에서 국무총리가 위촉한다.**

15 중앙행정기관의 장과 지방자치단체의 장 간에 의견을 달리하는 경우 국무총리 소속으로 행정협의조정위원회를 두어 조정한다. 2015 9급 교행직 ☐○☐✕

16 중앙행정기관의 장과 지방자치단체의 장이 사무를 처리할 때 의견을 달리하는 경우 이를 협의·조정하기 위하여 지방자치단체중앙분쟁조정위원회를 둔다. 2025 행정사 ☐○☐✕

17 중앙행정기관장과 지방자치단체의 장이 의견을 달리하는 사무처리의 조정을 위해 행정안전부 소속하에 협의조정기구를 둘 수 있다. 2014 행정사 ☐○☐✕

◆ 우리나라 지방자치단체 관련 집행기관의 종류

지방자치단체의 장	특별시장, 광역시장, 도지사, 시장, 군수, 자치구청장
보조기관	**부지사, 부시장, 부군수, 부구청장, 행정기구, 지방공무원**
소속 행정기관	직속기관, 사업소, 출장소, 합의제행정기관, 자문기관 등
하부행정기관(장)	시장, 구청장, 읍장, 면장, 동장

18 부지사·부시장·부군수·부구청장, 사업소, 합의제행정기관, 자문기관, 출장소는 ○ ✕
지방자치법상 지방자치단체의 보조기관에 해당한다. 2025 행정사

15 **지방자치법 제187조【중앙행정기관과 지방자치단체 간 협의·조정】** ① 중앙행정기관의 장과 지방자치단체의 장이 사무를 처리할 때 의견을 달리하는 경우 이를 협의·조정하기 위하여 국무총리 소속으로 행정협의조정위원회를 둔다.

16 **동법 제187조【중앙행정기관과 지방자치단체 간 협의·조정】** ① 중앙행정기관의 장과 지방자치단체의 장이 사무를 처리할 때 의견을 달리하는 경우 이를 협의·조정하기 위하여 국무총리 소속으로 행정협의조정위원회를 둔다.

17 중앙행정기관장과 지방자치단체의 장이 의견을 달리하는 사무처리의 조정을 위해 국무총리 소속하에 협의조정 기구를 둠 → 행정협의조정위원회

18 사업소, 합의제행정기관, 자문기관, 출장소는 소속 행정기관임

Answer
15 ○   16 ✕   17 ✕   18 ✕

◆ **주민의 정의와 기능**

주민의 정의	• 지방자치단체의 구역 안에 주소를 가진 자 • 일정 기간 거주하지 않았어도 주민등록만 되어 있다면 지방자치법상 주민으로서의 권리와 의무의 주체가 됨	
주민 참여 기능	순기능	• 지역의 특수성 반영 및 대의민주제 보완 • 정책에 대한 공감을 확보하는 과정을 거침으로써 정책집행 용이 • 행정의 민주화 고양 → 행정과 시민 간 거리감 감소 • 주민의 권리와 책임의식 고양
	역기능	• 의사결정에 다수가 참여하는 바 의사결정비용(내부비용 = 행정적 비용)이 증가 • 정책에 대한 전문성 결여 • 집단이기주의

01 주민참여는 행정의 전문화를 향상시킨다. **2009 9급 국회직** ☐○☐×

02 일정기간 지역에 거주하지 않았더라도 주민등록만 되어 있다면 지방자치법상 주민으로서의 권리와 의무의 주체가 된다. **2024 행정사** ☐○☐×

◆ **조례제정·개폐청구제도(주민발의·주민발안)**

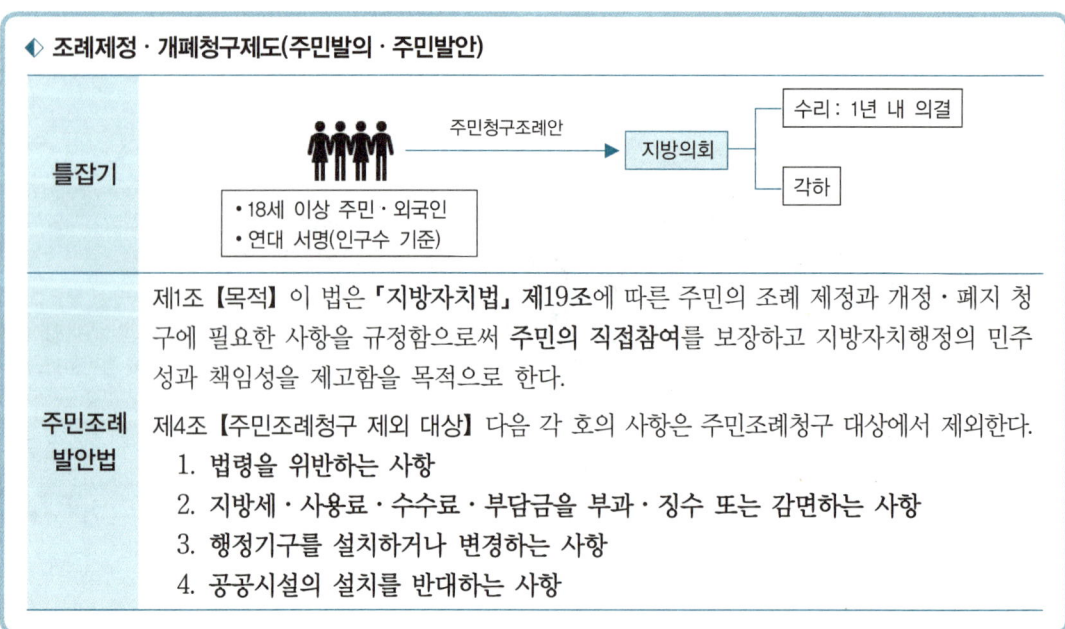

틀잡기	(그림) 주민청구조례안 → 지방의회 • 수리: 1년 내 의결 • 각하 • 18세 이상 주민·외국인 • 연대 서명(인구수 기준)
주민조례 발안법	제1조【목적】이 법은 「지방자치법」 제19조에 따른 주민의 조례 제정과 개정·폐지 청구에 필요한 사항을 규정함으로써 **주민의 직접참여**를 보장하고 지방자치행정의 민주성과 책임성을 제고함을 목적으로 한다. 제4조【주민조례청구 제외 대상】다음 각 호의 사항은 주민조례청구 대상에서 제외한다. 　1. 법령을 위반하는 사항 　2. 지방세·사용료·수수료·부담금을 부과·징수 또는 감면하는 사항 　3. 행정기구를 설치하거나 변경하는 사항 　4. 공공시설의 설치를 반대하는 사항

03 주민발안제에 있어 사용료의 부과, 행정기구 변경 및 공공시설 설치 반대 등의 사항 ◯✕
은 주민에 의한 청구대상이 되지 않는다. 2014 행정사

04 주민은 행정기구를 설치하거나 변경하는 것에 관한 사항이나 공공시설의 설치를 반 ◯✕
대하는 사항의 조례를 제정하거나 개정하거나 폐지할 것을 청구할 수 있다.

2019 9급 국가직

---

01 주민은 일반적으로 정부관료에 비해 전문적인 지식이 부족한 까닭에 행정의 전문화를 저해할 수 있음

02 지방자치단체의 구역 안에 주소를 가진 자는 주민으로 볼 수 있음

03 주민조례발안법 제4조【주민조례청구 제외 대상】다음 각 호의 사항은 주민조례청구 대상에서 제외한다.
　1. 법령을 위반하는 사항
　2. 지방세·사용료·수수료·부담금을 부과·징수 또는 감면하는 사항
　3. 행정기구를 설치하거나 변경하는 사항
　4. 공공시설의 설치를 반대하는 사항

04 주민은 행정기구를 설치하거나 변경하는 것에 관한 사항이나 공공시설의 설치를 반대하는 사항의 조례를 제정
하거나 개정하거나 폐지할 것을 청구할 수 없음

Answer
01 ✕　　**02** ◯　　**03** ◯　　**04** ✕

◈ 주민소환제도

틀잡기	소환투표실시 청구 → 관할 선관위 • 19세 이상 주민 · 외국인 • 연대 서명 및 소환사유 작성
주민 소환법	**제1조 【목적】** 이 법은 **「지방자치법」 제25조**에 따른 주민소환의 투표 청구권자 · 청구요건 · 절차 및 효력 등에 관하여 규정함으로써 지방자치에 관한 **주민의 직접참여**를 확대하고 지방행정의 민주성과 책임성을 제고함을 목적으로 한다. **제7조 【주민소환투표의 청구】** ① **주민소환투표청구권자**는 선출직 지방공직자(비례대표의원 제외)에 대하여 **다음 각 호에 해당하는 주민의 서명으로 그 소환사유를 서면에 구체적으로 명시**하여 **관할선거관리위원회**에 주민소환투표의 실시를 청구할 수 있다. 　1. 시 · 도지사: 당해 지방자치단체의 주민소환투표청구권자 총수의 **100분의 10 이상** 　2. 시장 · 군수 · 자치구의 구청장: 당해 지방자치단체의 주민소환투표청구권자 총수의 **100분의 15 이상** 　3. 지역구시 · 도의원 및 지역구자치구 · 시 · 군의원: 당해 지방의회의원의 선거구 안의 주민소환투표청구권자 총수의 **100분의 20 이상** **제8조 【주민소환투표의 청구제한기간】** 제7조 제1항 내지 제3항의 규정에 불구하고, 다음 각 호의 어느 하나에 해당하는 때에는 주민소환투표의 실시를 청구할 수 없다. 　1. 선출직 지방공직자의 임기개시일부터 **1년**이 경과하지 아니한 때 　2. 선출직 지방공직자의 임기만료일부터 **1년** 미만일 때 　3. 해당선출직 지방공직자에 대한 주민소환투표를 실시한 날부터 **1년** 이내인 때 **제22조 【주민소환투표결과의 확정】** ① 주민소환은 **주민소환투표권자 총수의 3분의 1 이상의 투표와 유효투표 총수 과반수의 찬성**으로 확정된다.

05 주민은 그 지방자치단체의 장을 소환할 권리는 갖지만, 비례대표 지방의회의원을 소환할 권리를 가지고 있지는 못하다. **2019 9급 국가직** ○ ×

06 비례대표선거구 의원을 포함한 지방의회 의원과 지방자치단체의 장은 주민소환의 대상이 될 수 있다. **2016 행정사** ○ ×

07 주민소환투표결과의 확정은 주민소환투표권자 총수의 과반수 투표와 유효투표 총수 과반수의 찬성을 요한다. **2016 행정사** ○ ×

08 주민소환투표를 실시한 후 2년 미만인 경우에는 주민소환을 실시할 수 없다. ☐☒

2017 경찰간부

09 군수를 소환하려고 할 경우에는 해당 군의 주민소환투표청구권자 총 수의 100분의 ☐☒
10 이상의 서명을 받아 청구해야 한다. **2021 9급 국가직**

---

05 **주민소환법 제7조 【주민소환투표의 청구】** ① 전년도 12월 31일 현재 주민등록표 및 외국인등록표에 등록된 제3조 제1항 제1호 및 제2호에 해당하는 자(이하 "주민소환투표청구권자"라 한다)는 해당 지방자치단체의 장 및 지방의회의원(비례대표선거구시·도의회의원 및 비례대표선거구자치구·시·군의회의원은 제외하며, 이하 "선출직 지방공직자"라 한다)에 대하여 다음 각 호에 해당하는 주민의 서명으로 그 소환사유를 서면에 구체적으로 명시하여 관할선거관리위원회에 주민소환투표의 실시를 청구할 수 있다.

06 비례대표의원은 소환대상에서 제외됨

07 주민소환투표결과의 확정은 투표권자 총수의 1/3 이상의 투표와 유효투표 과반수의 찬성을 요함

08 **주민소환법 제8조 【주민소환투표의 청구제한기간】** 제7조 제1항 내지 제3항의 규정에 불구하고, 다음 각 호의 어느 하나에 해당하는 때에는 주민소환투표의 실시를 청구할 수 없다.
1. 선출직 지방공직자의 임기개시일부터 1년이 경과하지 아니한 때
2. 선출직 지방공직자의 임기만료일부터 1년 미만일 때
3. 해당선출직 지방공직자에 대한 주민소환투표를 실시한 날부터 1년 이내인 때

09 군수를 소환하려고 할 경우에는 해당 군의 주민소환투표청구권자 총 수의 100부의 15 이상의 서명을 받아 청구해야 함

Answer

05 ○   **06** ×   **07** ×   **08** ×   **09** ×

◆ **주민투표제도**

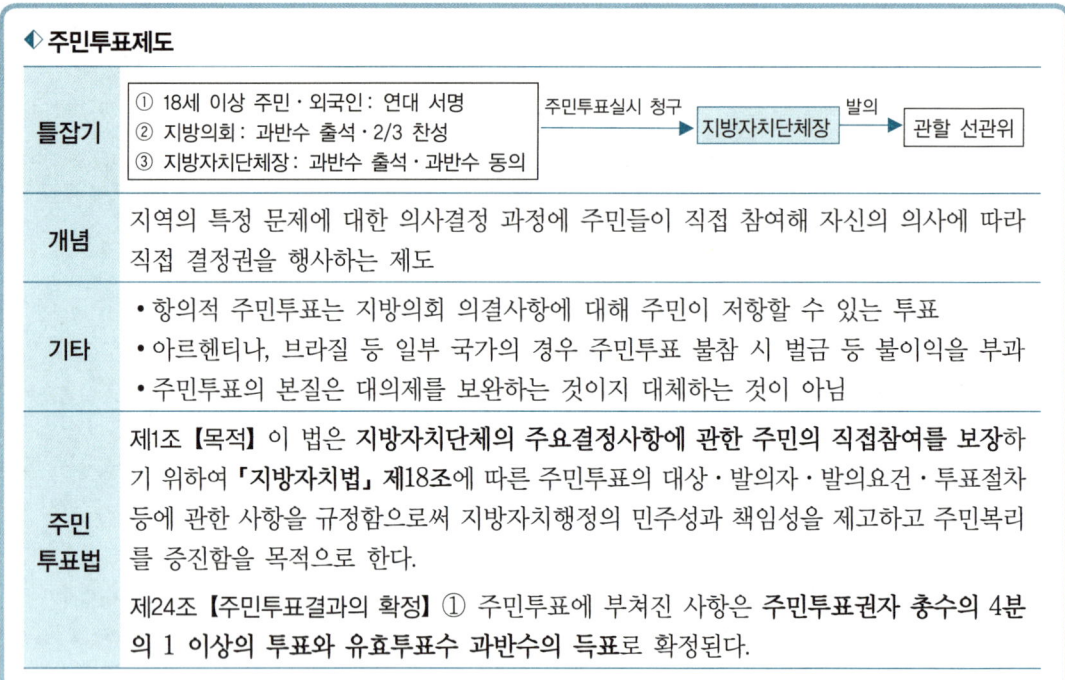

틀잡기	① 18세 이상 주민·외국인: 연대 서명 ② 지방의회: 과반수 출석·2/3 찬성 ③ 지방자치단체장: 과반수 출석·과반수 동의
개념	지역의 특정 문제에 대한 의사결정 과정에 주민들이 직접 참여해 자신의 의사에 따라 직접 결정권을 행사하는 제도
기타	• 항의적 주민투표는 지방의회 의결사항에 대해 주민이 저항할 수 있는 투표 • 아르헨티나, 브라질 등 일부 국가의 경우 주민투표 불참 시 벌금 등 불이익을 부과 • 주민투표의 본질은 대의제를 보완하는 것이지 대체하는 것이 아님
주민 투표법	제1조【목적】이 법은 **지방자치단체의 주요결정사항에 관한 주민의 직접참여를 보장**하기 위하여「**지방자치법**」제18조에 따른 주민투표의 대상·발의자·발의요건·투표절차 등에 관한 사항을 규정함으로써 지방자치행정의 민주성과 책임성을 제고하고 주민복리를 증진함을 목적으로 한다. 제24조【주민투표결과의 확정】① 주민투표에 부쳐진 사항은 **주민투표권자 총수의 4분의 1 이상의 투표와 유효투표수 과반수의 득표**로 확정된다.

10 우리나라는 주민투표 결과의 확정을 위해서는 전체 유효투표권자 중 1/4 이상이 투표를 해야 한다. 2019 행정사 ○Ⓧ

11 항의적 주민투표(protest referendum)는 지방의회에서 의결한 사항에 대하여 그 효력 여부를 결정하는 투표이다. 2019 행정사 ○Ⓧ

◆ **주민감사청구제도**

개념	주민이 단체장 또는 자치단체의 권한에 속하는 사무의 처리가 법령에 위반되거나 공익을 현저히 해친다고 인정될 경우 상급자치단체장이나 주무부장관에게 감사를 청구할 수 있도록 하는 제도
틀잡기	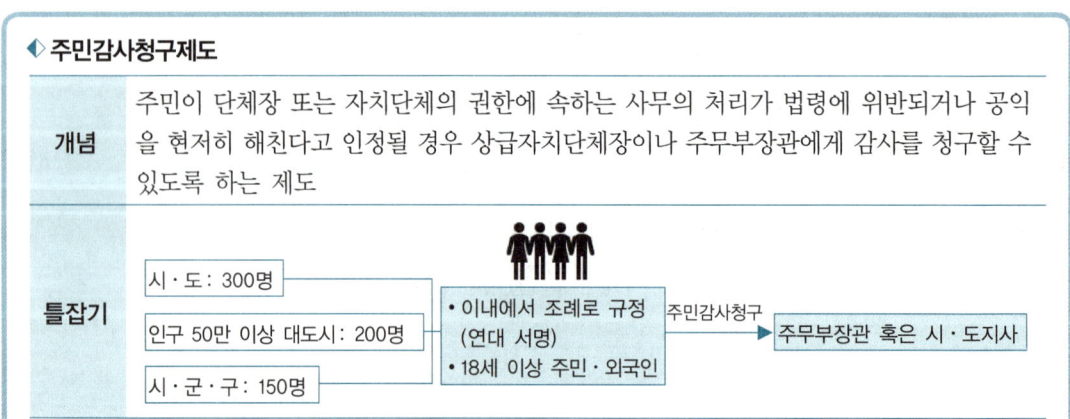

> **지방
> 자치법**
>
> 제21조【주민의 감사 청구】① 지방자치단체의 18세 이상의 주민으로서 다음 각 호의 어느 하나에 해당하는 사람은 시 · 도는 300명, 제198조에 따른 인구 50만 이상 대도시는 200명, 그 밖의 시 · 군 및 자치구는 150명 이내에서 그 지방자치단체의 조례로 정하는 수 이상의 18세 이상의 주민이 연대 서명하여 그 지방자치단체와 그 장의 권한에 속하는 **사무의 처리가 법령에 위반되거나 공익을 현저히 해친다고 인정되면 시 · 도의 경우에는 주무부장관**에게, 시 · 군 및 자치구의 경우에는 시 · 도지사에게 감사를 청구할 수 있다.

12 지방자치단체 외국인등록대장에 등록된 베트남국적 C씨(45세)는 국내에 영주할 수 있는 체류자격 취득일 후 현재 3년이 지났지만, 외국인이기 때문에 지방자치단체의 위법행위에 대한 감사를 청구할 수 없다. 2022 행정사 ○×

13 「지방자치법」은 주민감사청구 요건으로 시 · 군 · 자치구의 경우 19세 이상 주민 500명 이상의 연서를 받아 감사를 청구할 수 있도록 규정하고 있다. 2016 7급 지방직 ○×

---

10 주민투표에 부쳐진 사항은 주민투표권자 총 수의 4분의 1 이상의 투표와 유효투표수 과반수의 득표로 확정됨

11 항의적 주민투표(protest referendum)는 지방의회에서 의결한 사항에 대하여 그 효력 여부를 주민이 투표를 통해 결정하는 제도임

12 일정 자격을 갖춘 외국인은 감사를 청구할 수 있음

13 **지방자치법 제21조【주민의 감사 청구】** ① 지방자치단체의 18세 이상의 주민으로서 다음 각 호의 어느 하나에 해당하는 사람은 시 · 도는 300명, 제198조에 따른 인구 50만 이상 대도시는 200명, 그 밖의 시 · 군 및 자치구는 150명 이내에서 그 지방자치단체의 조례로 정하는 수 이상의 18세 이상의 주민이 연대 서명하여 그 지방자치단체와 그 장의 권한에 속하는 사무의 처리가 법령에 위반되거나 공익을 현저히 해친다고 인정되면 시 · 도의 경우에는 주무부장관에게, 시 · 군 및 자치구의 경우에는 시 · 도지사에게 감사를 청구할 수 있다.

Answer

10 ○ **11** ○ **12** × **13** ×

◆ **주민소송제도**

개념	자치단체의 재무행위와 관련해 감사를 청구한 주민이 감사의 결과에 불복이 있는 경우, 감사청구한 사항과 관련이 있는 위법한 행위나 업무를 게을리한 사실에 대해 해당 단체장을 상대방으로 법원에 재판을 청구하는 제도
특징	• 주민의 감사청구를 전심절차로 하며(주민소송은 주민감사청구의 결과에 불복하는 경우에 하는 것), 다수 주민의 연서가 필요 없음 • 예산, 회계, 계약, 재산관리, 지방세, 사용료, 공금의 부과 등 위법한 재무행위에 대해서는 주민감사청구를 거쳐 주민소송을 통해 시정

14 ○○시 주민 E씨(57세)는 시의 공금 지출에 관한 사항의 위법에 대해 감사청구한 자로서, 그 감사 결과에 불복하고 법적 요건을 갖추어 시장을 상대로 주민소송을 제기하였다. **2022 행정사** ☐○☐×

15 주민소송제는 주민이 감사청구한 일정한 재무회계 사항과 관련이 있는 지방자치단체의 장 등의 위법한 행위 등에 대하여 손해를 배상하게 하는 제도이다. **2024 행정사** ☐○☐×

◆ **기타 선지**

16 주민발안, 주민소환, 주민투표, 주민감사청구는 우리나라 지방자치법이 인정하는 주민의 직접 참여제도이다. **2020 9급 군무원** ☐○☐×

17 주민발안, 주민감사청구, 주민투표, 주민소송, 주민소환은 지방자치법에 명시된 주민 직접 참여제도이다. **2017 행정사** ☐○☐×

---

14 주민소송 : 자치단체의 재무행위와 관련하여 감사를 청구한 주민이 감사의 결과에 불복이 있는 경우에 감사청구한 사항과 관련이 있는 위법한 행위나 업무를 게을리한 사실에 대해 해당 단체장을 상대방으로 법원에 재판을 청구하는 제도

15 주민소송제 : 자치단체의 재무행위와 관련하여 감사를 청구한 주민이 감사의 결과에 불복이 있는 경우에 감사청구한 사항과 관련이 있는 위법한 행위나 업무를 게을리한 사실에 대해 해당 단체장을 상대방으로 법원에 재판을 청구하는 제도 → 납세자 소송제도

16 주민발안은 조례제정개폐청구제도를 의미함

17 주민발안(조례제정개폐청구), 주민감사청구, 주민투표, 주민소송, 주민소환은 지방자치법에 명시된 주민 직접 참여제도임

Answer

14 ○　　**15** ○　　**16** ○　　**17** ○

◆ **자주재원**

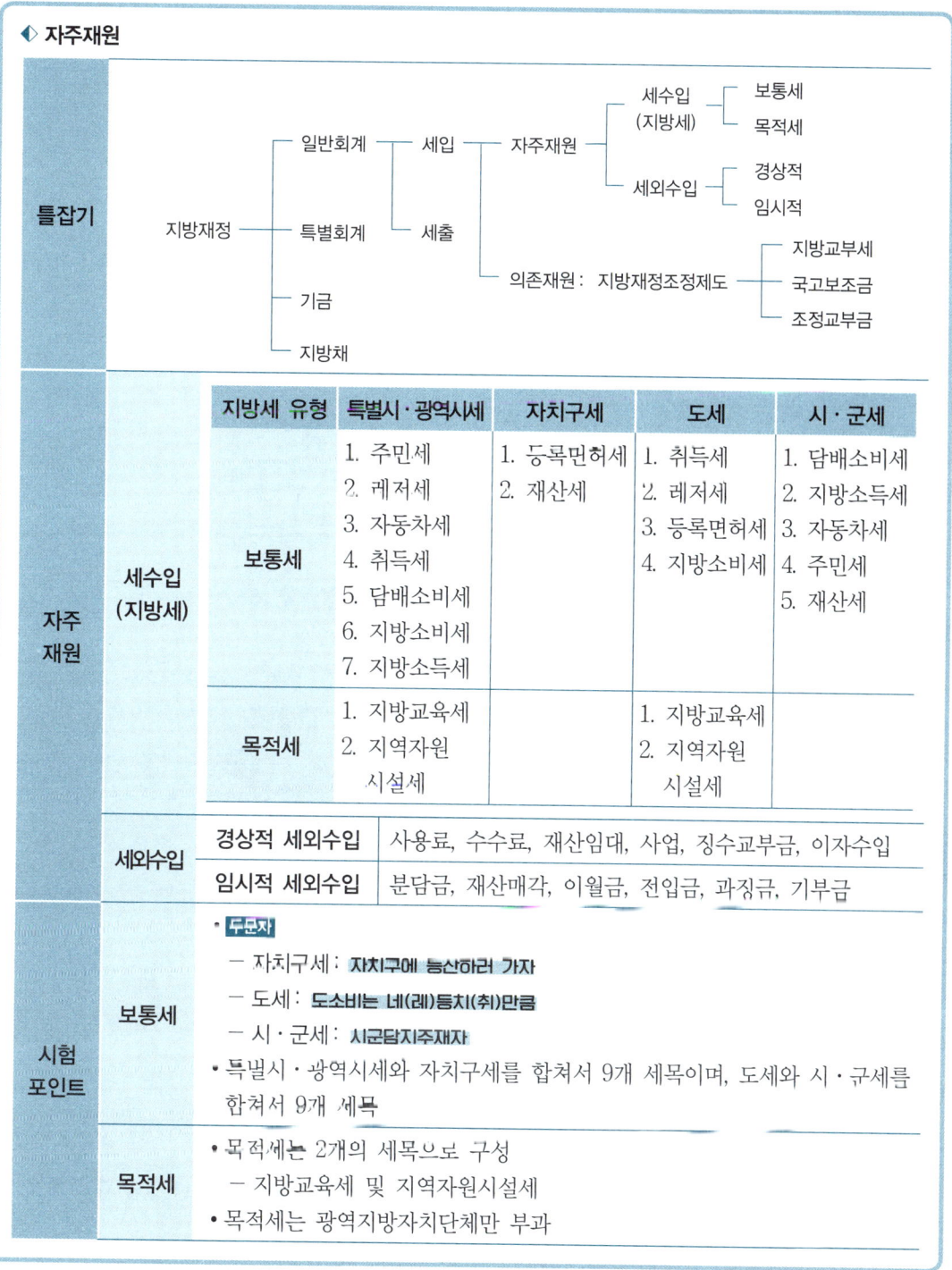

틀잡기

지방재정 ─┬─ 일반회계 ─┬─ 세입 ─┬─ 자주재원 ─┬─ 세수입 ─┬─ 보통세
│　　　　　│　　　　　│　　　　　(지방세)　├─ 목적세
│　　　　　│　　　　　│
│　　　　　│　　　　　└─ 세외수입 ─┬─ 경상적
│　　　　　│　　　　　　　　　　　　└─ 임시적
├─ 특별회계 ─┴─ 세출
│　　　　　　　　　└─ 의존재원 : 지방재정조정제도 ─┬─ 지방교부세
├─ 기금　　　　　　　　　　　　　　　　　　　　　├─ 국고보조금
└─ 지방채　　　　　　　　　　　　　　　　　　　　└─ 조정교부금

자주재원	세수입 (지방세)	지방세 유형	특별시·광역시세	자치구세	도세	시·군세
		보통세	1. 주민세 2. 레저세 3. 자동차세 4. 취득세 5. 담배소비세 6. 지방소비세 7. 지방소득세	1. 등록면허세 2. 재산세	1. 취득세 2. 레저세 3. 등록면허세 4. 지방소비세	1. 담배소비세 2. 지방소득세 3. 자동차세 4. 주민세 5. 재산세
		목적세	1. 지방교육세 2. 지역자원 　시설세		1. 지방교육세 2. 지역자원 　시설세	
	세외수입	경상적 세외수입	사용료, 수수료, 재산임대, 사업, 징수교부금, 이자수입			
		임시적 세외수입	분담금, 재산매각, 이월금, 전입금, 과징금, 기부금			

시험 포인트	**보통세**	• **두문자** 　– 자치구세 : **자치구에 능산하러 가자** 　– 도세 : **도소비는 네(레)등치(취)만큼** 　– 시·군세 : **시군담지주재자** • 특별시·광역시세와 자치구세를 합쳐서 9개 세목이며, 도세와 시·군세를 합쳐서 9개 세목
	목적세	• 목적세는 2개의 세목으로 구성 　– 지방교육세 및 지역자원시설세 • 목적세는 광역지방자치단체만 부과

01 지방세 수입에는 사용료, 수수료, 재산임대수입 등이 있다. 2021 행정사 ☐O☐X

02 부산광역시 기장군은 주민에게 지방교육세를 부과할 수 있다. 2013 행정사 ☐O☐X

03 세외수입은 재원의 성격상 의존재원이다. 2021 행정사 ☐O☐X

◆ **국세**

내국세	보통세	직접세	소득세, 법인세, 상속·증여세, 종합부동산세
		간접세	부가가치세, 개별소비세, 주세, 인지세, 증권거래세
	목적세		교육세, 농어촌특별세
관세			—

용어설명

① 내국세: 나라 안에서 이루어지는 거래에 대한 세금
② 관세: 다른 나라에서 수입되는 물품에 대한 세금

---

04 종합부동산세는 국세에 해당한다. 2020 행정사 ☐O☐X

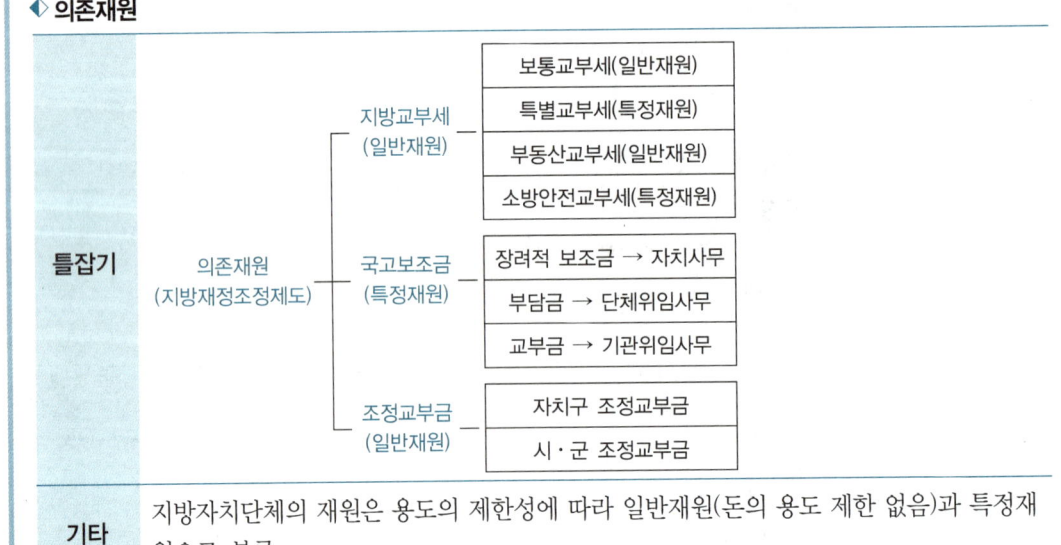

◆ **의존재원**

틀잡기	의존재원 (지방재정조정제도)	지방교부세 (일반재원)	보통교부세(일반재원)
			특별교부세(특정재원)
			부동산교부세(일반재원)
			소방안전교부세(특정재원)
		국고보조금 (특정재원)	장려적 보조금 → 자치사무
			부담금 → 단체위임사무
			교부금 → 기관위임사무
		조정교부금 (일반재원)	자치구 조정교부금
			시·군 조정교부금
기타	지방자치단체의 재원은 용도의 제한성에 따라 일반재원(돈의 용도 제한 없음)과 특정재원으로 분류		

---

05 특정재원과 달리 일반재원은 지방자치단체가 어떠한 경비로도 자유롭게 지출할 수 있는 재원이다. 2021 행정사 ☐○☐✕

06 지방교부세는 지역 간 재정불균형을 시정하기 위해 지방자치단체에 국세 일부를 이전하는 것으로 일정한 조건과 용도를 지정한다. 2013 행정사 ☐○☐✕

07 보통교부세는 용도가 정해져 있지 않은 일반재원이다. 2014 행정사 ☐○☐✕

08 대부분의 지방교부세는 '끈이 달린 돈(money with strings)'의 성격을 띤다. 2018 행정사 ☐○☐✕

09 국고보조금은 용도가 정해져 있지 않은 일반재원이다. 2015 행정사 ☐○☐✕

10 국고보조금은 지방자치단체의 자율성을 약화시킨다. 2015 행정사 ☐○☐✕

01 사용료, 수수료, 재산임대수입은 세외수입에 해당함

02 지방교육세는 목적세이므로 기초지방자치단체가 부과할 수 없음

03 세외수입은 세수입과 함께 자주재원에 해당함

04 종합부동산세는 국세에 해당함

05 일반재원은 용도의 제한을 받지 않는 재원임

06 지방교부세는 지역 간 재정불균형을 시정하기 위해 지방자치단체에 국세 일부를 이전하는 것으로 조건과 용도가 붙지 않는 일반재원임

07 보통교부세와 부동산교부세는 일반재원, 특별교부세와 소방안전교부세는 특정재원임

08 대부분의 지방교부세는 용도에 제한이 없는 일반재원임 → '끈이 달린 돈(money with strings)'이라는 것은 용도에 제한이 있다는 것으로 국고보조금에 해당하는 내용임

09 국고보조금은 용도가 정해져 있는 특정재원임

10 국고보조금은 특정재원이므로 지방자치단체의 자율성을 약화시킬 수 있음

Answer ◁ -

| 01 ✕ | 02 ✕ | 03 ✕ | 04 ○ | 05 ○ | 06 ✕ | 07 ○ | 08 ✕ | 09 ✕ | 10 ○ |

11 조정교부금은 일단 교부되면 해당 지방자치단체의 일반재원처럼 활용된다. 2018 행정사　◯╳

12 조정교부금은 중앙정부에 의한 지방재정조정제도이다. 2022 행정사　◯╳

◆ **의존재원 기타 사항**

	종류	재원 및 내용
지방교부세 (수평적 조정)	보통교부세 (일반재원)	• 재원: 내국세 총액 19.24% 중 97% • 재정력지수(기준재정수입액/기준재정수요액)가 1 미만인 자치단체에 교부
	특별교부세 (특정재원)	• 재원: 내국세 총액 19.24% 중 3% • 보통교부세 지급과는 관계없이 특별한 재정수요 발생시 교부
	부동산교부세 (일반재원)	• 종합부동산세 전액 • 교부대상: 제주도·세종시, 시·군·구
	소방안전 교부세 (특정재원)	• 담배에 부과되는 개별소비세 총액의 45% • 교부대상: 광역지자체

　参고 ◆

• 지방교부세: 국가가 재정적 결함이 있는 지방자치단체에 교부하는 금액
• 지방교부세는 행정안전부장관이 관장하므로, 행정안전부 예산에 계상
• 따라서 지방교부세는 행정안전부장관이 교부

| 국고보조금
(수직적
조정) | 행정안전부
국고보조금 | ┌ 전라북도 정읍시: 소상공인 지원
├ 전라남도 장성군: 민방위시설 설치　◄►　행정안전부　◄►　기획예산처
└ 경남 테크노파크: 청년일자리 지원사업 |

---

13 많은 경우에 있어 지방교부세는 지방자치단체의 지방비 부담을 요구한다. 2018 행정사　◯╳

◆ **재정지표의 종류**

재정자립도	직관적 이해	$$재정자립도(\%)=\frac{지방세+세외수입}{일반회계예산}\times100$$
	개념	일반회계 세입총액 중 자주재원(지방세 + 세외수입)이 차지하는 비중
	문제점	• 지방교부세를 받은 지방자치단체는 실제 재정력이 커짐에도 불구하고 재정자립도는 반대로 낮아짐 • 세출의 질·특별회계 및 기금 등을 고려하지 못함
재정력지수		• 지방교부세제도에서 규정한 '기준재정수요액' 대비 '기준재정수입액'의 비율 • 보통교부세 지급 기준: 재정력지수가 1 미만인 지방자체단체는 지출수요에 비해 자체수입이 부족하다는 것을 의미 → 부족한 부분은 지방교부세 중 보통교부세라는 일반재원을 통해 중앙정부가 상당 비율을 충당

14 지방재정조정제도는 시방행성 수행에 필요한 재정수요를 충족시켜 지방재정자립도 향상에 기여한다. 2016 행정사 ☐✕

15 지방자치단체들은 재정자립도 향상 차원에서 지방교부세의 증액을 위해 노력하고 있다. 2014 행정사 ☐✕

11 조정교부금은 광역자치단체가 기초지방자치단체에 지원하는 돈으로써 대개 용도에 제한이 없는 일반재원임

12 조정교부금은 광역지방자치단체가 기추지방자치단체에게 시원미는 의존새원임

13 지방교부세는 국가가 재정적 결함이 있는 지방자치단체에 고세의 일부를 시원하는 금액이기 때문에 지방자치단체의 지방비 부담을 요구하지 않음

14 지방재정조정제도, 즉 의존재원은 자주재원이 아니므로 재정자립도 향상에 기여할 수 없음
※ 재정자립도: 총 세입 중에서 자주재원이 차지하는 비중

15 지방교부세는 자주재원이 아니라 중앙정부가 교부하는 의존재원이므로 지방교부세가 증가할수록 재정자립도는 낮아짐
※ 재정자립도: 총 세입 중에서 자수재원이 차지하는 비중

Answer

11 ○　　12 ✕　　13 ✕　　14 ✕　　15 ✕

PART

08

기타 제도 및 법령 등

◆ **책임운영기관 제도 : NPM의 영향으로 등장한 제도**

구분		생산의 주체	
		공공부문	민간부문
생산수단	권력	일반행정	민간위탁
	시장(가격○)	책임경영	민영화

<table>
<tr><td rowspan="2">틀잡기</td></tr>
<tr><td>※ 책임운영기관은 영국의 1988년 정부개혁 프로그램인 Next−Steps에서 집행기관 (Executive Agency)이라는 이름으로 처음 도입한 제도이며, 우리나라는 「책임운영기관의 설치·운영에 관한 법률」(책임운영기관법)을 1999년 1월(김대중 정권)에 제정해 운영</td></tr>
</table>

주요 내용	• 운영상 재량과 성과책임을 책임운영기관장에게 부여 **예** 예산의 전용이나 이월 허용 • 소속책임운영기관장 : 임기제공무원 → 소속중앙행정기관장이 임용 • 소속중앙행정기관과 소속책임운영기관 소속 공무원 간 전보가능 **예** 문체부 ↔ 국립현대미술관 • 책임운영기관의 종합평가 : 행정안전부 소속의 책임운영기관운영위원회가 실시
책임운영 기관법	제2조【정의】① 이 법에서 "책임운영기관"이란 정부가 수행하는 사무 중 **공공성(公共性)**을 유지하면서도 경쟁 원리에 따라 운영하는 것이 바람직하거나 전문성이 있어 **성과관리를 강화할 필요가 있는 사무**에 대하여 **책임운영기관의 장에게 행정 및 재정상의 자율성**을 부여하고 그 **운영 성과에 대하여 책임**을 지도록 하는 행정기관을 말한다.

유형	구분	일반회계	특별회계
	소속책임운영기관	○(**예** 국립과학수사연구원)	○(정부기업)
	중앙책임운영기관	−	○(정부기업) : 현재 지정 해제

---

01 책임운영기관은 2009년 이명박 정부에서 처음으로 도입되었다. 2020 행정사 ☐○☐✕

02 책임운영기관 제도설계의 이론적 기반은 신공공관리론이다. 2021 경찰간부 ☐○☐✕

03 책임운영기관은 조직, 예산 등의 운영상 자율성이 책임운영기관장이 아닌 주무 부처 장관에게 부여되어 있다. 2020 행정사 ○ ✕

04 책임운영기관은 공공성이 강하고 성과관리가 어려운 분야에 적용할 필요가 있다. 2018 9급 서울시 ○ ✕

05 책임운영기관은 예산편성 및 집행상의 자율권을 확보하기 위하여 특별위원회를 두며, 예산의 전용·이월 등이 허용되지 않는다. 2019 행정사 ○ ✕

06 정부가 수행하더라도 시장성이 강하면 책임운영기관 형태로, 약하면 공기업 형태로 운영하는 것이 바람직하다. 2025 행정사 ○ ✕

07 소속책임운영기관의 장은 공모를 통해 임기제공무원으로 임용된다. 2017 행정사 수정 ○ ✕

01 책임운영기관의 설치·운영에 관한 법률은 1999년 1월(김대중 정권)에 제정되었음

02 책임운영기관은 신공공관리론에 기조하기 때문에 기관장에게 운영상의 자율성을 부여하고 성과책임을 부여함

03 책임운영기관은 조직, 예산 등의 운영상 자율성이 책임운영기관장에게 부여된 조직임

04 책임운영기관은 공공성이 강하고 성과관리가 용이한 분야에 적용할 필요가 있음

05 ① 특별위원회에 대한 내용은 책임운영기관법에 명시되어 있지 않음
② 책임운영기관장은 운영상의 자율성을 보장받는 바 예산의 전용 및 이월 등을 할 수 있음

06 **책임운영기관법 제2조【정의】** ① 이 법에서 "책임운영기관"이란 정부가 수행하는 사무 중 <u>공공성(公共性)을</u> 유지하면서도 경쟁원리에 따라 운영하는 것이 바람직하거나 전문성이 있어 <u>성과관리를 강화할 필요가 있는</u> 사무에 대하여 책임운영기관의 장에게 행정 및 재정상의 자율성을 부여하고 그 운영 성과에 대하여 책임을 지도록 하는 행정기관을 말한다.

07 **책임운영기관법 제7조【기관장의 임용】** ① 소속중앙행정기관의 장은 공개모집 절차에 따라 행정이나 경영에 관한 지식·능력 또는 관련 분야의 경험이 풍부한 사람 중에서 기관장을 선발하여 「국가공무원법」 제26조의5에 따른 임기제공무원으로 임용한다.

Answer

01 ✕ 02 ○ 03 ✕ 04 ✕ 05 ✕ 06 ✕ 07 ○

PART
08

08 소속책임운영기관과 소속중앙행정기관 간 공무원의 인사교류는 불가능하다. ☐○☐✕
2020 행정사

09 소속책임운영기관은 특별회계로만 운영하여 예산 운영상의 자율성을 보장하여야 ☐○☐✕
한다. 2017 행정사 수정

10 책임운영기관에 대한 종합평가는 기획예산처가 주관한다. 2020 행정사 ☐○☐✕

11 중앙책임운영기관으로 특허청이 있다. 2020 행정사 ☐○☐✕

---

08 소속책임운영기관과 소속중앙행정기관 간 전보 등이 가능함
09 일반회계로 운영되는 소속책임운영기관도 있음 예 국립과학수사연구원
10 책임운영기관에 대한 종합평가는 행정안전부가 주관함
11 특허청은 국무총리 소속의 지식재산처로 변경되었으며 지식재산처는 중앙책임운영기관 지정 해제되었음

Answer
08 ✕   09 ✕   10 ✕   11 ✕

행정학각론

◆ **정책학 관련 제도 및 법령 등 : 비용효과분석**

의의	• 비용효과분석은 산출물을 금전적 가치로 환산하기 어려운 상황에서 활용 • 즉, 비용효과분석은 산출물을 화폐단위로 측정하는 문제를 극복해 공공부문에 더 쉽게 적용 國 국방, 치안, 보건 등의 영역

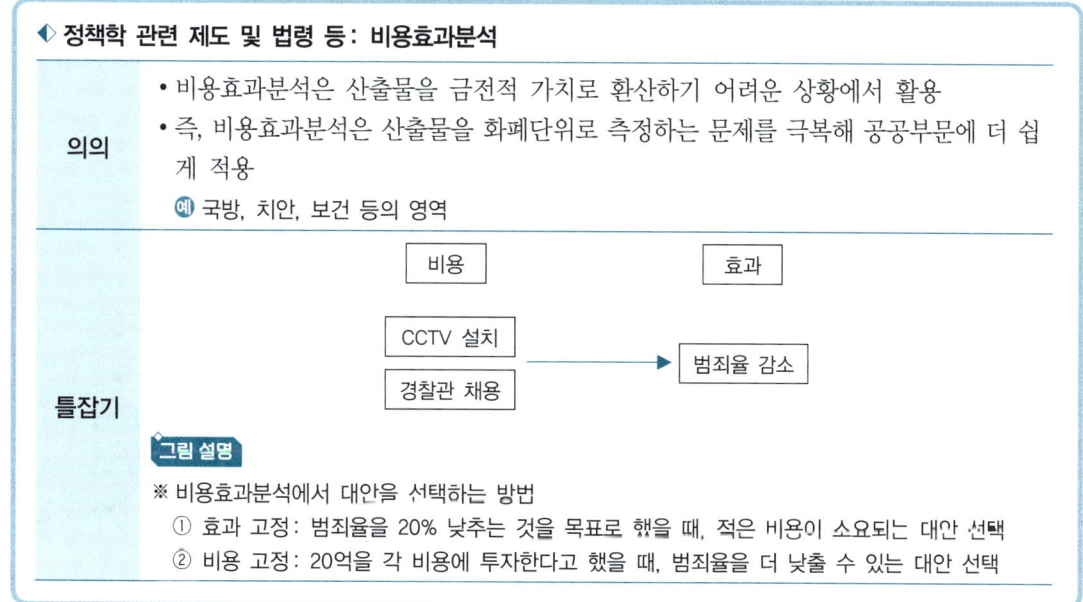

틀잡기

그림 설명

※ 비용효과분석에서 대안을 선택하는 방법
① 효과 고정 : 범죄율을 20% 낮추는 것을 목표로 했을 때, 적은 비용이 소요되는 대안 선택
② 비용 고정 : 20억을 각 비용에 투자한다고 했을 때, 범죄율을 더 낮출 수 있는 대안 선택

01 비용효과(cost-effectiveness) 분석은 효과를 화폐가치로 측정하기 어려운 상황에 ◯☓
서 적용된다. **2023 행정사**

---

01 비용효과(cost-effectiveness) 분석은 범죄율처럼 화폐가치로 측정하기 어려운 정책효과를 분석할 때 사용됨

Answer

01 ◯

◆ 중앙정부 조직도 및 주요 내용

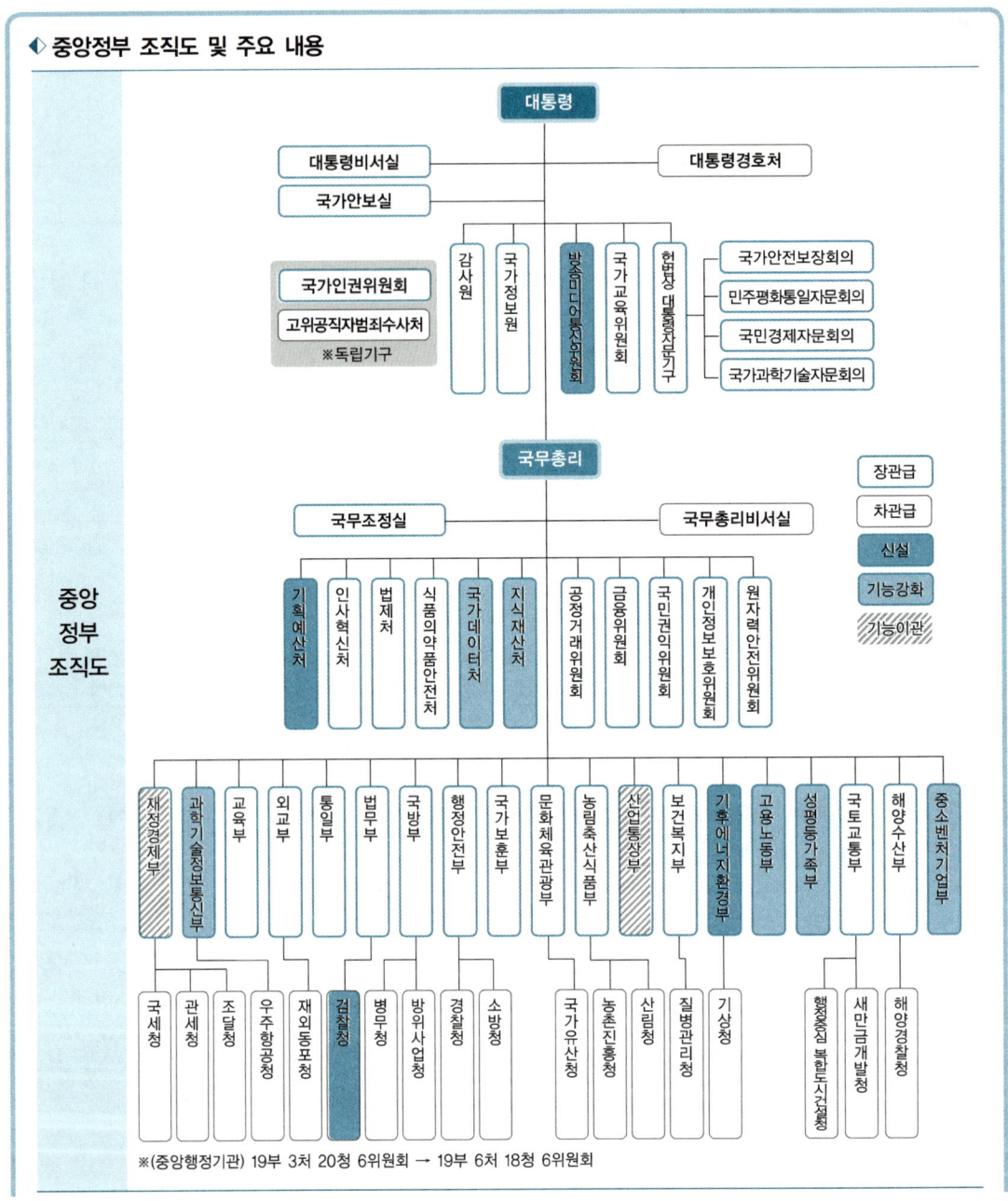

※(중앙행정기관) 19부 3처 20청 6위원회 → 19부 6처 18청 6위원회

주요 내용	• 이재명 정권 정부조직도 : 단, 공소청과 중대범죄수사청의 경우 26년 10월 2일에 시행되므로 19부 6처 18청(통계청과 특허청 승격 · 법무부 산하 검찰청 존재) 6위원회로 공부할 것 • 부는 고유의 행정사무를 수행하기 위한 기능별 · 대상별 기관으로, 19개의 부가 있음 • 처는 일반적으로 국무총리 소속으로, 여러 부의 업무를 지원하는 막료업무를 수행 • 청은 행정 각 부의 소속으로, 업무의 독자성이 높고 집행위주의 사무를 수행 • 복수차관을 두는 부처는 8개 **정부조직법 제29조【행정각부】** ② 행정각부에 장관 1명과 차관 1명을 두되, 장관은 국무위원으로 보하고, 차관은 정무직으로 한다. **다만, 재정경제부 · 과학기술정보통신부 · 외교부 · 문화체육관광부 · 보건복지부 · 기후에너지환경부 · 국토교통부 · 중소벤처기업부에는 차관 2명을 둔다.**

02 미래창조과학부는 이재명 정부가 운영하는 행정각부 중 하나이다. 2013 행정사 수정

03 공정거래위원회는 국무총리 소속의 위원회 조식이다. 2019 행정사

04 공정거래위원회, 국민권익위원회, 금융위원회, 방송미디어통신위원회, 원자력안전위원회는 국무총리 소속의 위원회 조직이다. 2024 행정사 수정

05 특허청은 산업통상부의 외청이다. 2022 행정사 수정

06 소방청은 행정안전부의 외청이다. 2022 행정사

02 미래창조과학부를 과학기술정보통신부로 고쳐야 함

03 공정거래위원회, 금융위원회, 국민권익위원회 등은 국무총리 소속의 위원회 조직임

04 방송미디어통신위원회는 내통령 소속의 중앙행정기관임

05 산업통상부는 외청이 없음 → 특허청은 국무총리 소속의 지시재산처로 변경되었음

06 소방청 · 경찰청은 행정안전부의 외청임

Answer
02 ×   03 ○   04 ×   05 ×   06 ○

07 국가보훈처, 여성가족부, 재외동포청, 질병관리청 등은 현재 우리나라 정부조직에 해당한다. **2024 행정사 수정** ○ ×

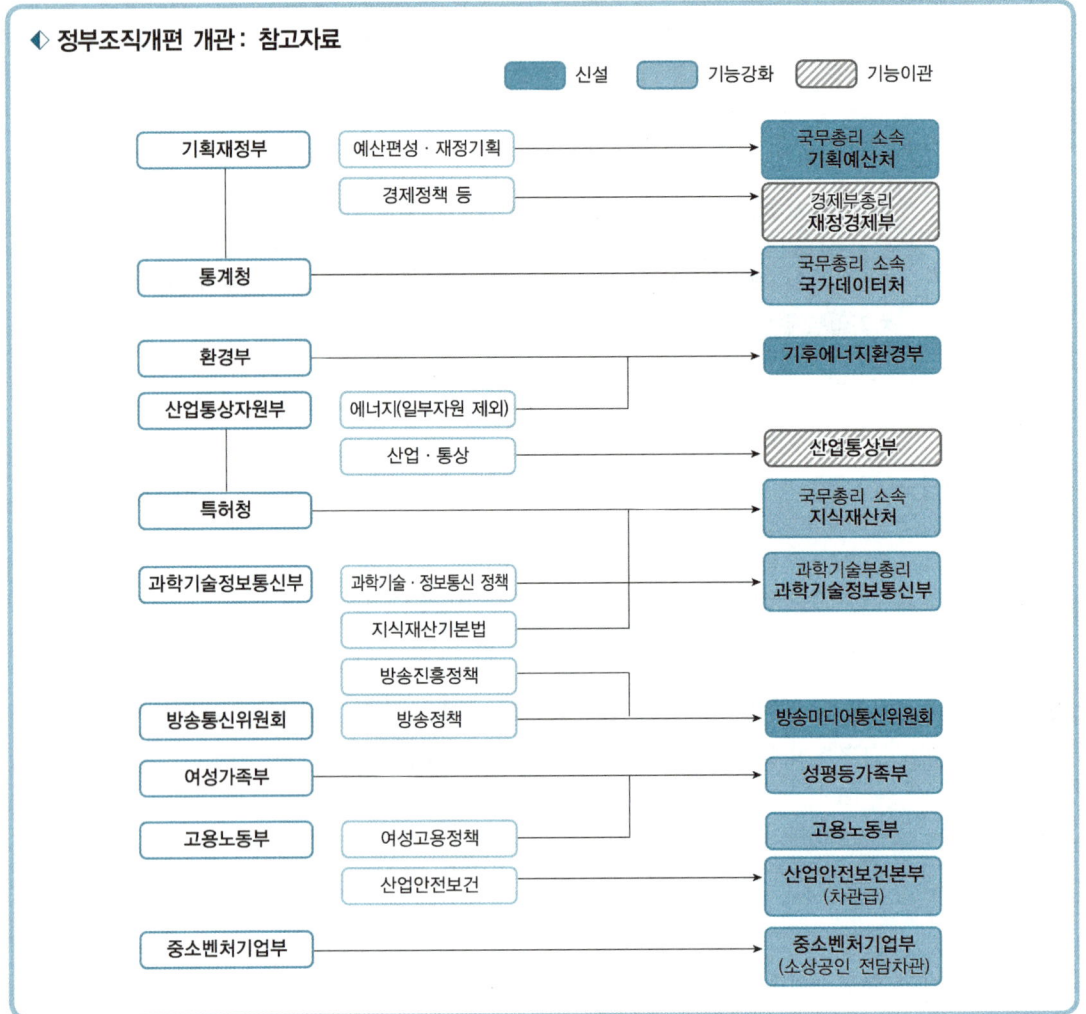

◆ 정부조직개편 개관 : 참고자료

지방공기업법

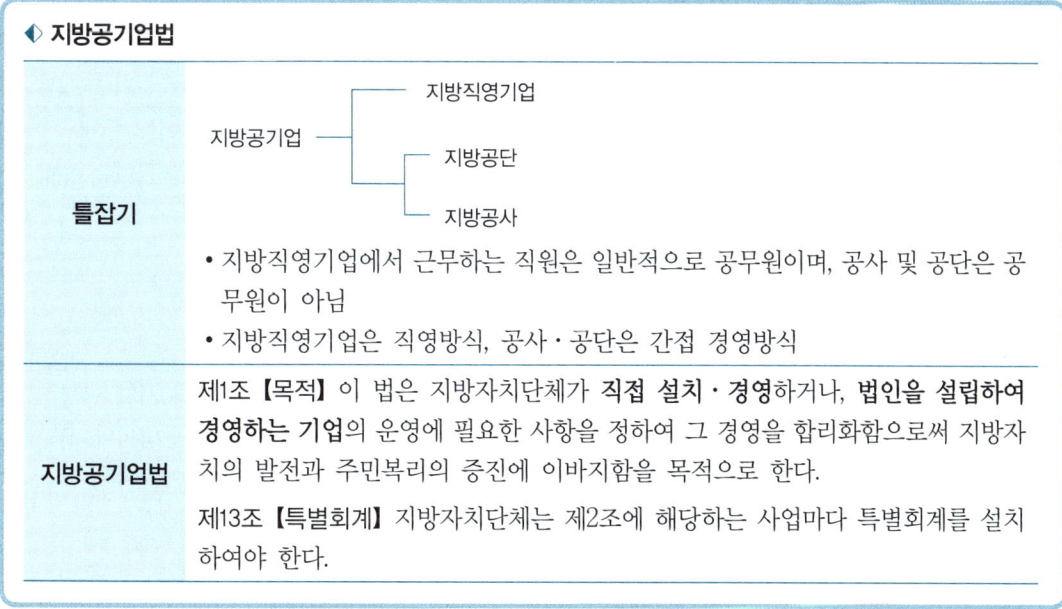

틀잡기	지방공기업 — 지방직영기업 / 지방공단 / 지방공사
	• 지방직영기업에서 근무하는 직원은 일반적으로 공무원이며, 공사 및 공단은 공무원이 아님 • 지방직영기업은 직영방식, 공사·공단은 간접 경영방식
지방공기업법	**제1조【목적】**이 법은 지방자치단체가 **직접 설치·경영**하거나, **법인을 설립하여 경영하는 기업**의 운영에 필요한 사항을 정하여 그 경영을 합리화함으로써 지방자치의 발전과 주민복리의 증진에 이바지함을 목적으로 한다. **제13조【특별회계】**지방자치단체는 제2조에 해당하는 사업마다 특별회계를 설치하여야 한다.

08 지방공기업은 지방자치단체가 지역주민의 복리증진 등을 목적으로 직접 설치·경영하거나 법인을 설립하여 경영하는 기업이다. 2019 행정사 ◯ ✕

09 지방직영기업은 지방자치단체가 새로운 법인을 설립하여 운영하는 간접 경영방식이다. 2017 행정사 ◯ ✕

10 지방공사 및 지방공단에 소속된 직원은 신분이 지방공무원이다. 2019 행정사 ◯ ✕

11 지방공기업은 일반회계와는 별도로 지방의회의 예산심의 및 의결이 필요 없는 특별회계로 운영된다. 2019 행정사 ◯ ✕

07 국가보훈처를 **국가보훈부로**, 여성가족부를 성평등가족부로 고쳐야 함

08 **지방공기업법 제1조【목적】**이 법은 지방자치단체가 직접 설치·경영하거나, 법인을 설립하여 경영하는 기업의 운영에 필요한 사항을 정하여 그 경영을 합리화함으로써 지방자치의 발전과 주민복리의 증진에 이바지함을 목적으로 한다.

09 선지는 지방공사 및 공단에 대한 내용임 → 지방직영기업은 지방자치단체가 직접 운영하는 조직임

10 지방공사 및 지방공단은 지방공기업 중 간접경영방식에 해당하므로 해당 조직에 소속된 직원은 공무원이 아님

11 지방공기업은 일반회계와는 별도로 특별회계로 운영되며, 특별회계는 지방의회의 예산심의 및 의결이 필요함

Answer
07 ✕   08 ◯   09 ✕   10 ✕   11 ✕

◆ 유연근무제도의 유형

탄력 근무제	개념		주 40시간 근무하되, 출퇴근 시각·근무시간·근무일을 자율적으로 조정하는 제도
	유형	시차 출퇴근형	• 1일 8시간 근무체제 유지하되, 출근 시각 선택 가능 • 예를 들어, 한 시간 일찍 출근하면 한 시간 일찍 퇴근하는 유형
		근무시간 선택형	1일 4~12시간 근무, 주 5일 근무
		집약근무형 (압축근무형)	• 1일 10~12시간 근무, 주 3.5~4일 근무 • 주 40시간 근무를 주 3~4일로 압축해 근무
		재량근무형	• 출퇴근 의무 없이 전문 프로젝트 수행으로 주 40시간 인정 • 고도의 전문적 지식과 기술이 필요해 업무수행방법이나 시간 배분을 담당자의 재량에 맡길 필요가 있는 분야에 적용
원격 근무제	개념		• 직장 이외의 장소에서 정보통신망을 이용해 근무하는 제도 • 단, 심각한 보안위험이 예상되는 업무는 온라인 원격근무를 할 수 없음
	유형	재택근무형	• 사무실이 아닌 자택에서 근무 → 가정에서 인터넷을 활용해 업 무를 처리하는 유형 • 시간 외 근무수당: 정액분만 지급, 실적분은 지급 금지
		스마트워크 근무형	• 주거지 근처 원격근무사무실에서 인터넷을 사용해 업무를 처 리하는 형태 • 즉, 영상회의 등 정보통신기술을 이용해 시간과 장소의 제약 없 이 업무를 수행하는 유연한 근무형태

12 시차출퇴근형은 1일 8시간의 근무체제를 유지하되, 출근 시간을 선택하는 탄력근무 ☐◯☐✕☐
방식이다. 2019 행정사

13 스마트워크센터는 출장지 등 원격지에서 업무가 가능하도록 정보통신기술기반의 ☐◯☐✕☐
원격업무시스템을 갖춘 사무공간을 말한다. 2017 행정사

14 시간선택제 전환 근무제는 탄력근무방식에 해당한다. 2020 행정사 ☐◯☐✕☐

◆ 이해충돌방지법

제정 및 시행	• 이해충돌방지법은 2021년 5월 18일 제정·공포되고, 2022년 5월 19일부터 시행 • 정부는 공무원의 이해충돌을 사전에 방지하기 위해 이해충돌방지법을 운영
기본원칙	'어느 누구도 자신이 연루된 사건의 재판관이 되어서는 안 된다'는 원칙 적용 → 업무수행 시 공정성 강조
이해충돌 방지법	이해 충돌	• 공직자가 직무를 수행할 때 자신의 사적 이해관계가 관련되어 공정하고 청렴한 직무수행이 저해되거나 저해될 우려가 있는 상황 • 이해충돌 규제를 강조하는 이유는 주인−대리인 관계의 신뢰성 유지가 필요하기 때문임
	법령	제5조【사적이해관계자의 신고 및 회피·기피 신청】① 다음 각 호의 어느 하나에 해당하는 직무를 수행하는 공직자는 직무관련자가 사적이해관계자임을 안 경우 안 날부터 14일 이내에 소속기관장에게 그 사실을 서면(전자문서를 포함한다. 이하 같다)으로 신고하고 회피를 신청하여야 한다.

15 공직자는 직무관련자가 사적이해관계자임을 안 날부터 30일 이내에 소속기관장에게 그 사실을 신고하면 회피신청이 면제된다. **2022 행정사** ⃝✕

16 공무원의 이해충돌을 규제하기 위한 제도는 일반적으로 사후 교정의 성격을 띤다. ⃝✕
2025 행정사

---

12 시차출퇴근형은 시간 차이를 두고 출근하는 방식임(단, 하루에 8시간은 근무해야 함)

13 자택 인근 스마트워크센터 등 별도 사무실에서 근무; 주거지 근처 원격근무시무실(smart office)에서 인터넷을 사용하여 업무를 처리하는 것→원격근무 형태

14 ① 시간선택제 전환 근무제는 탄력근무방식의 유형이 아님
② 탄력근무방식
　㉠ 정의: 주 40시간 근무하되, 출·퇴근시각·근무시간·근무일을 자율적으로 조정하는 제도
　㉡ 유형: 시차출퇴근형, 근무시간선택형, 집약근무형, 재량근무형

15 이해충돌방지법 제5조【사적이해관계자의 신고 및 회피·기피 신청】① 다음 각 호의 어느 하나에 해당하는 직무를 수행하는 공직자는 직무관련자가 사적이해관계자임을 안 경우 안 날부터 14일 이내에 소속기관장에게 그 사실을 서면(전자문서를 포함한다. 이하 같다)으로 신고하고 회피를 신청하여야 한다.

16 '사후'를 '사전'으로 고쳐야 함→아래의 내용 참고
이해충돌방지법 제5조【사적이해관계자의 신고 및 회피·기피 신청】① 다음 각 호의 어느 하나에 해당하는 직무를 수행하는 공식자는 직무관련자가 사적이해관계자임을 안 경우 안 날부터 14일 이내에 소속기관장에게 그 사실을 서면(전자문서를 포함한다. 이하 같다)으로 신고하고 회피를 신청하여야 한다.

Answer
12 ⃝　　13 ⃝　　14 ✕　　15 ✕　　16 ✕

◆ 기타

전문경력관	계급 구분과 직군·직렬의 분류를 적용하지 아니할 수 있는 일반직 공무원 → 주로 특수 업무에 종사하며 임기제공무원에 해당 **예** 대통령 명의로 된 임명장을 작성하는 전문경력관(나군) → 근무경력, 학위(서예 관련), 인사혁신처장 임명	
시간선택제 전환공무원	공무원임용령 제57조의3【시간선택제 근무의 전환 등】① 임용권자 또는 임용제청권자는 **통상적인 근무시간을 근무하는 공무원이 시간선택제 근무로 전환을 신청**하는 경우 통상적인 근무시간보다 짧은 시간을 근무하는 공무원으로 지정할 수 있다. ② 시간선택제전환공무원의 근무시간은 주당 15시간 이상 35시간 이하의 범위에서 소속 장관이 정한다.	
내부고발제도	개념	내부고발(Whistle Blowing) : 조직구성원인 개인 또는 집단이 불법·부당·부도덕한 것이라고 보는 조직 내의 일을 대외적으로 폭로하는 행위
	주요 내용	• 우리나라의 내부고발자 제도 : **부패방지권익위법(2002), 공익신고자 보호법(2011) 등에 명시** • 내부고발은 조직 외부 관점에서 봤을 때 비리를 폭로하는 이타주의적 성격을 가짐
공직자윤리법	제1조【목적】이 법은 공직자 및 공직후보자의 **재산등록, 등록재산 공개 및 재산형성과정 소명과 공직을 이용한 재산취득의 규제, 공직자의 선물신고 및 주식백지신탁, 퇴직공직자의 취업제한 및 행위제한 등을 규정**함으로써 공직자의 부정한 재산증식을 방지하고, 공무집행의 공정성을 확보하는 등 **공익과 사익의 이해충돌을 방지**하여 국민에 대한 봉사자로서 가져야 할 공직자의 윤리를 확립함을 목적으로 한다.	

17 전문경력관은 일반직 공무원이지만, 계급 구분과 직군·직렬 분류가 적용되지 않는다. ○ ×

2016 행정사

18 현재 우리나라에는 내부고발자를 보호하는 관련 법률이 없다. **2021 행정사** ○ ×

19 공직자윤리법에는 주식백지신탁, 이해충돌 방지 의무, 공직자 재산등록과 공개, 퇴직공직자 취업제한, 내부고발 제도가 명시되어 있다. **2024 행정사** ○ ×

◆ **재무행정 관련 제도 및 법령 등: 재정사업 자율평가 제도**

개념	각 중앙관서의 장과 기금관리 주체가 기획재정부장관이 정하는 바에 따라 주요 재정사업을 스스로 평가하는 제도
내용	• 재정사업의 성과판단을 위한 기준을 명시한 체크리스트를 작성 후 이를 바탕으로 재정사업의 성과를 평가 • 평가 지표는 사업부처에서 자율적으로 수립(평가 지표의 개수도 자율적으로 정함) • 평가 결과는 지출 구조조정 등의 방법으로 재정운용에 반영

20 재정사업자율평가제도는 각 중앙관서의 장과 기금관리주체가 기획재정부장관이 정하는 바에 따라 주요 재정사업을 스스로 평가하는 제도이다. 2023 행정사 ○×

PART

08

17 전문경력관은 일반직 공무원이지만, 업무의 특수성으로 인해 계급 구분과 직군·직렬 분류가 적용되지 않음

18 현재 우리나라는 부패방지권익위법과 공익신고자보호법에 내부고발자 보호제도를 명시하고 있음

19 내부고발 제도는 부패방지권익위법과 공익신고자보호법 등에 규정되어 있음

20

개념	각 중앙관서의 장과 기금관리주체가 기획재정부장관이 정하는 바에 따라 주요 재정사업을 스스로 평가하는 제도
내용	• 재정사업의 성과판단을 위한 기준을 명시한 체크리스트를 작성후 이를 바탕으로 재정사업의 성과를 평가 • 평가지표는 사업부처에서 자율적으로 수립함(평가지표의 개수도 자율적으로 정함) • 평가결과는 지출 구조조정 등의 방법으로 재정운용에 반영될 수 있음

Answer

17 ○　　**18** ×　　**19** ×　　**20** ○

◆ 지방행정 관련 제도 및 법령 등 : 지방자치법을 중심으로

특례시 등	내용	• 인구 100만 이상은 특례시로 하고, 행정수요·균형발전 등을 고려해 대통령령에 따라 행안부장관이 정하는 시·군·구에 특례 부여 가능 • 특례시 : 기초자치단체의 법적지위를 유지하면서 광역시에 준하는 행정·재정적 권한을 부여받을 수 있는 시 **예** 경기도 수원·고양·용인시와 경남 창원시 → **저소득층 복지혜택 증가, 도의 일부사무 처리(건축물 허가 등)** • 특례시에 자치구 설치×
	법령	제198조【대도시 등에 대한 특례 인정】② 제1항에도 불구하고 서울특별시·광역시 및 특별자치시를 제외한 다음 각 호의 어느 하나에 해당하는 대도시 및 시·군·구의 행정, 재정 운영 및 국가의 지도·감독에 대해서는 그 특성을 고려하여 관계 법률로 정하는 바에 따라 추가로 특례를 둘 수 있다. 　1. **인구 100만 이상 대도시**(이하 **"특례시"라 한다**) 　2. 실질적인 행정수요, 국가균형발전 및 지방소멸위기 등을 고려하여 대통령령으로 정하는 기준과 절차에 따라 행정안전부장관이 지정하는 시·군·구
기타		제14조【지방자치단체의 종류별 사무배분기준】③ 시·도와 시·군 및 자치구는 사무를 처리할 때 서로 겹치지 아니하도록 하여야 하며, 사무가 서로 겹치면 시·군 및 자치구에서 먼저 처리한다.

21 특별시, 광역시 및 특별자치시가 아닌 인구 100만 이상의 시는 특례시 명칭을 부여받고 자치구를 둔다. 2022 행정사 ○☒

22 특례시에는 자치구가 설치되어 있다. 2024 행정사 ○☒

23 우리나라 지방자치법에 따르면 도와 시·군이 사무를 처리할 때 사무가 서로 겹치면 도에서 먼저 처리한다. 2023 행정사 ○☒

---

21 특별시, 광역시 및 특별자치시가 아닌 인구 100만 이상의 시는 특례시 명칭을 부여받을 수 있음(자치구 설치 ×)

22 특례시에는 자치구를 설치할 수 없음

23 지방자치법 제14조【지방자치단체의 종류별 사무배분기준】③ 시·도와 시·군 및 자치구는 사무를 처리할 때 서로 겹치지 아니하도록 하여야 하며, 사무가 서로 겹치면 시·군 및 자치구에서 먼저 처리한다.

Answer ---
21 ×　　**22** ×　　**23** ×

2026 박문각 행정사 1차
최욱진 행정학개론 핵지총 2.0

초판인쇄 │ 2026. 1. 8.　**초판발행** │ 2026. 1. 15.　**편저자** │ 최욱진

발행인 │ 박 용　**발행처** │ (주)박문각출판　**등록** │ 2015년 4월 29일 제2019-000137호

주소 │ 06654 서울시 서초구 효령로 283 서경 B/D 4층　**팩스** │ (02)584-2927

전화 │ 교재 문의 (02)6466-7202

저자와의
협의하에
인지생략

정가 19,000원

ISBN 979-11-7519-637-7